FTD digital

Olá, aluno!

Este livro que está em suas mãos permite acessar **conteúdo multimídia** que irá tornar o seu aprendizado muito mais **dinâmico** e **profundo**. Basta utilizar o seu *código exclusivo*, impresso nesta página.

Se você já é usuário do **FTD Digital**, acesse-o usando seu **login** e sua **senha**. Então, clique em **cadastrar livro** e siga as instruções de como utilizar seu *código exclusivo*. Se você **ainda não é usuário** do **FTD Digital**, siga os passos abaixo antes de registrar seu *código exclusivo* e bons estudos.

Passo a passo:

1 Acesse: www.ftd.com.br e clique em **FTD Digital**.

2 Clique em **criar cadastro** e preencha com seus dados.

3 Em seguida, você receberá um **e-mail para ativação**. Clique no link e conclua seu cadastro.

4 Agora que você tem acesso ao ambiente **FTD Digital**, siga as orientações para o registro do seu *código exclusivo*.

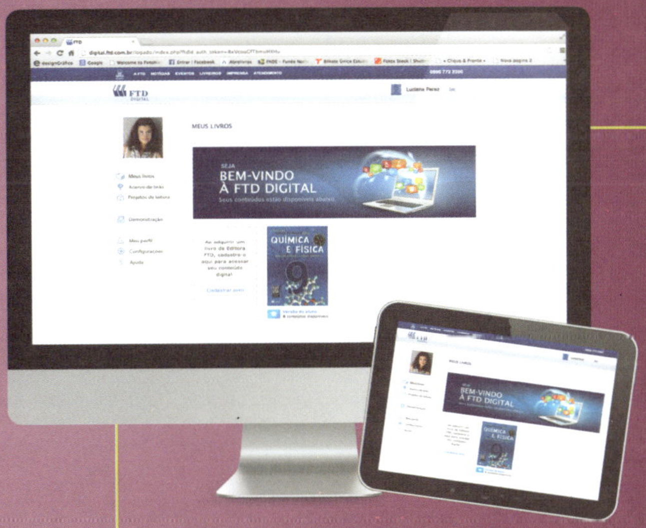

Perfil Aluno

Você terá acesso a **vídeos**, **animações**, **simuladores**, **jogos**, **infográficos**, **educlipes** e **textos** para facilitar a compreensão dos temas de seus estudos. Além disso, você poderá buscar **indicações de leitura** complementar, **fazer simulados** e **obter ajuda** para suas pesquisas na web com o **Acervo de links**.

Experimente e entre para o mundo **FTD Digital**.

Seu código exclusivo:

9010.1030.0018.2E83.CKYU.NNCE

www.ftd.com.br

FTD · mkt

EVOLUIR

CIÊNCIAS

7

ROBERTA BUENO

Mestra em Ensino de Ciências e Matemática pela Universidade Estadual de Campinas (Unicamp-SP).

Bacharel e licenciada em Ciências Biológicas pela Universidade Federal de São Carlos (UFSCar-SP).

Autora e editora de livros didáticos de Ciências.

THIAGO MACEDO

Bacharel em Ciências Biológicas pela Universidade de São Paulo (USP). Autor e editor de livros didáticos de Ciências.

FTD

1ª edição – São Paulo – 2019

FTD

Copyright © Roberta Aparecida Bueno Hiranaka, Thiago Macedo de Abreu Hortencio, 2019.

Diretor editorial Antonio Luiz da Silva Rios
Diretora editorial adjunta Silvana Rossi Júlio
Gerente editorial Roberto Henrique Lopes da Silva
Editor João Paulo Bortoluci
Editores assistentes Débora de Almeida Francisco Nichel, Julia Bolanho da Rosa Andrade, Paula Signorini, Rafael Braga de Almeida, Tiago Jonas de Almeida, Valéria Rosa Martins, Vitor Hugo Rodrigues, Yara Valeri Navas
Assessoria Alice Maria Calado Melges, Flávia Milão Silva
Gerente de produção editorial Mariana Milani
Coordenador de produção editorial Marcelo Henrique Ferreira Fontes
Gerente de arte Ricardo Borges
Coordenadora de arte Daniela Máximo
Projeto gráfico Juliana Carvalho
Projeto de capa Sergio Cândido
Foto de capa Jeremy Reddington/Shutterstock.com
Supervisora de arte Isabel Cristina Corandin Marques
Editores de arte Débora Jóia, Gabriel Basaglia
Diagramação Dayane Santiago, Eduardo Benetorio, José Aparecido A. da Silva, Lucas Trevelin, Nadir Fernandes Racheti
Tratamento de imagens Ana Isabela Pithan Maraschin
Coordenadora de ilustrações e cartografia Marcia Berne
Ilustrações Alex Argozino, Bentinho, Dani Mota, Daniel Bogni, Dayane Raven, Eber Evangelista, Fabio Eugênio, Luis Moura, Marcos Guilherme, Selma Caparroz, Tel Coelho
Cartografia Allmaps
Coordenadora de preparação e revisão Lilian Semenichin
Supervisora de preparação e revisão Maria Clara Paes
Revisão Ana Lucia Horn, Carolina Manley, Cristiane Casseb, Edna Viana, Giselle Mussi de Moura, Miyuki Kishi, Jussara R. Gomes, Kátia Cardoso, Lilian Vismari, Lucila V. Segóvia, Renato A. Colombo Jr., Solange Guerra, Yara Affonso
Supervisora de iconografia e licenciamento de textos Elaine Bueno
Iconografia Ana Gonçalves
Licenciamento de textos Carla Marques, Vanessa Trindade
Supervisora de arquivos de segurança Silvia Regina E. Almeida
Diretor de operações e produção gráfica Reginaldo Soares Damasceno

Dados Internacionais de Catalogação na Publicação (CIP)
(Câmara Brasileira do Livro, SP, Brasil)

Hiranaka, Roberta Aparecida Bueno
Evoluir ciências : 7º ano / Roberta Aparecida Bueno Hiranaka, Thiago Macedo de Abreu Hortencio. – 1. ed. – São Paulo : FTD, 2019.

ISBN 978-85-96-02231-6 (aluno)
ISBN 978-85-96-02232-3 (professor)

1. Ciências (Ensino fundamental) I. Hortencio, Thiago Macedo de Abreu. II. Título.

19-24251 CDD-372.35

Índices para catálogo sistemático:
1. Ciências : Ensino fundamental 372.35
Maria Alice Ferreira – Bibliotecária – CRB-8/7964

1 2 3 4 5 6 7 8 9

Produção gráfica
FTD EDUCAÇÃO | GRÁFICA & LOGÍSTICA
Avenida Antônio Bardella, 300 - 07220-020 GUARULHOS (SP)
Fone: (11) 3545-8600 e Fax: (11) 2412-5375

Rua Rui Barbosa, 156 – Bela Vista – São Paulo – SP
CEP 01326-010 – Tel. 0800 772 2300
Caixa Postal 65149 – CEP da Caixa Postal 01390-970
www.ftd.com.br
central.relacionamento@ftd.com.br

560.294-19

APRESENTAÇÃO

Por que é importante aprender Ciências? Por que preciso saber isso ou aquilo? Para que isso é importante para a minha vida? Essas são perguntas que praticamente todo estudante já se fez, e os autores deste livro não são exceção à regra.

A ciência é uma criação humana, uma forma que inventamos para procurar entender melhor o mundo que nos cerca. Para atender a um objetivo tão grande, a ciência combina o raciocínio lógico com ferramentas como a experimentação, a observação atenta de fenômenos, a criação de modelos, o teste de hipóteses e muitas outras. Apesar de ser relativamente jovem, a ciência moderna já se mostrou um recurso muito poderoso, e nos ajudou a compreender assuntos tão distintos como a constituição da matéria e a importância do equilíbrio ambiental.

Mas a ciência não trata apenas de assuntos aparentemente tão distantes; ela também nos ajuda a tomar decisões no nosso dia a dia: Como posso me alimentar de forma mais adequada? Como posso cuidar da saúde de pessoas próximas a mim? Como posso cuidar da minha própria saúde? Como fazer para cuidar da natureza? Como as minhas ações influenciam o ambiente em que vivo?

Se questões desse tipo interessam a você, nós, que também já fomos estudantes, garantimos que a ciência pode lhe ajudar. A obra **Evoluir Ciências – 7º ano** foi elaborada com esse propósito em mente: mais do que aprender sobre fatos que já foram descobertos, queremos que você se aproprie da ciência e seja capaz de utilizar os conhecimentos e as habilidades que desenvolver com os estudos para compreender melhor a sua realidade e interferir positivamente nela.

Bons estudos!

Os autores

DANIEL BOGNI

CONHEÇA SEU LIVRO

ABERTURA DE UNIDADE

Este livro é dividido em seis Unidades. O título de cada uma delas é uma pergunta, e talvez você já tenha uma resposta para elas logo de cara. No decorrer do estudo, porém, é possível que suas respostas se modifiquem um tanto. A abertura das Unidades traz também uma imagem e questões que você pode usar para refletir quanto já sabe sobre o assunto.

CONTEÚDOS

No decorrer do texto, você encontrará conteúdos que se relacionam à questão que dá título à Unidade. Fotografias, ilustrações, mapas, gráficos e tabelas são alguns dos recursos que utilizamos para enriquecer as explicações e facilitar a sua compreensão.

GLOSSÁRIO

O significado de termos mais complicados é apresentado na própria página.

PALAVRA-CHAVE

Este boxe apresenta palavras importantes para Ciências. Entender o sentido delas ajuda a conhecer como a ciência funciona.

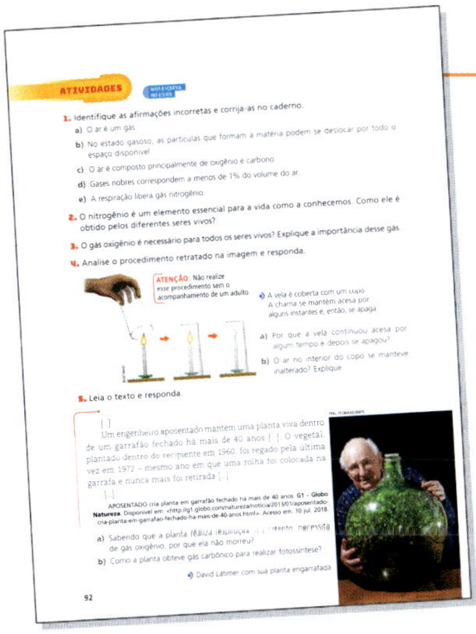

ATIVIDADES

Depois de um bloco de conteúdos, você encontrará diversas atividades. Utilize esse material para verificar se compreendeu bem o que acabou de estudar ou se restaram dúvidas em algum ponto. Essa seção pode trazer também pesquisas e outras atividades que permitem expandir e consolidar o conhecimento do que você acabou de estudar.

ASSIM SE FAZ CIÊNCIA

Nesta seção, você terá um contato maior com o fazer científico. Muitas pessoas pensam que o cientista é geralmente um homem, excepcionalmente inteligente, que trabalha sozinho e faz descobertas que são prontamente aceitas por todos e nunca são contestadas ou modificadas. Será que é assim mesmo que as coisas funcionam na ciência?

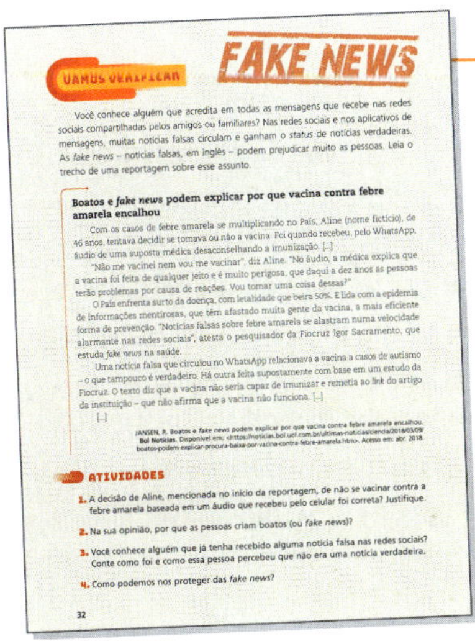

VAMOS VERIFICAR

Vivemos na era da informação. Alguns pesquisadores afirmam, ironicamente, que na verdade estamos na era da desinformação, pois muitos boatos e mentiras são divulgados como se fossem verdade. Nesta seção, vamos analisar alguns desses casos e verificar quanto de verdade há neles.

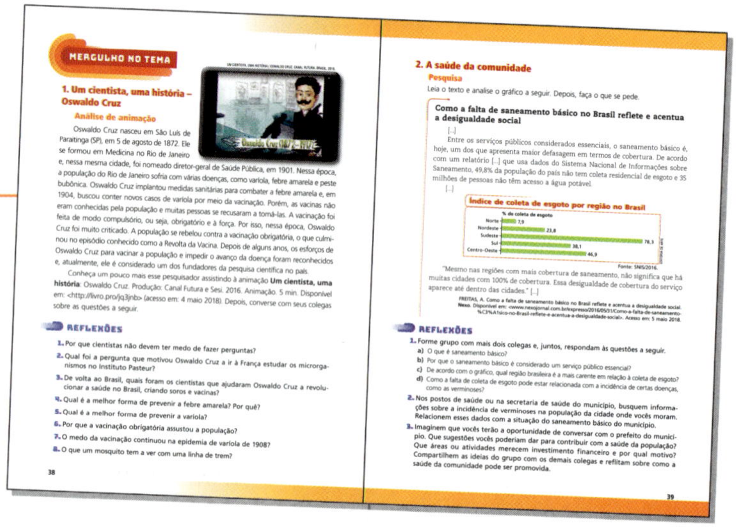

MERGULHO NO TEMA

Seção que agrupa diferentes atividades que permitem analisar mais a fundo os assuntos apresentados na Unidade. Experimentos, simulações, debates, leituras, campanhas de divulgação e construção de modelos fazem parte do repertório de atividades desta seção.

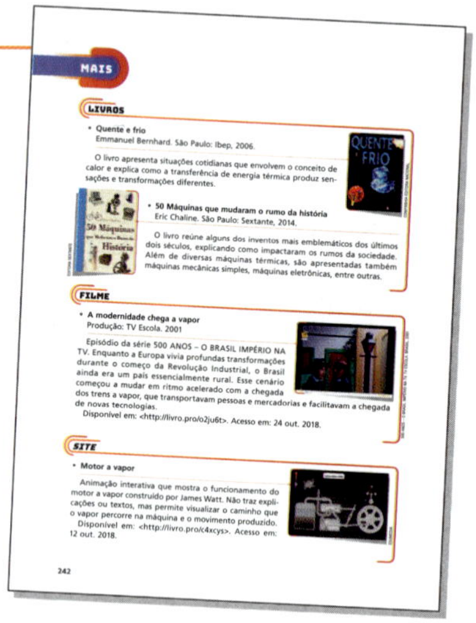

MAIS

Estes livros são apenas uma gota no oceano de conhecimento que você tem a seu dispor. A seção visa ajudá-lo a navegar nesse mar, mostrando sugestões de materiais — livros, vídeos, *sites* etc. — que você pode consultar caso queira se aprofundar em algum assunto abordado na Unidade.

FIM DE PAPO

Traz uma relação dos principais conceitos que você viu ao longo da Unidade. É a sua chance de checar se domina o conteúdo ou se algum assunto precisa ser esclarecido. Você é convidado a rever suas respostas às questões da abertura da Unidade e, por fim, com base no que aprendeu, redigir uma resposta à pergunta que dá título a ela.

PROJETOS

Além das seis Unidades, este livro conta com dois projetos. Neles, você e seus colegas vão colocar em prática o que estudaram em diferentes Unidades do livro. Na prática mesmo! As atividades propostas visam tirar a turma da sala de aula e evidenciar quanto a ciência pode estar presente no nosso dia a dia.

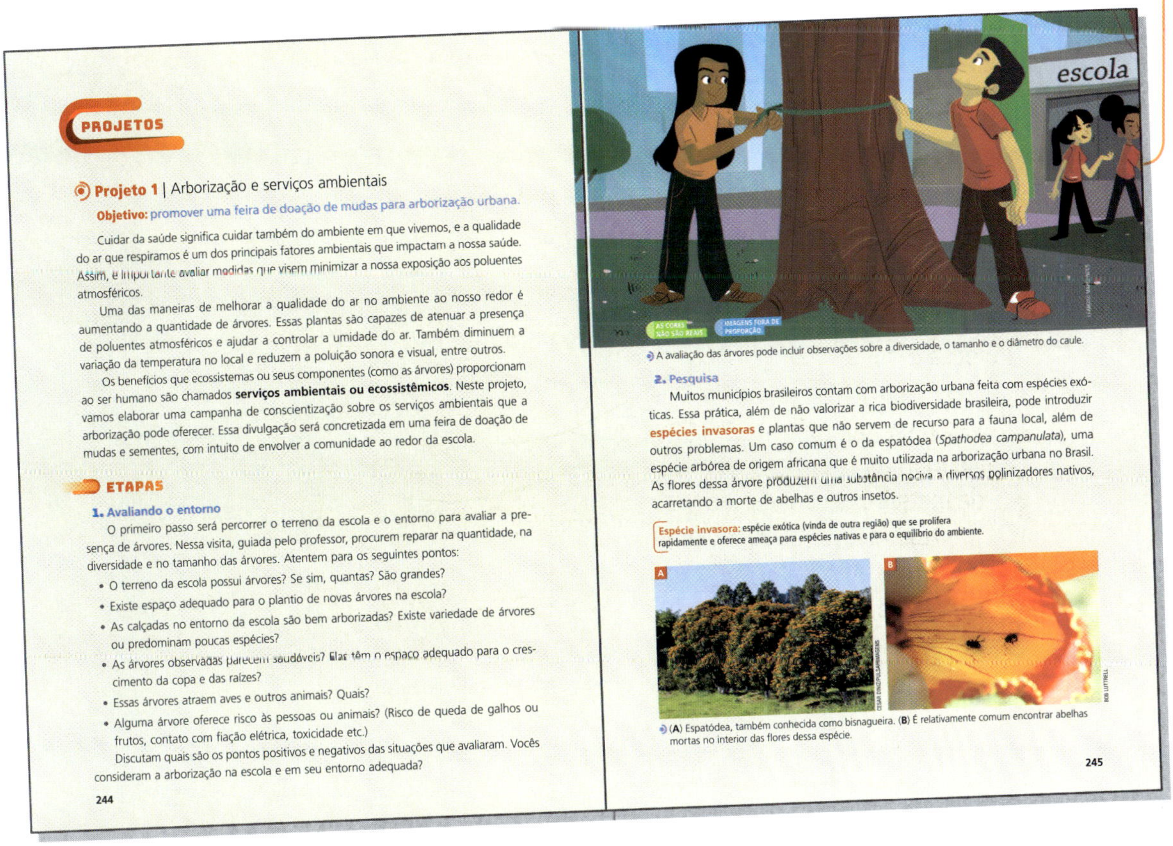
PROJETOS

Projeto 1 | Arborização e serviços ambientais

Objetivo: promover uma feira de doação de mudas para arborização urbana.

Cuidar da saúde significa cuidar também do ambiente em que vivemos, e a qualidade do ar que respiramos é um dos principais fatores ambientais que impactam a nossa saúde. Assim, é importante avaliar medidas que visem minimizar a nossa exposição aos poluentes atmosféricos.

Uma das maneiras de melhorar a qualidade do ar no ambiente ao nosso redor é aumentando a quantidade de árvores. Essas plantas são capazes de atenuar a presença de poluentes atmosféricos e ajudar a controlar a umidade do ar. Também diminuem a variação da temperatura no local e reduzem a poluição sonora e visual, entre outros.

Os benefícios que ecossistemas ou seus componentes (como as árvores) proporcionam ao ser humano são chamados **serviços ambientais ou ecossistêmicos**. Neste projeto, vamos elaborar uma campanha de conscientização sobre os serviços ambientais que a arborização pode oferecer. Essa divulgação será concretizada em uma feira de doação de mudas e sementes, com intuito de envolver a comunidade ao redor da escola.

ETAPAS

1. Avaliando o entorno

O primeiro passo será percorrer o terreno da escola e o entorno para avaliar a presença de árvores. Nessa visita, guiada pelo professor, procurem reparar na quantidade, na diversidade e no tamanho das árvores. Atentem para os seguintes pontos:

- O terreno da escola possui árvores? Se sim, quantas? São grandes?
- Existe espaço adequado para o plantio de novas árvores na escola?
- As calçadas no entorno da escola são bem arborizadas? Existe variedade de árvores ou predominam poucas espécies?
- As árvores observadas parecem saudáveis? Elas têm o espaço adequado para o crescimento da copa e das raízes?
- Essas árvores atraem aves e outros animais? Quais?
- Alguma árvore oferece risco às pessoas ou animais? (Risco de queda de galhos ou frutos, contato com fiação elétrica, toxicidade etc.)

Discutam quais são os pontos positivos e negativos das situações que avaliaram. Vocês consideram a arborização na escola e em seu entorno adequada?

244

A avaliação das árvores pode incluir observações sobre a diversidade, o tamanho e o diâmetro do caule.

2. Pesquisa

Muitos municípios brasileiros contam com arborização urbana feita com espécies exóticas. Essa prática, além de não valorizar a rica biodiversidade brasileira, pode introduzir **espécies invasoras** e plantas que não servem de recurso para a fauna local, além de outros problemas. Um caso comum é o da espatódea (*Spathodea campanulata*), uma espécie arbórea de origem africana que é muito utilizada na arborização urbana no Brasil. As flores dessa árvore produzem uma substância nociva a diversos polinizadores nativos, acarretando a morte de abelhas e outros insetos.

Espécie invasora: espécie exótica (vinda de outra região) que se prolifera rapidamente e oferece ameaça para espécies nativas e para o equilíbrio do ambiente.

A

CESAR DINIZ/PULSAR IMAGENS

B

BOB LUTTRELL

(**A**) Espatódea, também conhecida como bisnagueira. (**B**) É relativamente comum encontrar abelhas mortas no interior das flores dessa espécie.

245

SELMA CAPARROZ

IMAGENS FORA DE PROPORÇÃO.

AS CORES NÃO SÃO REAIS.

Para representar melhor certos conceitos, algumas ilustrações podem alterar a proporção de tamanho entre os elementos ou empregar cores artificiais.
Quando isso ocorrer, a ilustração virá com um desses selos, ou os dois.

SUMÁRIO

UNIDADE 1 • SAÚDE: O QUE É E COMO MANTER? 12

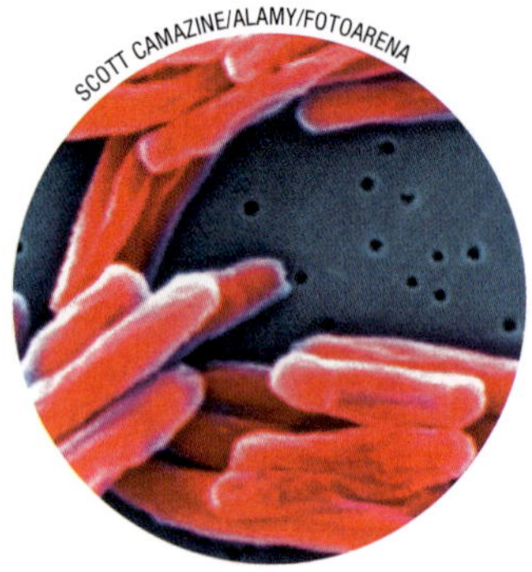

SCOTT CAMAZINE/ALAMY/FOTOARENA

NÍCOLAS SCHUKKEL/FOTOARENA

UNIDADE 2 • COMO É A NATUREZA DO BRASIL? 46

ARTUR FUJITA

NASA/SCIENCE PHOTO LIBRARY/FOTOARENA

UNIDADE 4 • POR QUE HÁ VULCÕES E TERREMOTOS? 134

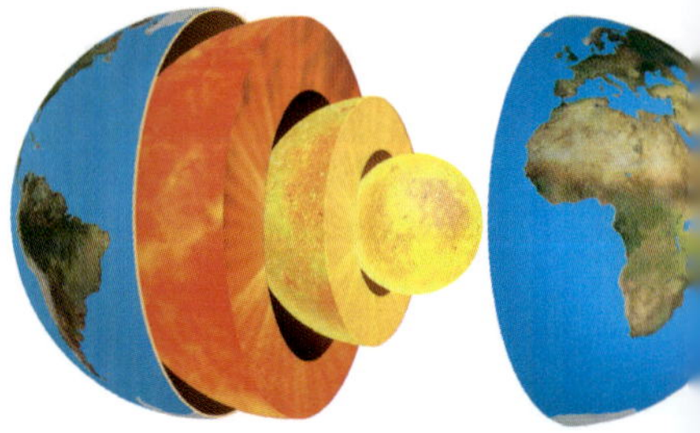

LUIS MOURA

UNIDADE 5 • COMO AS MÁQUINAS TRANSFORMAM O MUNDO? 160

TEL COELHO/GIZ DE CERA

TEL COELHO/GIZ DE CERA

UNIDADE 6 • DO QUE O CALOR É CAPAZ? 206

TOMAS RAGINA/SHUTTERSTOCK.COM

1

Saúde: o que é e como manter?

BIBLIOTECA NACIONAL, RIO DE JANEIRO. 1904.

Fotografia tirada em novembro de 1904, mostrando um bonde virado na Praça da República, no Rio de Janeiro, em decorrência das manifestações contra a vacinação obrigatória.

LEONIDAS FREIRE. O MALHO. 1904.

Charge do caricaturista e jornalista Leonidas Freire (1882-1943), publicada na capa da revista **O Malho**, de 29 de outubro de 1904. Essa charge retrata um dos momentos históricos do Rio de Janeiro, que ficou conhecido como a Revolta da Vacina.

PARA INÍCIO DE CONVERSA

1. Os dois grupos de pessoas representados na charge aparentam estar em concordância ou em discordância? Que elementos da figura levaram você a ter essa ideia?
2. A situação retratada na charge também está presente na fotografia? Que elementos da fotografia cooperam com suas ideias sobre as relações entre os dois grupos de pessoas retratados na charge?
3. Que elementos representados na charge fazem relação com o tema saúde? O que você faz para cuidar da sua saúde?
4. Você sabe para que servem as vacinas?
5. Você, como indivíduo, pode ajudar a cuidar da saúde da comunidade em que vive? Explique.

O conhecimento sobre as doenças

Muitas doenças se manifestam quando o nosso corpo entra em contato com seres causadores de doenças, como bactérias, vírus e vermes. Outras doenças são causadas por substâncias que fazem mal ao organismo, tais como as contidas em bebidas alcoólicas e no tabaco. Também há doenças decorrentes do mau funcionamento do organismo, como os transtornos mentais causados pela alteração dos níveis de neurotransmissores.

Hoje sabemos que para prevenir ou tratar doenças é preciso conhecer as suas causas e as formas de transmissão. Porém, houve um tempo em que as pessoas não tinham esse conhecimento. Bactérias e outros seres invisíveis a olho nu, por exemplo, só tiveram a sua existência conhecida depois da invenção dos microscópios.

Por volta de 1680, Antonie van Leeuwenhoek (1632-1723), um comerciante holandês, dono de um armazém, usava lentes de aumento para inspecionar fibras de tecidos e tinha como passatempo a montagem de microscópios, que, embora fossem bem simples, permitiam certa ampliação dos objetos observados. Ele não tinha formação científica, era apenas uma pessoa curiosa. Apesar de não ter sido a primeira pessoa a usar um microscópio, foi a primeira a descrever com detalhes os seres vivos que conseguia observar apenas usando esse equipamento. Naquela época, esses seres eram chamados de micróbios; atualmente, os conhecemos como microrganismos.

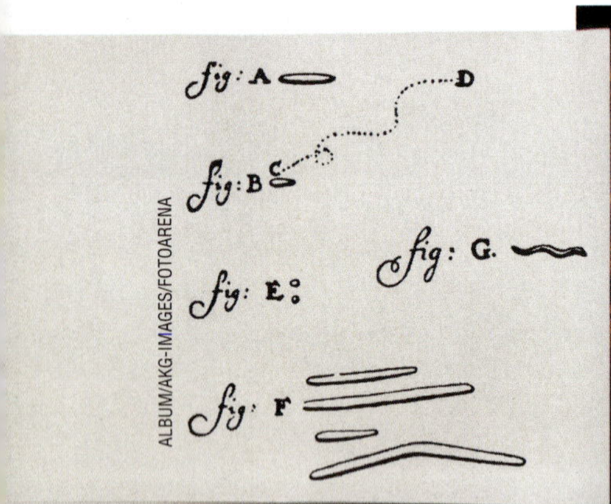

ALBUM/AKG-IMAGES/FOTOARENA

Desenhos de micróbios da cavidade oral humana, feitos por Leeuwenhoek. Ele descreveu não apenas a forma dos micróbios mas também a capacidade de movimentação de alguns, como está representado no traçado de **C** a **D**.

ALBUM / AKG-IMAGES/FOTOTECA GILARDI/FOTOARENA

THOM, R. **Leeuwenhoek and the "Little Animals"**. 1966. Óleo sobre masonite. Coleção particular. Leeuwenhoek usando um de seus microscópios.

Das primeiras observações de microrganismos até a compreensão da relação deles com vários fatores da vida humana, passaram-se mais de 200 anos. Somente na segunda metade do século XIX, os cientistas conseguiram provar que microrganismos são responsáveis pela fermentação do suco de uva para produção do vinho e, tempos depois, descobriram que um tipo específico de microrganismo causa uma doença específica. Esse conhecimento foi primordial para que a humanidade conseguisse prevenir e tratar diversas doenças.

MUSEE D'OFSAY, PARIS, FRANÇA.

Louis Pasteur (1822-1895), químico francês, por meio de seus estudos, ajudou a comprovar que a fermentação do suco de uva era decorrente da presença de microrganismos e não que a fermentação originava microrganismos, como se pensava na época. EDELFELT, A. G. A. **Louis Pasteur (1822-95) in his laboratory**. 1885. Óleo sobre tela.

AKG-IMAGES/SCIENCE SOURCE/FOTOARENA

Robert Koch (1843-1910), médico alemão, ajudou a comprovar que um tipo específico de microrganismo causa um tipo definido de doença. Ele fez grandes descobertas sobre o carbúnculo, doença que afetava condutores de gado e de ovelhas na Europa.

O corpo e as doenças transmissíveis

Agentes causadores de doenças estão em toda parte: no ar, no solo, na água e até mesmo no nosso corpo. Estamos em permanente contato com uma grande quantidade de bactérias, vírus e vermes que podem nos causar doenças, mas nem por isso ficamos doentes o tempo todo. Isso acontece porque, na maior parte do tempo, o nosso corpo é capaz de se defender de agentes infecciosos.

Mucosa: tecido que reveste as cavidades do corpo que estão em contato direto ou indireto com o meio externo, como a mucosa que reveste a parte de dentro da boca.

Algumas dessas defesas já estão presentes desde o nascimento e, por isso, são chamadas de **defesas inatas**. A primeira linha de defesa do nosso corpo inclui a **pele** e as **mucosas**, que formam uma barreira física contra a entrada de agentes biológicos e químicos estranhos ao organismo. Caso essa barreira seja rompida e agentes estranhos consigam penetrar no organismo, entram em ação células presentes no sangue, que constituem a segunda linha de defesa.

Algumas células, como alguns tipos de **leucócitos**, são células de defesa do corpo presentes no sangue. Ao sinal de que algum agente estranho penetrou no organismo, essas células se dirigem ao local da ameaça por meio da circulação sanguínea, saem dos vasos sanguíneos e cercam o agente estranho, englobando-o, para neutralizar o perigo.

IMAGENS FORA DE PROPORÇÃO.

AS CORES NÃO SÃO REAIS.

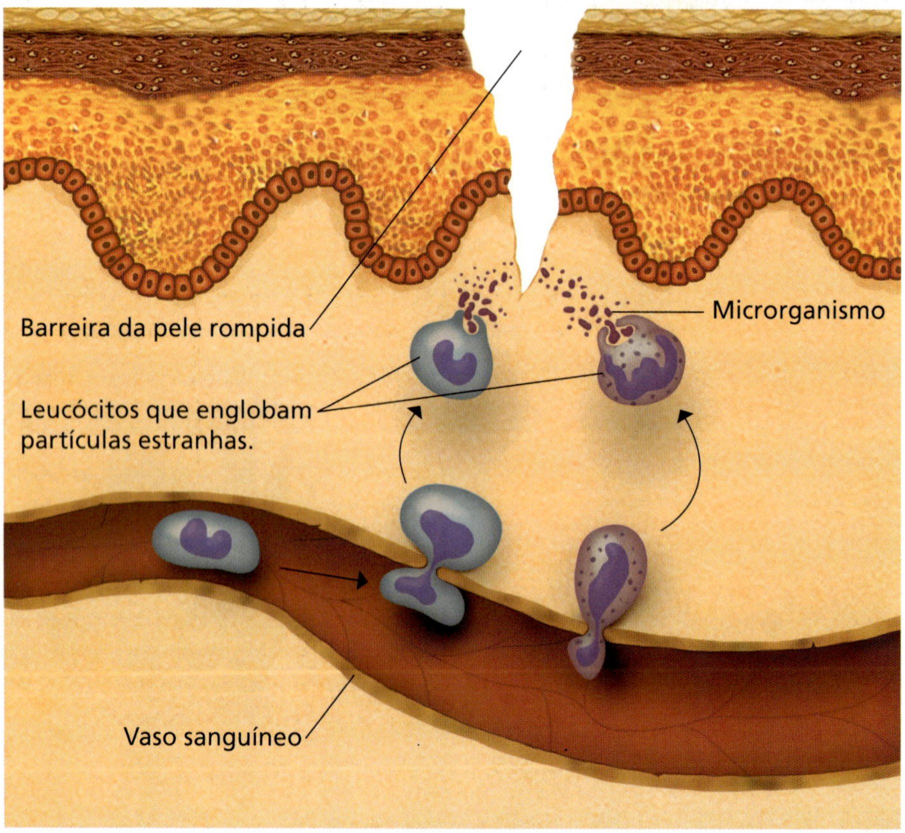

Esquema da defesa do corpo feita por certos tipos de leucócito. Essas células saem do vaso sanguíneo e atacam microrganismos que penetraram no corpo, após romperem a barreira da pele.

Elaborado com base em: TORTORA, G. J.; GRABOWSKI, S. R. **Corpo humano**: fundamentos de anatomia e fisiologia. 6. ed. Porto Alegre: Artmed, 2006. p. 433.

Por vezes, a defesa inata não é suficiente para proteger o organismo. Nesses casos, outro tipo de leucócito entra em ação, produzindo **anticorpos**, que são substâncias que neutralizam e destroem tipos específicos de antígeno. **Antígeno** é qualquer substância ou microrganismo estranho ao corpo. Cada anticorpo se liga especificamente a um tipo de antígeno.

IMAGENS FORA DE PROPORÇÃO.

AS CORES NÃO SÃO REAIS.

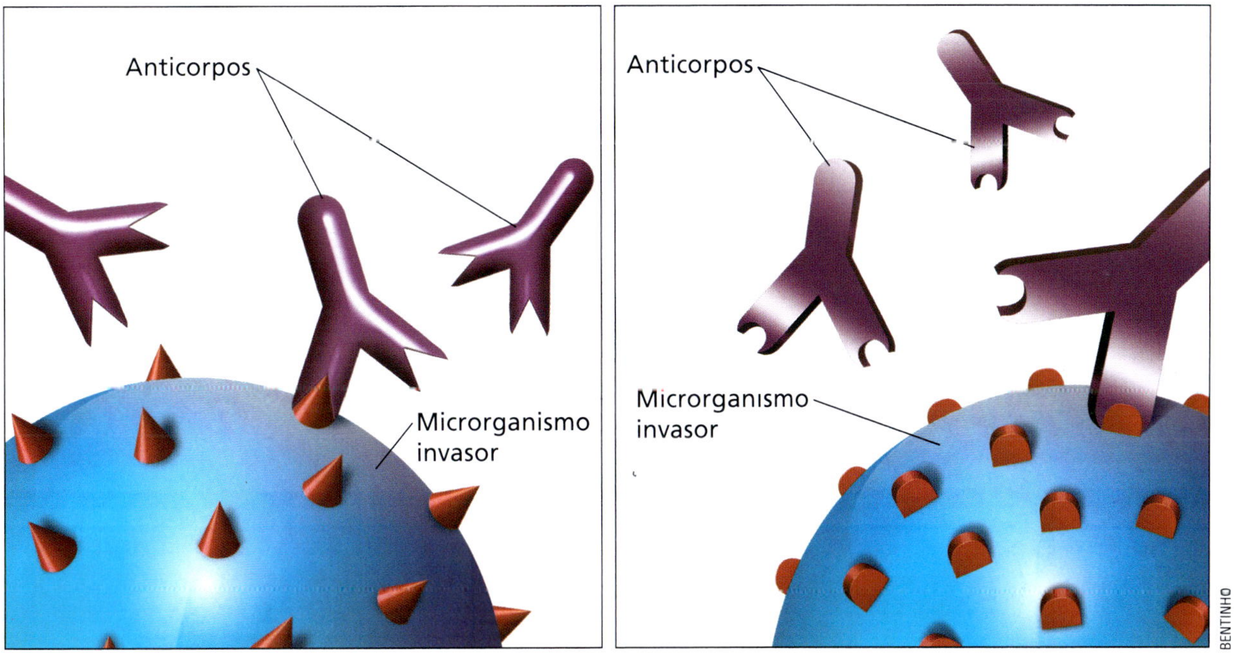

Esquema mostrando a ligação entre anticorpos e substâncias na superfície do microrganismo invasor. Note que as substâncias na superfície de cada agente invasor são diferentes. Os anticorpos são específicos para cada agente invasor.

Elaborado com base em: TORTORA, G. J.; GRABOWSKI, S. R. **Corpo humano**: fundamentos de anatomia e fisiologia. 6. ed. Porto Alegre: Artmed, 2006. p. 477.

Na resposta que depende de anticorpos, a reação do organismo não é instantânea porque a velocidade de produção dessas substâncias pode variar de acordo com as características do agente causador da doença e com as condições de saúde da pessoa. A resposta via anticorpos pode levar alguns dias; por isso, em alguns casos, a pessoa pode apresentar vários sintomas da doença até ficar curada. Porém, depois que essa pessoa estiver curada, alguns anticorpos e algumas células que produziram os anticorpos atuam como "memória" do agente causador da doença. Esses anticorpos e essas células estarão prontos para entrar em ação e reagir rapidamente caso esse agente causador da doença entre novamente no corpo. Para algumas doenças, essa memória permanece no organismo pelo resto da vida. É por isso que algumas doenças só acometem uma mesma pessoa uma vez na vida.

Vacinas

O desenvolvimento das vacinas representou um grande avanço para a Medicina e a saúde pública. Os cientistas descobriram que é possível preparar o organismo para que ele possa reagir com mais rapidez e eficiência ao entrar em contato com certos agentes causadores de doenças.

Geralmente, as vacinas são compostas com os antígenos mortos ou atenuados (enfraquecidos), ou seja, que não são capazes de causar a doença, mas que são suficientes para estimular o organismo a produzir anticorpos (resposta primária) e, assim, induzir à formação de células de memória. Caso o organismo entre em contato com o agente causador de doença para o qual já recebeu a vacina, a resposta das células de memória é rápida (resposta secundária), destruindo os invasores e impedindo o avanço da doença.

Respostas do organismo às exposições de um mesmo agente causador de doença

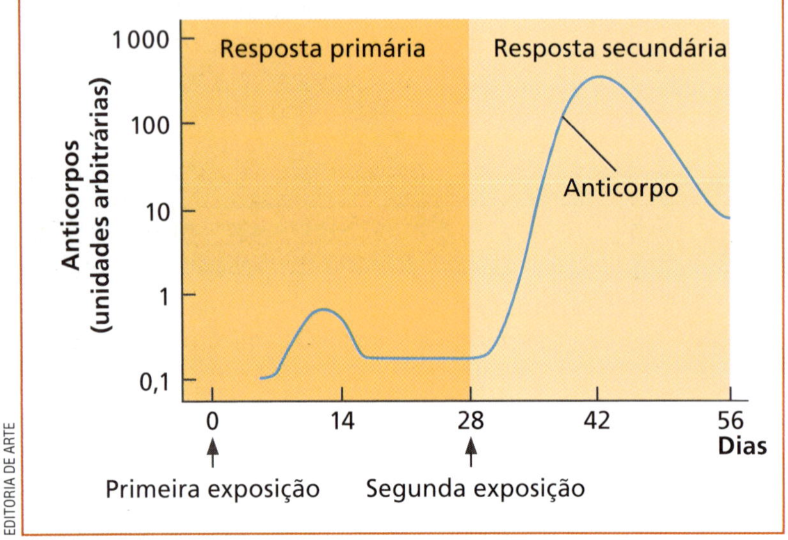

Resposta do organismo após a primeira e a segunda exposição ao mesmo antígeno. Note que, após o segundo contato, a resposta é mais rápida e intensa.

Elaborado com base em: TORTORA, G. J.; GRABOWSKI, S. R. **Corpo humano**: fundamentos de anatomia e fisiologia. 6. ed. Porto Alegre: Artmed, 2006. p. 441.

No século XVIII, Edward Jenner (1749-1823), médico britânico, desenvolveu a vacina antivariólica, a primeira de que se tem registro. A varíola era uma doença que acometia muitas pessoas na época, causando inúmeras feridas no corpo do doente e levando muitos deles à morte.

Jenner observou que as pessoas e o gado eram afetados por doenças semelhantes e pessoas que ordenhavam vacas com *cowpox* (tipo de varíola que acometia o gado) adquiriam resistência à varíola humana. Entre as suas inúmeras experiências, em maio de 1796, Jenner extraiu o pus da ferida da mão de uma ordenhadora que havia contraído a varíola bovina e o inoculou em um menino saudável, James Phipps, de oito anos.

O menino contraiu a forma branda da doença e logo ficou curado. Meses depois, Jenner inoculou no mesmo menino o líquido extraído de uma ferida de varíola humana. James não contraiu a doença, o que significava que estava imune à varíola.

Os experimentos de Jenner, no entanto, não foram reconhecidos pela comunidade médica da época. Apenas muitos anos depois, a vacinação foi adotada na prevenção de doenças.

Mesmo assim, no início, os benefícios da vacinação não eram de conhecimento de todos e a técnica causava muito medo na população, que temia contrair a doença e morrer. O medo era tão grande que a primeira campanha de vacinação no Brasil, realizada pelo médico Oswaldo Cruz, em 1904, foi feita de modo violento e obrigatório. As pessoas eram vacinadas à força, o que levou ao acontecimento histórico conhecido como **Revolta da Vacina**.

Atualmente, há um calendário nacional de vacinação e as pessoas se dirigem espontaneamente aos postos de saúde para tomar diversas vacinas oferecidas pelos órgãos competentes.

EVERETT HISTORICAL/SHUTTERSTOCK.COM

Edward Jenner vacinando o garoto James Phipps. A palavra vacina vem do latim e significa "de vaca", por conta dos experimentos de Jenner. MÉLINGUE, G. **Edward Jenner vaccinating James Phipps, a boy of eight, on May 14, 1796**. 1879. Litografia.

Depois que a vacinação foi adotada no país, algumas doenças foram erradicadas, ou seja, deixaram de existir entre a população, como a varíola e a poliomielite (conhecida por paralisia infantil). Outras doenças são mantidas sob controle, como o sarampo, a tuberculose e a rubéola.

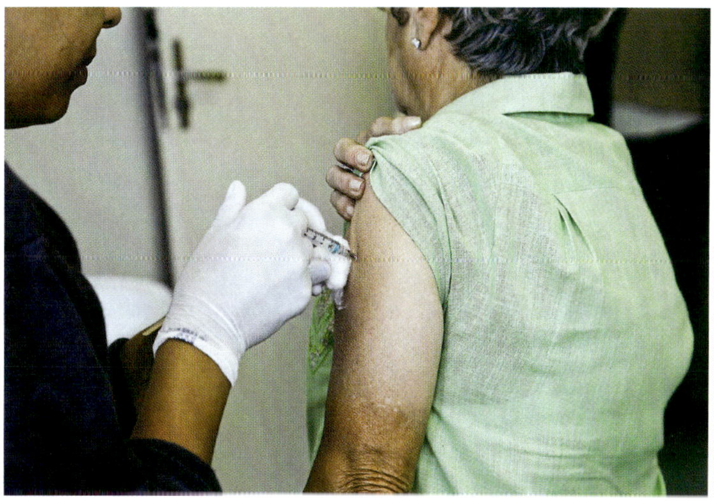

ALEXANDRE TOKITAKA/PULSAR IMAGENS

A vacinação impede a disseminação de várias doenças.

PALAVRAS-CHAVE

Quando uma doença se espalha rapidamente e atinge grande número de pessoas em uma região, fala-se em **epidemia**: *epi* é um prefixo grego que significa "sobre", e *demos*, "povo". Quando a doença se espalha por muitos lugares do planeta, em um intervalo relativamente curto de tempo, afetando um grande número de pessoas, fala-se em **pandemia**: *pan* é um prefixo grego que significa "todo". Quando a doença persiste por vários anos em uma região e afeta um número relativamente grande de pessoas, fala-se em **endemia**: *en* é um prefixo grego que significa "dentro".

Soros

Os soros são preparações feitas para serem introduzidas no organismo e ajudá-lo a combater substâncias estranhas ou agentes causadores de doenças.

Ele é produzido com o sangue de algum animal de grande porte, como o cavalo, que é vacinado previamente contra algum antígeno.

Parte do sangue do animal é extraída e processada em laboratório e dela são isolados os anticorpos de interesse. Logo, os soros já contêm os anticorpos prontos.

Esquema da produção do soro.

Fonte: DUARTE, B. Como é fabricado o soro antiofídico? **Nova Escola**. Disponível em: <https://novaescola.org.br/conteudo/1079/como-e-fabricado-o-soro-antiofidico>. Acesso em: 11 set. 2018.

A aplicação de soro em um paciente é recomendada quando o agente causador da doença ou a substância estranha ao organismo tem que ser combatido de modo rápido, já que os danos causados são quase que imediatos. Apesar de o corpo ter capacidade de produzir os próprios anticorpos, essa produção não ocorreria no tempo adequado para combater a substância estranha ao organismo ou o agente.

Por exemplo, quando uma pessoa é picada por uma serpente peçonhenta, é dado o soro antiofídico. Ela precisa receber urgentemente um soro com anticorpos específicos contra a peçonha da serpente, correndo risco de ter membros amputados ou perder a vida caso a peçonha não seja neutralizada com rapidez.

Como os soros são preparações feitas com anticorpos, eles também são específicos para cada situação. Quando alguém é picado por uma serpente peçonhenta, por exemplo, é importante saber qual espécie de serpente causou o acidente para a aplicação do soro correto.

Diferentemente das vacinas, os soros não induzem à produção de células de memória. Sendo assim, se uma pessoa for picada pela segunda vez por uma serpente peçonhenta, ela deve tomar o soro antiofídico novamente.

ATIVIDADES

NÃO ESCREVA NO LIVRO.

1. O que é preciso saber para tratar e prevenir doenças?

2. O que são antígenos e anticorpos?

3. Leia as afirmações. No caderno, classifique cada uma escrevendo **V** para aquelas que se referem às vacinas e **S** para as que se referem aos soros.

a) Estimulam a formação de células de memória.

b) São preparações feitas com antígenos mortos ou atenuados.

c) São preparações feitas com anticorpos já prontos.

d) Não estimulam a formação de células de memória.

e) Podem produzir defesa permanente ou por muitos anos contra uma doença.

f) Não produzem defesa permanente contra uma doença.

g) Atuam na prevenção de doenças.

h) Atuam no combate a substâncias já instaladas no corpo do paciente.

4. A fabricação de soros e de vacinas pode ser considerada um avanço tecnológico? Explique.

Alguns agentes causadores de doenças

As bactérias

As bactérias são organismos unicelulares e procarióticos, ou seja, seu material genético não está separado do citoplasma por uma membrana, como nas células de animais e plantas. Portanto, as bactérias não possuem núcleo.

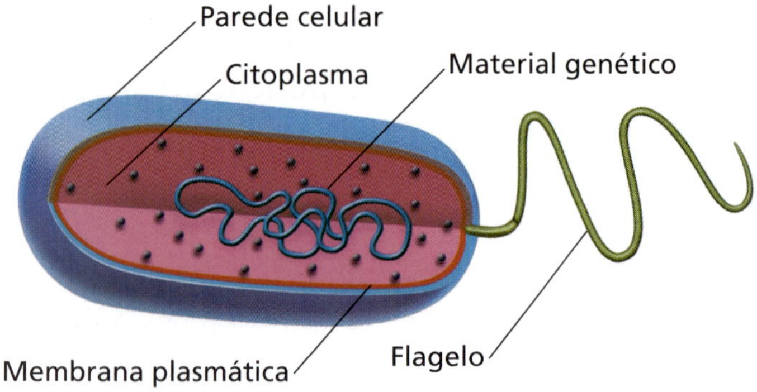

Esquema de uma bactéria com flagelo.

IMAGENS FORA DE PROPORÇÃO. AS CORES NÃO SÃO REAIS.

Externamente à membrana plasmática, as bactérias apresentam um envoltório chamado **parede celular**, que lhes confere maior proteção. Algumas bactérias apresentam filamentos, os **flagelos**, que permitem o deslocamento da célula.

Dependendo da forma da bactéria, ela pode ser classificada em coco, bacilo ou vibrião. Os cocos têm forma esférica; os bacilos são bastões e os vibriões parecem uma vírgula. Algumas bactérias podem formar colônias, ou seja, grupos com várias bactérias unidas.

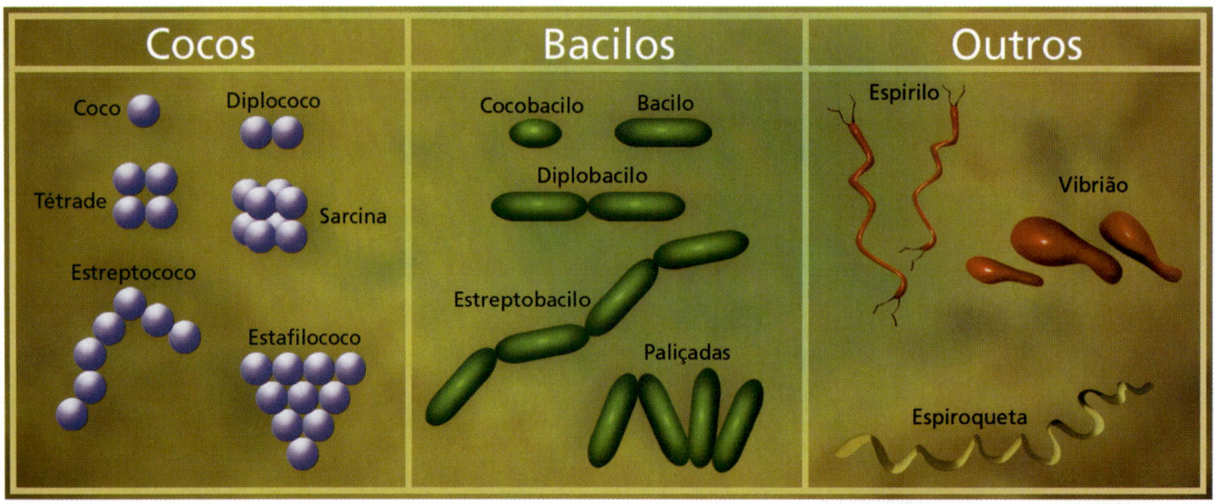

ILUSTRAÇÕES: BENTINHO

Representação esquemática de várias formas de bactérias.

IMAGENS FORA DE PROPORÇÃO. AS CORES NÃO SÃO REAIS.

Diferentemente do que se costuma pensar, a maioria das bactérias não causa doenças. Algumas espécies são importantes para a reciclagem da matéria orgânica no ambiente (bactérias decompositoras). Outras, como os lactobacilos, que transformam o açúcar do leite em ácido lático, são utilizadas na fabricação de alimentos.

Diversas espécies de bactérias são benéficas ao organismo humano, como as que vivem de forma harmoniosa no nosso intestino. Elas auxiliam na obtenção de nutrientes e impedem que outros microrganismos oportunistas se instalem no nosso corpo.

Há, entretanto, espécies de bactérias que são prejudiciais à nossa saúde, provocando doenças. Algumas delas serão apresentadas a seguir.

PAULISTA/SHUTTERSTOCK.COM

Doenças causadas por bactérias

Tuberculose, tétano, botulismo, hanseníase, cólera, meningite e pneumonia são apenas algumas das muitas doenças causadas por bactérias e que podem afetar o ser humano. A seguir, apresentamos algumas dessas doenças.

Tuberculose

É causada por uma bactéria chamada *Mycobacterium tuberculosis* e afeta principalmente o sistema respiratório. O doente tem febre, dores no peito, tosse com secreção e, por vezes, com sangue; há perda de massa corporal e fraqueza. A tuberculose é contagiosa, isto é, pode ser transmitida de uma pessoa para outra. Os bacilos são transmitidos pelo ar, pela saliva e pelo contato direto com outras secreções do doente. A vacina BCG é a melhor forma de prevenção da tuberculose. Também é recomendado evitar ambientes com más condições de higiene e aglomerações de pessoas. O tratamento é feito por antibióticos específicos prescritos por médicos.

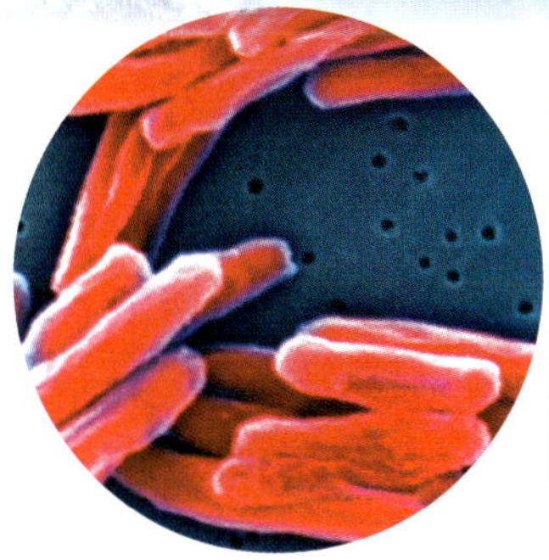

SCOTT CAMAZINE/ALAMY/FOTOARENA

Mycobacterium tuberculosis, bacilos que causam a tuberculose. Esse bacilo foi reconhecido como causador da tuberculose por Robert Koch, em 1882. Microscopia eletrônica; colorida artificialmente. Ampliação de 11 000 vezes.

Botulismo

É causado pela ingestão da toxina produzida pela bactéria *Clostridium botulinum*. Uma maneira comum de contrair a doença é pelo consumo de produtos feitos sem os cuidados de higiene, especialmente conservas de palmito ou outros vegetais, carnes, embutidos e queijos. Náuseas, vômitos e cólicas abdominais são alguns dos sintomas. Mas o principal deles é a paralisia muscular, que pode levar o indivíduo à morte em decorrência da paralisia dos músculos respiratórios. O tratamento é feito com soro antitoxina.

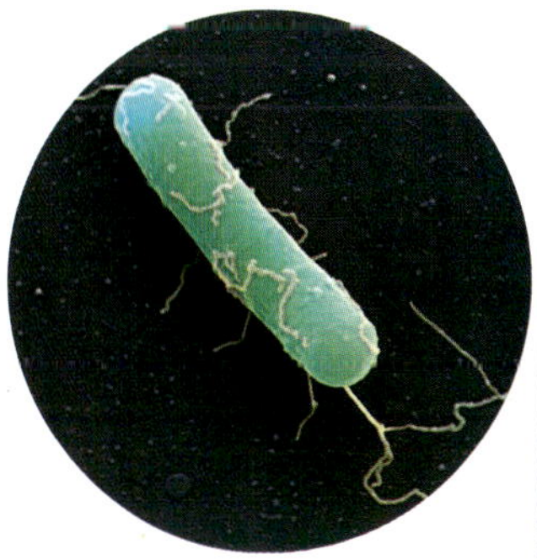

EYE OF SCIENCE/SCIENCE PHOTO LIBRARY/FOTOARENA

Clostridium botulinum, bacilos que produzem a toxina que causa o botulismo. Microscopia eletrônica; colorida artificialmente. Ampliação de 10 300 vezes.

Meningite bacteriana

Pode ser causada pelas bactérias *Neisseria meningitidis*, *Hemophilus influenzae* ou *Streptococcus pneumoniae*. A doença é caracterizada pela inflamação das membranas que protegem o sistema nervoso – as chamadas meninges. Os sintomas são dores de cabeça, febre, rigidez no pescoço e vômito. A transmissão se dá pelo ar ou contato direto com secreções do doente, como saliva ou secreção nasal. A prevenção se dá pela vacinação. Também é recomendado evitar ambientes pouco ventilados e com aglomerações de pessoas. O tratamento é feito com antibióticos específicos receitados pelo médico.

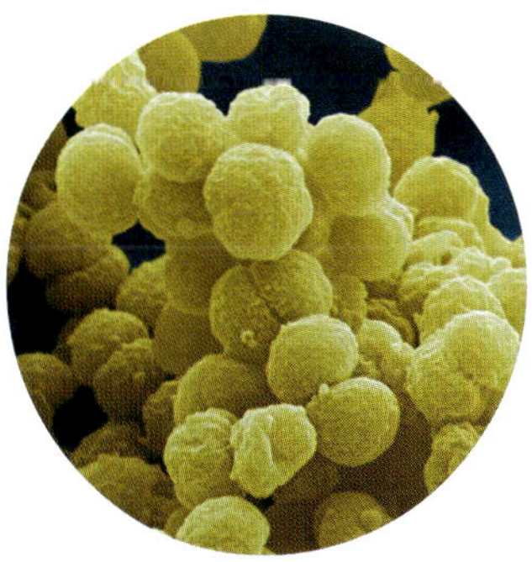

EYE OF SCIENCE/SCIENCE PHOTO LIBRARY/FOTOARENA

Neisseria meningitidis, cocos causadores da meningite bacteriana. Microscopia eletrônica; colorida artificialmente. Ampliação de 17 100 vezes.

Os vírus

Os vírus só foram observados por volta da década de 1940, depois da invenção dos microscópios eletrônicos, pois são seres extremamente pequenos, muito menores que as bactérias, impossíveis de serem vistos ao microscópio óptico.

Com o desenvolvimento dos microscópios eletrônicos e das técnicas de microscopia, os cientistas constataram que os vírus não são formados por células. Muitos pesquisadores afirmam que os vírus são estruturas que representam o limite entre as formas de vida e as sem vida. Eles apresentam diversas características dos seres vivos, como reprodução e metabolismo, porém são acelulares. Suas atividades acontecem somente quando estão dentro de uma célula viva. Por essa razão, os vírus são considerados **parasitas intracelulares obrigatórios**.

A organização dos vírus é muito simples: eles são formados de material genético envolto por cápsula de proteína, que às vezes apresenta componentes adicionais.

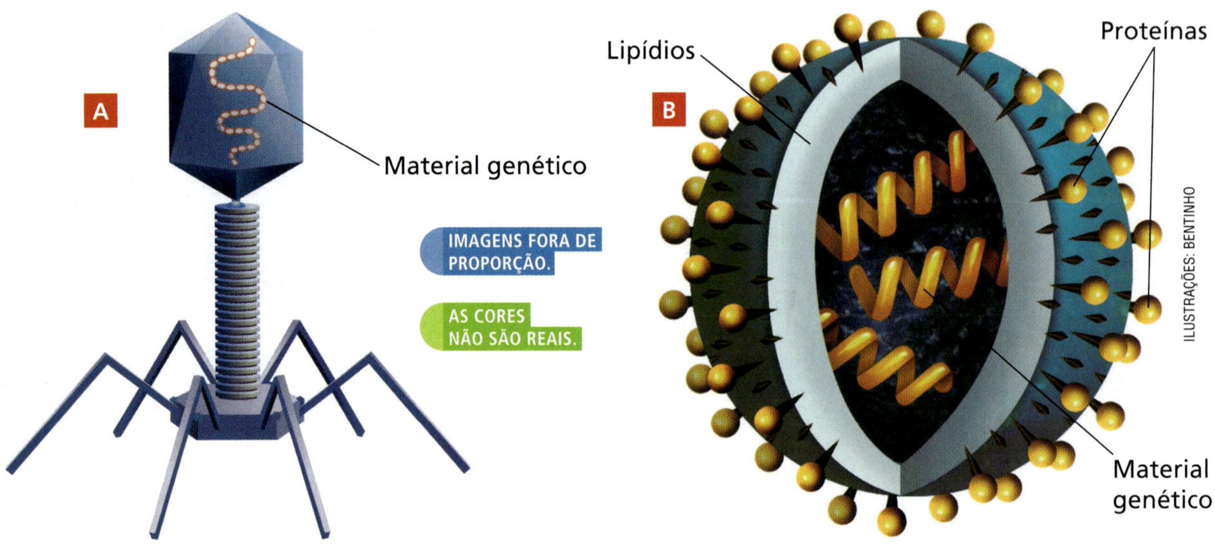

Esquemas de vírus: bacteriófago (**A**), vírus que ataca bactérias, e vírus da gripe (**B**). Por não apresentarem componentes celulares necessários para a reprodução ou o metabolismo, os vírus só podem se multiplicar dentro de células vivas.

Doenças causadas por vírus

Gripe, resfriado, dengue, febre amarela, sarampo, catapora, rubéola, caxumba e poliomielite são apenas algumas das muitas doenças causadas por vírus que podem afetar o ser humano. A seguir, apresentamos algumas dessas viroses.

Gripe e resfriado

A **gripe** é causada pelo vírus *influenza* e tem como sintomas febre alta, dor no corpo, dor de garganta, dor de cabeça, coriza e tosse seca. Em alguns casos, a doença apresenta complicações graves, necessitando de internação hospitalar.

O **resfriado** é frequentemente confundido com a gripe, mas é causado por vírus diferentes, como rinovírus, parainfluenza e o vírus sincicial respiratório. Os sintomas do resfriado, apesar de parecidos com os da gripe, são mais brandos e duram menos tempo, entre dois e quatro dias. A ocorrência de febre é menos comum.

Tanto a gripe como o resfriado são doenças contagiosas. Algumas medidas simples podem evitar a transmissão dessas doenças, como lavar as mãos com frequência, utilizar lenço descartável para assoar o nariz, cobrir nariz e boca quando espirrar ou tossir, não compartilhar objetos de uso pessoal, como talheres, pratos, copos ou garrafas, manter os ambientes bem ventilados.

A vacina contra a gripe está disponível nos postos de saúde para crianças, idosos, gestantes e pessoas com doenças **crônicas**. Essas pessoas são mais vulneráveis a desenvolver a forma grave da doença. Embora a vacina previna a gripe, ela não dispensa os hábitos de proteção citados anteriormente.

Crônico: de longa duração; que dura muito tempo. Doença crônica é aquela que persiste por muito tempo, sem cura, mas com tratamento.

MARCOS MACHADO

Formas de prevenção e sintomas comuns à gripe e ao resfriado.

Dengue e febre amarela

IMAGENS FORA DE PROPORÇÃO. AS CORES NÃO SÃO REAIS.

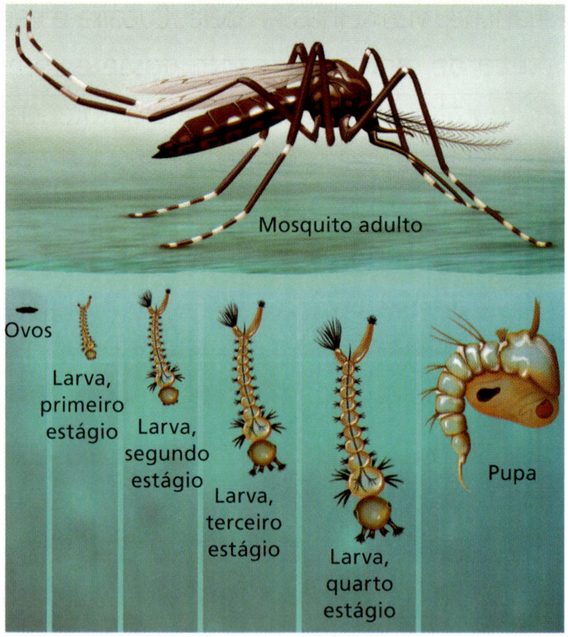

BENTINHO

Esquema do ciclo de vida do mosquito *Aedes aegypti*. Dependendo do vírus que a fêmea dessa espécie de mosquito carrega em seu organismo, ela pode ser transmissora da dengue, da febre amarela e de outras doenças virais.

A **dengue** é causada por um vírus transmitido pela picada da fêmea do mosquito *Aedes aegypti* contaminada. Apenas as fêmeas dessa espécie de mosquito se alimentam de sangue. Os mosquitos machos se alimentam de néctar de plantas e, por isso, não picam pessoas. Os sintomas da dengue são febre alta, mal-estar, cansaço, dores de cabeça, nos olhos, nos músculos e nas articulações. O doente também pode ter vômito, diarreia e manchas vermelhas no corpo. É preciso procurar atendimento médico, pois os vômitos e a diarreia causam desidratação.

A prevenção se dá pela eliminação dos mosquitos e de seus focos de reprodução. A fêmea do *Aedes* sp. põe seus ovos em água parada; por isso é preciso não deixar água acumulada em vasos de plantas, latas, pneus velhos ou garrafas; é recomendado lavar vasilhas de animais de estimação periodicamente com água e sabão, e tampar reservatórios de água, como caixas-d'água. O uso de repelente também é uma boa medida preventiva à picada dos mosquitos.

A **febre amarela** também é uma doença transmitida pela picada de fêmeas de mosquitos contaminadas pelos vírus. Há a febre amarela silvestre e a febre amarela urbana. No ciclo silvestre, em áreas florestais, os mosquitos transmissores dos vírus da febre amarela são principalmente dos gêneros *Haemagogus* e *Sabethes*. No ambiente urbano, a transmissão se dá pela picada da fêmea contaminada do mosquito *Aedes aegypti*, o mesmo transmissor da dengue.

A doença se chama febre amarela porque os vírus atacam as células do fígado, causando **icterícia** (coloração amarelada de tecidos corporais), além de febre alta. É comum os doentes apresentarem cansaço, dor de cabeça, dor muscular, náuseas e vômitos por cerca de três dias. A melhor forma de prevenção é a vacinação. O uso de repelentes também é uma boa maneira de prevenir a picada dos mosquitos.

Zika e febre chikungunya

Zika e febre chikungunya são outras doenças virais transmitidas pela picada das fêmeas de mosquito contaminadas.

O **zika** é um vírus que foi identificado pela primeira vez no Brasil em 2015 e tem esse nome porque recebeu a mesma denominação do local de origem: a floresta Zika, em Uganda, onde foi identificado, em 1947. O zika vírus é transmitido pela picada das fêmeas de *Aedes aegypti* contaminadas. Pesquisadores buscam comprovação de outras formas de transmissão, pois sugere-se que esse vírus também possa ser transmitido por relação sexual.

Os principais sintomas da doença são dor de cabeça, febre baixa, dores nas articulações, manchas vermelhas na pele, coceira e vermelhidão nos olhos. Também pode haver inchaço no corpo, dor de garganta, tosse e vômitos.

O zika vírus é uma causa em potencial para o nascimento de crianças com **microcefalia**, doença caracterizada pelo menor diâmetro da cabeça e do cérebro, que afeta o desenvolvimento mental. A recomendação é que as gestantes usem repelente para prevenção da picada de mosquitos e façam uso de preservativo nas relações sexuais.

A **febre chikungunya** é transmitida pelas fêmeas contaminadas dos mosquitos *Aedes aegypti* e *Aedes albopictus*. No Brasil, o vírus da chikungunya foi identificado pela primeira vez em 2014. O nome *chikungunya* faz referência à aparência curvada dos pacientes diagnosticados com a doença na Tanzânia (África) entre 1952 e 1953, pois, em um dos idiomas dessa localidade, chikungunya significa "aqueles que se dobram".

Os principais sintomas são febre alta, dores intensas nas articulações, dor de cabeça, dores nos músculos e manchas vermelhas na pele.

Não há vacinas nem medicamentos para zika e febre chikungunya. A prevenção é a única forma de evitar essas doenças.

Hematócrito: parâmetro laboratorial que indica a porcentagem de células vermelhas em relação ao volume total de sangue.

DENGUE, CHIKUNGUNYA E ZIKA – ASPECTOS CLÍNICOS

SINTOMAS	DENGUE	CHIKUNGUNYA	ZIKA
 FEBRE	Alta (39 °C a 40 °C), que começa subitamente.	Alta (39 °C a 40 °C), que começa subitamente.	Leve ou até mesmo ausente.
 DORES	Nos músculos, nas articulações, na cabeça e atrás dos olhos.	Inchaço nas articulações e dores intensas, que dificultam atividades rotineiras (como cozinhar, tomar banho, escovar os dentes etc.).	Dores menos intensas nas articulações, em geral nas extremidades, às vezes acompanhadas de inchaço. Olhos vermelhos e aversão à luz.
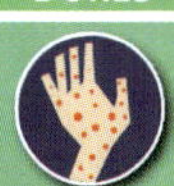 MANCHAS VERMELHAS	Sim, às vezes com coceira.	Sim, com coceira intensa.	Sim, com coceira intensa.
 ATENÇÃO	• Náuseas, vômitos e diarreia. • Dor abdominal intensa. • Vômitos persistentes. • Acúmulo de líquidos. • Tonturas. • Aumento do fígado. • Sangramento de mucosa. • Letargia e/ou irritação. • Aumento de hematócritos, o que pode estar associado à redução das plaquetas.	• Idade acima de 45 anos. • Lesões prévias nas articulações. • Doenças crônicas (ex.: hipertensão, diabetes) ou autoimunes (ex.: lúpus).	Dormência nas extremidades, dificuldade para caminhar, alterações neurológicas, paralisia facial.
 COMPLICAÇÕES	Pode haver comprometimento de órgãos como: pulmões, coração, fígado, rins e do sistema nervoso central.	Persistência da dor por meses ou até anos, em alguns casos, com queda da produtividade em população economicamente ativa (20-60 anos de idade).	Comprometimento neurológico, que provoca debilidade muscular. Possibilidade de reação autoimune (Síndrome de Guillain-Barré), que pode levar à paralisia cerebral.

BENTINHO

Fonte: BIO-MANGUINHOS-FIOCRUZ. **Dengue, chikungunya e zika**: aspectos clínicos. Disponível em: <https://www.bio.fiocruz.br/index.php/chikungunya-sintomas-transmissao-e-prevencao>. Acesso em: 5 set. 2018.

Os vermes

Verme é o nome popular dado a animais de corpo mole e alongado, sem pernas. Entre os vermes mais comuns, há os platelmintos e os nematoides. Alguns desses animais vivem dentro do corpo de outros seres vivos, sendo, por isso, chamados endoparasitas. As doenças causadas por esses endoparasitas são conhecidas como verminoses.

Platelmintos

Os platelmintos são animais invertebrados de corpo alongado e achatado (do grego, *platys* = plano, achatado; *helminthes* = verme). Nem todo platelminto é parasita. Existem várias espécies que vivem livremente e podem ser encontradas na água do mar, na água doce ou no solo úmido. Um exemplo de platelminto de vida livre é a planária.

Nas planárias, os ocelos não formam imagens, mas percebem a luminosidade do ambiente. A boca se localiza na região mediana ventral do corpo. A faringe é lançada para fora da boca durante a alimentação e o tubo digestório é ramificado por todo o corpo do animal.

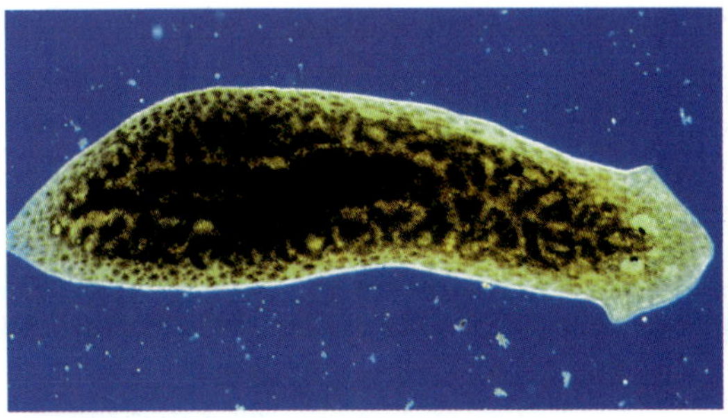

WALKER/SCIENCE SOURCE/FOTOARENA

Planária de água doce. Microscopia óptica. Ampliação de 22 vezes.

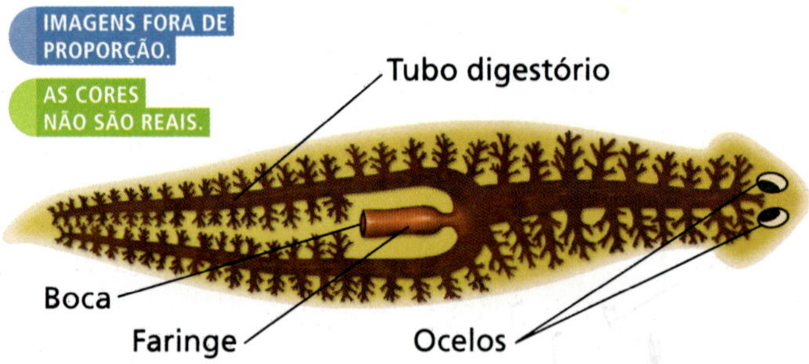

BENTINHO

Esquema de planária.

Elaborado com base em: BARNES, R. D.; RUPPERT, R. S.; FOX, R. S. **Zoologia dos invertebrados**: uma abordagem funcional-evolutiva. São Paulo: Roca, 2005. p. 278.

Entre os platelmintos parasitas há a tênia. Esse animal também é conhecido como solitária, pois, geralmente, há apenas um único parasita no corpo do hospedeiro. Na cabeça do animal (região chamada de escólex) não há órgãos dos sentidos, mas há uma estrutura com ventosas e/ou ganchos que ajuda a fixação da tênia no corpo do hospedeiro.

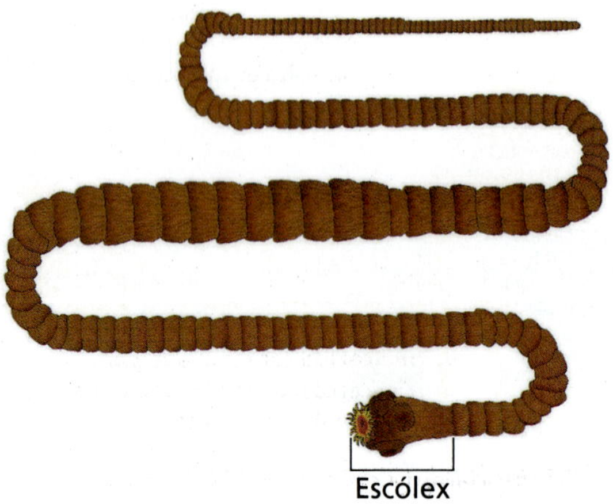

MIHA DE/SHUTTERSTOCK.COM

Representação esquemática da tênia, um platelminto parasita. Uma tênia adulta pode medir mais de um metro de comprimento.

Nematoides

Os nematoides (ou nematódeos) são animais invertebrados de corpo alongado, cilíndrico e com as extremidades afiladas (do grego, *nematos* = fio; *helminthes* = verme). A maioria dos nematoides vive no solo úmido e rico em matéria orgânica, em ambientes de água doce e de água salgada.

Entre os nematoides parasitas há o áscaris, ou lombriga.

RATTIYA THONGDUMHYU/SHUTTERSTOCK.COM

O áscaris (*Ascaris lumbricoides*) é um nematoide parasita.

Doenças causadas por vermes

As verminoses podem ser transmitidas por alimentos ou água contaminados com vermes ou com ovos deles.

Teníase e ascaridíase são apenas algumas das muitas doenças causadas por vermes que podem afetar o ser humano. A seguir, apresentamos essas verminoses.

Teníase

É causada pela tênia ou solitária. Entre as espécies de tênias, duas são parasitas do organismo humano: *Taenia solium* (ou tênia-do-porco) e *Taenia saginata* (ou tênia-do-boi).

O corpo de uma tênia é formado por vários segmentos, chamados proglótides. À medida que a tênia cresce, as proglótides maduras se soltam e são eliminadas com as fezes do hospedeiro. Cada proglótide madura tem muitos ovos.

Observe, na figura a seguir, o ciclo da vida de uma tênia e como o ser humano se torna hospedeiro desse parasita.

AS CORES NÃO SÃO REAIS.

IMAGENS FORA DE PROPORÇÃO.

FABIO EUGENIO

Esquema do ciclo de vida da tênia, endoparasita causador da teníase.

Uma pessoa com teníase pode apresentar perda de peso, indisposição, cansaço, diarreia e irritabilidade. É possível prevenir a teníase por meio da construção de instalações sanitárias adequadas, como rede de esgoto ou fossa (que impedem que as fezes com os ovos do verme contaminem o solo e as plantas). Também é recomendado evitar comer carne de porco ou de boi crua ou malcozida (o cozimento adequado mata as larvas do verme) e tratar os doentes (o que é feito com medicamentos específicos).

Ascaridíase

É causada pelo áscaris, ou lombriga.

Se não houver saneamento básico, como instalações sanitárias adequadas, fezes com ovos podem contaminar o solo, as plantas e a água. Observe, na figura a seguir, o ciclo de vida de uma lombriga e como o ser humano se torna hospedeiro desse parasita.

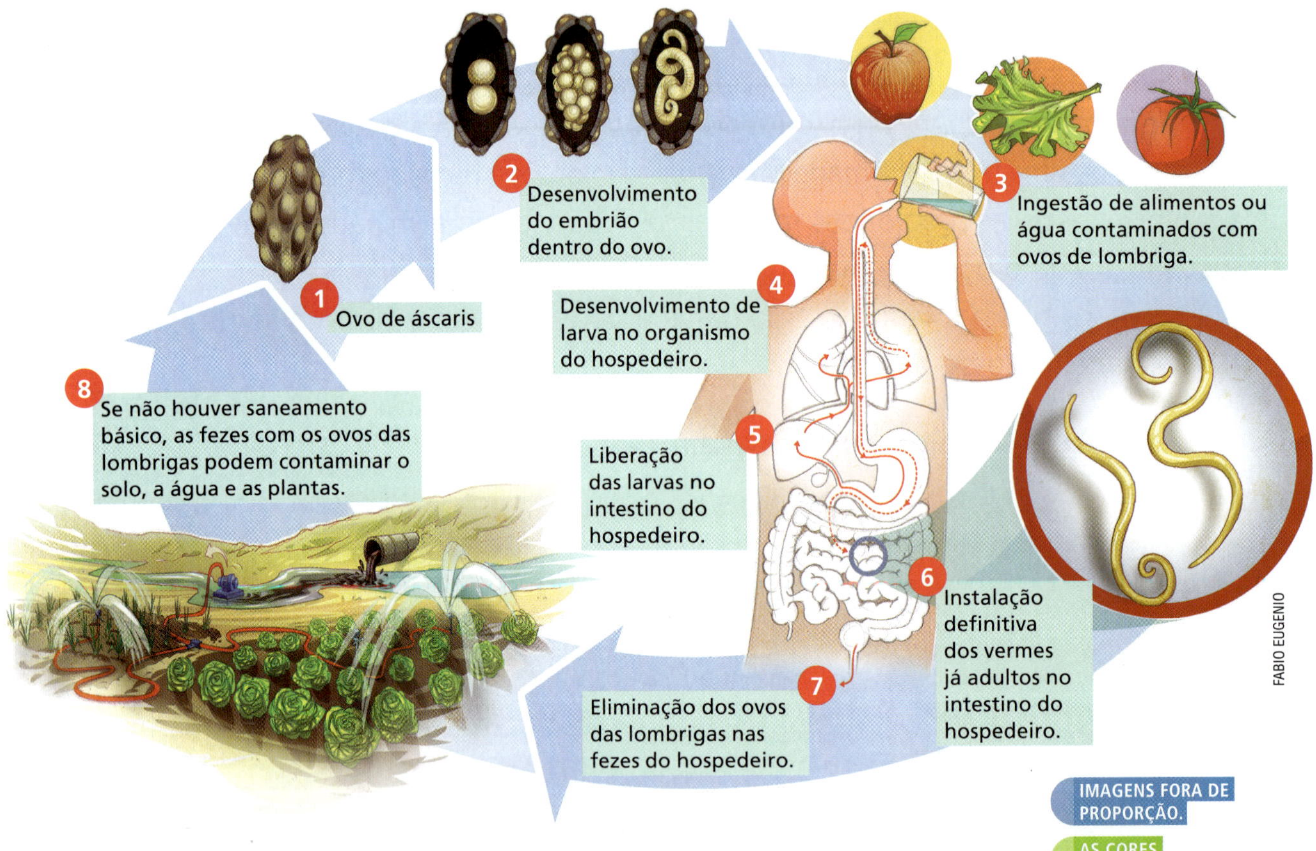

Esquema do ciclo de vida da lombriga, endoparasita causador da ascaridíase.

Uma pessoa com ascaridíase pode apresentar perda de peso, indisposição, cansaço, diarreia e irritabilidade. É possível prevenir a ascaridíase por meio da construção de instalações sanitárias adequadas (que impedem que fezes com os ovos do verme contaminem o solo, a água e as plantas). Também é recomendado lavar muito bem os alimentos que serão consumidos crus usando água tratada ou fervida, filtrar ou ferver a água usada para beber e tratar os doentes (o que é feito com medicamentos específicos).

ATIVIDADES

NÃO ESCREVA NO LIVRO.

1. Por que os vírus são considerados parasitas intracelulares obrigatórios?

2. Leia o prontuário médico de três pacientes. Depois, associe cada um deles com o provável agente causador da doença que se quer tratar ou evitar: verme, bactéria ou vírus.

Paciente 1: Relatou ter comido conserva de palmito em um restaurante. Chegou ao hospital com náuseas, vômitos, cólicas abdominais e início de paralisia. Foram feitos exames laboratoriais para comprovação da suspeita. Receitou-se soro com antitoxina.

Paciente 2: Consulta de rotina para avaliar condições respiratórias, já que o paciente tem 65 anos de idade e apresenta asma crônica. Foi orientado a tomar vacina nos postos de saúde, no período de campanha, para evitar a forma grave da doença que costuma acometer as pessoas nos meses de inverno.

Paciente 3: Relatou ter comido carne de porco malcozida há algumas semanas. Chegou ao hospital com fraqueza, indisposição e diarreia. Foi feito exame laboratorial para comprovação da suspeita. Foram receitados medicamentos específicos para combate do agente causador.

3. No caderno, separe as informações em dois grupos: platelmintos e nematoides.

a) Vermes com corpo achatado e alongado.

b) Vermes com corpo alongado, cilíndrico e afilado nas extremidades.

c) As planárias e as tênias são representantes do grupo desses animais.

d) As lombrigas são representantes do grupo desses animais.

4. Por que instalações sanitárias adequadas ajudam a prevenir verminoses?

5. Observe as orientações a seguir. Depois, responda à questão.

MARCOS MACHADO

- Que doenças podem ser prevenidas com essas orientações? Explique.

VAMOS VERIFICAR

FAKE NEWS

Você conhece alguém que acredita em todas as mensagens que recebe nas redes sociais compartilhadas pelos amigos ou familiares? Nas redes sociais e nos aplicativos de mensagens, muitas notícias falsas circulam e ganham o *status* de notícias verdadeiras. As *fake news* – notícias falsas, em inglês – podem prejudicar muito as pessoas. Leia o trecho de uma reportagem sobre esse assunto.

Boatos e *fake news* podem explicar por que vacina contra febre amarela encalhou

Com os casos de febre amarela se multiplicando no País, Aline (nome fictício), de 46 anos, tentava decidir se tomava ou não a vacina. Foi quando recebeu, pelo WhatsApp, áudio de uma suposta médica desaconselhando a imunização. [...]

"Não me vacinei nem vou me vacinar", diz Aline. "No áudio, a médica explica que a vacina foi feita de qualquer jeito e é muito perigosa, que daqui a dez anos as pessoas terão problemas por causa de reações. Vou tomar uma coisa dessas?"

O País enfrenta surto da doença, com letalidade que beira 50%. E lida com a epidemia de informações mentirosas, que têm afastado muita gente da vacina, a mais eficiente forma de prevenção. "Notícias falsas sobre febre amarela se alastram numa velocidade alarmante nas redes sociais", atesta o pesquisador da Fiocruz Igor Sacramento, que estuda *fake news* na saúde.

Uma notícia falsa que circulou no WhatsApp relacionava a vacina a casos de autismo – o que tampouco é verdadeiro. Há outra feita supostamente com base em um estudo da Fiocruz. O texto diz que a vacina não seria capaz de imunizar e remetia ao *link* do artigo da instituição – que não afirma que a vacina não funciona. [...]

[...]

JANSEN, R. Boatos e *fake news* podem explicar por que vacina contra febre amarela encalhou. **Bol Notícias**. Disponível em: <https://noticias.bol.uol.com.br/ultimas-noticias/ciencia/2018/03/09/boatos-podem-explicar-procura-baixa-por-vacina-contra-febre-amarela.htm>. Acesso em: abr. 2018.

ATIVIDADES

1. A decisão de Aline, mencionada no início da reportagem, de não se vacinar contra a febre amarela baseada em um áudio que recebeu pelo celular foi correta? Justifique.

2. Na sua opinião, por que as pessoas criam boatos (ou *fake news*)?

3. Você conhece alguém que já tenha recebido alguma notícia falsa nas redes sociais? Conte como foi e como essa pessoa percebeu que não era uma notícia verdadeira.

4. Como podemos nos proteger das *fake news*?

Definição de saúde

Para muitas pessoas, ter saúde está relacionado com o fato de não estar com nenhuma doença. Essa ideia vem do século XVII e considera o corpo uma máquina completa e perfeita, distinta e independente do ambiente. Por essa definição, uma pessoa está com saúde quando o seu corpo não está doente e está funcionando adequadamente.

Porém, sabemos que o ambiente interfere no nosso modo de vida e, consequentemente, pode interferir no funcionamento do nosso corpo. Não somos máquinas; somos seres humanos, com sentimentos e emoções.

Dessa forma, saúde é mais do que não ter doenças que afetam o corpo. A Organização Mundial da Saúde (OMS) define saúde como "um estado de completo bem-estar físico, mental e social e não somente ausência de **afecções** e enfermidades".

Assim, estar atento às próprias emoções é um componente fundamental do cuidado com a saúde. Uma pessoa mentalmente saudável vivencia diariamente uma série de emoções, como tristeza, alegria, raiva, medo, entre outras, mas procura lidar com as diferentes situações com equilíbrio e reconhece que é importante procurar ajuda quando tem dificuldade em resolver algum conflito. Reservar um tempo para atividades prazerosas, como brincar com amigos, ou para o convívio familiar, descansar e tirar um tempo para si mesmo são maneiras de cuidar da saúde mental.

Quanto ao aspecto social da saúde, é importante manter uma boa convivência com as pessoas ao redor, valorizando a solidariedade e o companheirismo.

A visão da OMS considera diversas dimensões da vida – sociais, culturais, ecológicas, emocionais, econômicas, religiosas –, todas igualmente relevantes para a promoção da saúde.

Essa combinação de aspectos individuais e coletivos, associada a outros fatores de diferentes naturezas, como as reações emocionais provocadas pelo enfrentamento de determinadas situações, nos dá uma ideia de como é complexo definir o que é saúde e o que é um modo de vida saudável.

Nos dias atuais, são recorrentes as discussões sobre promoção da saúde e como ter uma vida mais saudável. Afinal, viver bem e com saúde é o desejo da maioria das pessoas – se não de todas –, mesmo que cada pessoa tenha uma ideia particular do que seja viver bem.

MONKEY BUSINESS IMAGES/SHUTTERSTOCK.COM

Ter saúde é mais do que manter o corpo livre de doenças. É estar bem física, mental e emocionalmente.

Afecção: qualquer alteração capaz de afetar o corpo.

Diversos estudos indicam que manter bons hábitos de higiene, ter uma alimentação equilibrada e praticar atividades físicas ajudam a promover a saúde. Além dessas atitudes, manter amizades sinceras, reservar um tempo para fazer algo que dê prazer, relaxar e encarar os desafios diários com pensamentos positivos também são promotores da saúde. Se considerarmos que, para nos sentirmos bem, o ambiente em que vivemos deve ser agradável, é muito importante manter atitudes simples, como ajudar na organização e na limpeza da nossa casa, da escola ou de qualquer outro lugar que costumamos frequentar.

PRESSMASTER/SHUTTERSTOCK.COM

No dia a dia, enfrentamos muitas situações estressantes. É importante aprender a lidar com elas e saber identificar quando estão comprometendo nosso bem-estar. Essas atitudes promovem nossa saúde.

WAVEBREAKMEDIA/SHUTTERSTOCK.COM

Ter boas relações com adultos de confiança também ajuda a promover a saúde.

A nossa saúde deve ser conquistada e mantida diariamente. E, para tanto, precisamos ficar atentos às nossas escolhas e buscar viver de modo harmonioso com o ambiente e as outras pessoas.

ATIVIDADES

NÃO ESCREVA NO LIVRO.

1. Observe as imagens e relacione cada uma delas com a promoção da saúde.

WAVEBREAKMEDIA/SHUTTERSTOCK.COM

A — Avó com seus netos fazendo uma atividade no *tablet*.

ANDRII KOBRYN/SHUTTERSTOCK.COM

B — Amigos fazendo um piquenique.

RAWPIXEL.COM/SHUTTERSTOCK.COM

C — Família arrumando a casa.

DIDESIGN021/SHUTTERSTOCK.COM

D — Criança escovando os dentes.

2. Leia o texto e analise a imagem. Depois, responda às questões.

Os 17 objetivos

Em 2015, os líderes mundiais concordaram em 17 metas para um mundo melhor até 2030. Essas metas têm o poder de acabar com a pobreza, combater a desigualdade e acabar com as mudanças climáticas. Guiados pelos objetivos, cabe agora a todos nós, governos, empresas, sociedade civil e público em geral, trabalharmos juntos para construir um futuro melhor para todos.

THE GLOBAL GOALS. **The 17 Goals**. Disponível em: <https://www.globalgoals.org>. Acesso em: jul. 2018.

ONU

a) Qual(is) meta(s) está(ão) relacionada(s) com a promoção da saúde?

b) Quais metas você acha que serão mais difíceis de ser atingidas no lugar onde você mora?

c) Escolha uma meta e reflita como você pode ajudar para que ela seja atingida.

3. Como você pode ajudar a promover a saúde da comunidade em que vive? Explique.

4. O que você faz para promover a sua saúde?

ASSIM SE FAZ CIÊNCIA

Big data: o que é isso e o que isso tem a ver com a nossa saúde

Desde muito tempo, as pessoas lidam com dados e a análise deles fornece informações importantes para fazer previsões ou tomar decisões. Até aí, nada de novo. A coleta e a classificação de dados fazem parte da Estatística, área da Matemática que data do século XIX.

Porém, o avanço da tecnologia e o aumento da quantidade de dados disponíveis provocaram uma verdadeira avalanche de informações e novas maneiras de lidar com elas foram surgindo. Para você ter uma ideia do que estamos falando, vamos pensar na internet. Pense na quantidade de dados que são gerados diariamente nas redes sociais; observe a quantidade de *sites* na *web*. Atualmente já é possível fazer compras e pagamentos *on-line* pelo computador ou celular. Imagine agora a importância de informações como a quantidade do produto em estoque, o endereço do consumidor, o número de cartão de crédito e tantas outras. Afinal, é preciso que o produto esteja disponível para o comprador, que o banco libere o pagamento da compra, que a loja saiba onde entregar o produto... Todos os dados fornecidos pelo vendedor e pelo consumidor são de extrema importância. Esse é apenas um exemplo.

O fato é que empresas, governos e outras instituições precisam saber lidar com essa "explosão" de dados. O *big data* é uma tecnologia usada para captar e cruzar grandes volumes de dados e se propõe a ajudar na tarefa de analisar as informações. Afinal, não basta ter os dados, é preciso cruzá-los e agrupá-los de modo que eles sejam significativos. Nesse sentido, os computadores são importantíssimos para armazenar as informações, mas os profissionais formados para analisar e interpretar os dados coletados são imprescindíveis.

A aplicação de técnicas de *big data* é particular para cada cenário. Por exemplo, para um portal de saúde é interessante cruzar dados comuns de idade, altura, peso, sexo e localização dos seus milhões de usuários por mês e, dessa forma, inferir qual região tem mais propensão a determinada doença.

Você pode estar se perguntando de onde vêm os dados. Pois bem, os principais fornecedores de informações para as áreas de saúde são os aplicativos e dispositivos de monitoramento de atividades pessoais, prontuários eletrônicos, arquivos digitais fornecidos por clínicas e postos de saúde etc.

SAICLE/SHUTTERSTOCK.COM

Cientistas usam *big data*, por exemplo, na pesquisa da vacina contra o HIV por meio da análise de padrões de mutação desse vírus. A Universidade de Boston, nos Estados Unidos, usa bancos de dados espalhados pelo mundo para pesquisar e cruzar dados de tratamentos bem-sucedidos de certos tipos de câncer e, com isso, orientar os médicos a prescrever drogas e terapias mais eficientes para cada tipo de tumor. Por meio do cruzamento de dados de internações e diagnósticos de doenças registradas em hospitais de todo o mundo é possível detectar, logo no início, o surgimento de uma nova epidemia. Nesses casos, a rapidez trazida pelo *big data* ajuda as autoridades sanitárias a tomar providências para evitar surtos de doenças antes que elas se alastrem.

A análise e interpretação de dados também podem ser úteis no momento de definir qual área merece maior investimento e atenção dos políticos.

Esses são apenas alguns exemplos de como o *big data* pode ajudar centros de saúde e autoridades relacionadas à área de saúde a fazer previsões ou tomar decisões.

ANDREY_POPOV/SHUTTERSTOCK.COM

As informações captadas por aplicativos e dispositivos de monitoramento de atividades pessoais são reunidas em bancos de dados e servem para fazer previsões sobre a saúde dos usuários.

ATIVIDADES

1. A tradução do termo "*big data*" pode ser "grande conjunto de dados", referindo-se à quantidade de informações que são armazenadas e analisadas. Você acha que apenas ter os dados é suficiente para tomar decisões ou fazer previsões? Explique.

2. As máquinas são importantes em tempos de *big data*, mas os profissionais qualificados são imprescindíveis. Justifique essa afirmativa.

3. Qual a sua opinião sobre o uso do *big data* nas áreas de saúde?

MERGULHO NO TEMA

1. Um cientista, uma história – Oswaldo Cruz

Análise de animação

UM CIENTISTA, UMA HISTÓRIA | OSWALDO CRUZ. CANAL FUTURA. BRASIL. 2015.

Oswaldo Cruz nasceu em São Luís de Paraitinga (SP), em 5 de agosto de 1872. Ele se formou em Medicina no Rio de Janeiro e, nessa mesma cidade, foi nomeado diretor-geral de Saúde Pública, em 1901. Nessa época, a população do Rio de Janeiro sofria com várias doenças, como varíola, febre amarela e peste bubônica. Oswaldo Cruz implantou medidas sanitárias para combater a febre amarela e, em 1904, buscou conter novos casos de varíola por meio da vacinação. Porém, as vacinas não eram conhecidas pela população e muitas pessoas se recusaram a tomá-las. A vacinação foi feita de modo compulsório, ou seja, obrigatório e à força. Por isso, nessa época, Oswaldo Cruz foi muito criticado. A população se rebelou contra a vacinação obrigatória, o que culminou no episódio conhecido como a Revolta da Vacina. Depois de alguns anos, os esforços de Oswaldo Cruz para vacinar a população e impedir o avanço da doença foram reconhecidos e, atualmente, ele é considerado um dos fundadores da pesquisa científica no país.

Conheça um pouco mais esse pesquisador assistindo à animação **Um cientista, uma história**: Oswaldo Cruz. Produção: Canal Futura e Sesi. 2016. Animação. 5 min. Disponível em: <http://livro.pro/jq3jnb> (acesso em: 4 maio 2018). Depois, converse com seus colegas sobre as questões a seguir.

REFLEXÕES

1. Por que cientistas não devem ter medo de fazer perguntas?
2. Qual foi a pergunta que motivou Oswaldo Cruz a ir à França estudar os microrganismos no Instituto Pasteur?
3. De volta ao Brasil, quais foram os cientistas que ajudaram Oswaldo Cruz a revolucionar a saúde no Brasil, criando soros e vacinas?
4. Qual é a melhor forma de prevenir a febre amarela? Por quê?
5. Qual é a melhor forma de prevenir a varíola?
6. Por que a vacinação obrigatória assustou a população?
7. O medo da vacinação continuou na epidemia de varíola de 1908?
8. O que um mosquito tem a ver com uma linha de trem?

2. A saúde da comunidade

Pesquisa

Leia o texto e analise o gráfico a seguir. Depois, faça o que se pede.

Como a falta de saneamento básico no Brasil reflete e acentua a desigualdade social

[...]

Entre os serviços públicos considerados essenciais, o saneamento básico é, hoje, um dos que apresenta maior defasagem em termos de cobertura. De acordo com um relatório [...] que usa dados do Sistema Nacional de Informações sobre Saneamento, 49,8% da população do país não tem coleta residencial de esgoto e 35 milhões de pessoas não têm acesso a água potável.

[...]

Índice de coleta de esgoto por região no Brasil

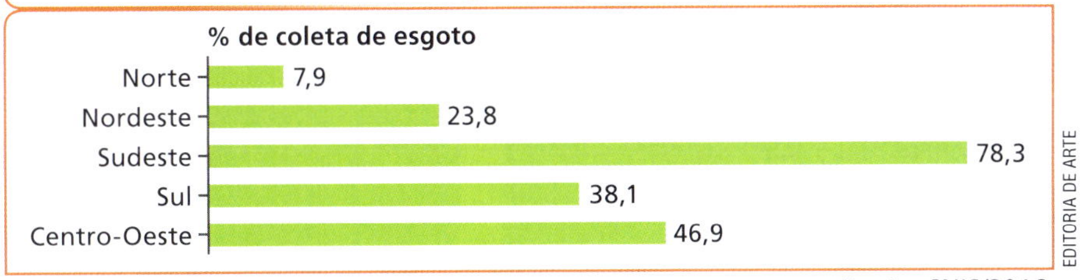

Fonte: SNIS/2016.

"Mesmo nas regiões com mais cobertura de saneamento, não significa que há muitas cidades com 100% de cobertura. Essa desigualdade de cobertura do serviço aparece até dentro das cidades." [...]

FREITAS, A. Como a falta de saneamento básico no Brasil reflete e acentua a desigualdade social. **Nexo**. Disponível em: <www.nexojornal.com.br/expresso/2016/05/31/Como-a-falta-de-saneamento-%C3%A1sico-no-Brasil-reflete-e-acentua-a-desigualdade-social>. Acesso em: 5 maio 2018.

REFLEXÕES

1. Forme grupo com mais dois colegas e, juntos, respondam às questões a seguir.

a) O que é saneamento básico?

b) Por que o saneamento básico é considerado um serviço público essencial?

c) De acordo com o gráfico, qual região brasileira é a mais carente em relação à coleta de esgoto?

d) Como a falta de coleta de esgoto pode estar relacionada com a incidência de certas doenças, como as verminoses?

2. Nos postos de saúde ou na secretaria de saúde do município, busquem informações sobre a incidência de verminoses na população da cidade onde vocês moram. Relacionem esses dados com a situação do saneamento básico do município.

3. Imaginem que vocês terão a oportunidade de conversar com o prefeito do município. Que sugestões vocês poderiam dar para contribuir com a saúde da população? Que áreas ou atividades merecem investimento financeiro e por qual motivo? Compartilhem as ideias do grupo com os demais colegas e reflitam sobre como a saúde da comunidade pode ser promovida.

3. A higiene das mãos

Elaboração de um manual prático

Como foi dito no início da Unidade, o conhecimento de que algumas doenças são causadas por certos agentes, como vírus e bactérias, só foi possível depois da invenção do microscópio e da descoberta desses seres. Mas da descoberta dos microrganismos à compreensão da relação deles com as doenças passaram muitos anos.

Atualmente, sabemos que a higiene das mãos evita muitas doenças. Por isso, nessa atividade, você e seus colegas serão convidados a elaborar um manual ensinando as pessoas a lavar as mãos corretamente.

Para tanto, organizem-se em grupos de quatro integrantes e, juntos, pesquisem em livros, revistas e na internet como deve ser a higiene correta das mãos.

Cartaz da campanha do Ministério da Saúde e da Anvisa sobre a importância da higienização das mãos.

Além de ensinar às pessoas o modo correto de lavar as mãos, vocês devem explicar-lhes quando as mãos devem ser lavadas. Então, busquem saber em quais momentos a lavagem das mãos é recomendada. Não se esqueçam de anotar as fontes das informações.

Depois, elaborem um manual ilustrado da correta higienização das mãos, justificando a importância dessa prática aos leitores do manual. Não se esqueçam de incluir essa informação!

No dia combinado pelo(a) professor(a), compartilhem o manual elaborado pelo seu grupo com os demais alunos e vejam os outros manuais feitos pelos colegas.

REFLEXÕES

1. Considerando o modo como as mãos devem ser lavadas, houve alguma diferença entre o manual feito pelo seu grupo e os outros manuais da classe?
2. Durante a realização dessa atividade, você descobriu alguma coisa que não sabia sobre a higiene das mãos? Em caso afirmativo, conte o que foi.
3. Depois de aprender como as mãos devem ser limpas, você mudou o modo como costumava lavar as mãos? Explique.

4. Saúde e emoções

Interpretação de letra de música

Tristezas e alegrias fazem parte da vida. O importante é saber lidar com as diferentes situações, tentando manter o bem-estar físico, emocional e social. Sabendo que as emoções interferem no seu estado de saúde, ouça a música intitulada "Felicidade", de Seu Jorge, disponível em: <http://livro.pro/xj92dv> (acesso em: 5 maio 2018). Depois, responda às questões.

SEU JORGE-FELICIDADE. CAFUNÉ PRODUÇÕES ARTÍSTICAS E EDITORIAIS LTDA. UNIVERSAL MUSIC INTERNATIONAL. BRASIL. 2015.

REFLEXÕES

1. A música trata do que é felicidade. Como estar feliz é um sentimento positivo que faz bem ao corpo e à mente, liste ao menos três atitudes mencionadas na canção que podem contribuir para a promoção da saúde.
2. Você concorda com as ideias da música sobre o que é felicidade? Explique o que é felicidade para você e como esse sentimento coopera para a sua saúde.
3. Você já percebeu que o seu estado emocional interfere na saúde do seu corpo? Explique.
4. O que você costuma fazer para cuidar da sua saúde física, mental e social?

5. Febre amarela

Campanha de conscientização

Desde o final do ano de 2016, a população de várias cidades da região Sudeste se viu em alerta pelo surto de casos de febre amarela. Em 2017, foram registrados muitos casos da doença nessa região, e, com eles, muitas informações equivocadas circularam entre as pessoas. Uma delas foi a de que macacos eram os responsáveis pela doença. Muitos desses animais foram então agredidos e até mortos por pessoas que pensavam estar fazendo a coisa certa.

Leia a tirinha e o texto que esclarece a relação entre macacos e o vírus da febre amarela. Depois, faça o que se pede.

ALEXANDRE BECK

Macacos não transmitem febre amarela

[...]

Os macacos não transmitem o vírus da febre amarela. Pelo contrário. São tão vítimas quanto os humanos. E ainda cumprem uma função importante: ao contraírem o vírus, transmitido em ambientes silvestres por mosquitos do gênero *Haemagogus*, eles servem de alerta para o surgimento da doença no local. Desse modo, contribuem para que as autoridades sanitárias tomem logo medidas para proteger moradores ou pessoas de passagem na região.

As informações são do Centro Nacional de Pesquisa e Conservação de Primatas Brasileiros (CPB), do Instituto Chico Mendes de Conservação da Biodiversidade (ICMBio), órgão do Ministério do Meio Ambiente. A direção do CPB está preocupada com frequentes registros de agressão e até mortes de macacos por pessoas que temem ser contaminadas pelos animais nas localidades onde ocorre atualmente surto da doença no país.

"Há o receio de que os macacos possam transmitir diretamente a doença aos humanos, mas esse receio é infundado. Isso não ocorre. Em vez de agredidos ou mortos, os macacos devem ser protegidos para que cumpram a sua função de sentinela, de alertar para possíveis ocorrências de surtos da febre amarela", diz o chefe do CPB, Leandro Jerusalinsky.

Já o Ibama faz questão de destacar que, além de prejudicar as ações de prevenção da doença, agredir ou matar macacos é crime ambiental, previsto na Lei 9.605/98. Entre outras coisas, a lei estabelece prisão de seis meses a um ano e multa para quem matar, perseguir ou caçar espécimes da fauna silvestre, em desacordo ou sem a devida licença da autoridade competente. A pena é aumentada em 50% quando o crime é praticado contra espécies ameaçadas de extinção.

O surto de febre amarela representa uma grave ameaça para os macacos que habitam a Mata Atlântica. Parte significativa dos primatas do bioma está ameaçada de extinção, entre eles, o bugio, o macaco-prego-de-crista e o muriqui do sul e do norte.

O QUE FAZER

— Ao encontrar um macaco morto ou doente, a população deve informar ao serviço de saúde do município, do estado ou ligar para o Disque Saúde (136), serviço do Ministério da Saúde.

— Nada de manipular os animais (não por risco de contrair a febre amarela, mas outras doenças). Caberá aos técnicos da área de saúde avaliarem se há possibilidade de coletar amostras para análise em laboratório e se a morte foi isolada ou atingiu um número maior de primatas.

— Em casos de maus-tratos a macacos, as pessoas devem denunciar aos órgãos ambientais (Ibama, ICMBio, Polícia Militar Ambiental e secretarias municipais e estaduais de Meio Ambiente).

— O Ibama recebe denúncias de maus-tratos a animais silvestres pelo telefone 0800-618080 (de segunda a sexta, das 8h às 18h), pelo *site* E-Ouve presencialmente em todas as suas unidades [...].

— Ao encontrar macacos vivos, sadios e em vida livre, as pessoas não devem capturá-los, retirá-los de seu hábitat, alimentá-los, levá-los para outras áreas, agredi-los ou muito menos matá-los.

[...]

BRASIL. Ministério do Meio Ambiente. **Macacos não transmitem febre amarela**. Disponível em: <http://www.mma.gov.br/informma/item/14588-noticia-acom-2018-01-2814.html>. Acesso em: 5 maio 2018.

REFLEXÕES

1. Forme grupo com mais dois colegas e, juntos, busquem responder às questões a seguir.

a) Por que a tirinha afirma que os macacos são duplamente vítimas?

b) Qual é a relação entre os macacos e o vírus da febre amarela?

c) Quais medidas realmente ajudam a prevenir a febre amarela?

d) Por que é importante que a população se vacine contra a febre amarela?

2. Elaborem uma campanha de conscientização da importância de proteger os macacos e a necessidade de vacinação contra a febre amarela. Lembrem-se de que a função da campanha é esclarecer e informar a população. Então, inclua informações como:

- Qual é o agente causador da doença.
- Qual é o vetor da doença.
- Como se pega a doença.
- Como se previne a doença.
- O que os macacos têm a ver com a febre amarela.

MAIS

LIVRO

- **Ludi na revolta da vacina: uma odisseia no Rio antigo**
  Luciana Sandroni. São Paulo: Salamandra, 1999.

EDITORA SALAMANDRA

Esse livro aborda alguns dos fatos históricos que marcaram o início do século XX, contando a viagem no tempo feita por Ludi, seus irmãos, os pais e Marga.

VÍDEO

- **A história da saúde pública no Brasil: 500 anos na busca de soluções**

A HISTÓRIA DA SAÚDE PÚBLICA NO BRASIL. VÍDEO SAÚDE DISTRIBUIDORA DA FIOCRUZ. BRASIL. 2015

Com a chegada dos colonizadores portugueses ao Brasil, os problemas sanitários ficaram mais graves e começou a busca de soluções para as questões de saúde dos brasileiros. O vídeo conta a história da saúde pública no país, sempre marcada pelas diferenças sociais e pela falta de prioridade nos investimentos do governo.

Disponível em: <http://livro.pro/kujatc>. Acesso em: 5 maio 2018.

SITES

- **Criança pode e sabe cuidar da saúde?**

INSTITUTO CIÊNCIA HOJE

Nesse fôlder, elaborado pela revista **Ciência Hoje das Crianças** e pelo Ministério da Saúde, aprenda como você pode cuidar da sua saúde.

Disponível em: <http://livro.pro/sr7jtm>. Acesso em: 5 maio 2018.

- **Instituto Butantan**

Nesse endereço há informações de como as vacinas e os soros são produzidos, além de diversas outras notícias do Instituto Butantan.

Disponível em: <http://livro.pro/zgf8hd>. Acesso em: 5 maio 2018.

FIM DE PAPO

MARCOS GUILHERME

1. Retome suas respostas às questões da abertura da Unidade.

- Você alteraria alguma das suas respostas? Em caso afirmativo, como e por quê?

2. Usando as palavras do quadro, responda à seguinte questão:

- Saúde: o que é e como manter?

bem-estar	corpo	mente	doenças
hábitos de higiene	vacinas	momentos de lazer	

2 Como é a natureza do Brasil?

INSTITUTE OF ARTS, MINNEAPOLIS, EUA.

(**A**) Óleo sobre tela do pintor holandês Vincent van Gogh, intitulada **Oliveiras com céu amarelo e Sol**, 1889.

PROF IAIN H WOODHOUSE

(**B**) Releitura da obra do pintor holandês feita pelo pesquisador Iain Woodhouse, 2012-2013.

PARA INÍCIO DE CONVERSA

1. Que diferenças você consegue perceber entre as imagens **A** e **B**?

2. Na sua opinião, qual pode ser a mensagem que o pesquisador Iain Woodhouse quis passar com a releitura da obra de Vincent van Gogh? Explique.

3. No Brasil, as paisagens naturais podem ser muito diferentes. Como é a paisagem na região onde você mora?

4. Na sua opinião, é possível que o ser humano viva na Terra sem modificar as paisagens naturais? Por quê?

VLADITTO/SHUTTERSTOCK.COM

Biomas do Brasil

O Brasil possui enorme extensão territorial. Se pudéssemos cruzar o país de norte a sul em um só dia, certamente notaríamos diferenças de temperatura e umidade nas diversas regiões. Isso porque o nosso país apresenta climas muito variados. Há regiões com temperaturas altas durante a maior parte do ano e baixos **índices pluviométricos**, enquanto há outras nas quais chove quase todos os dias.

Índice pluviométrico: quantidade de chuva por metro quadrado em determinado local e em determinado período. O índice é calculado em milímetros.

O clima sofre influência da **latitude** (distância de um ponto na superfície terrestre em relação à linha do equador). Para compreender isso, é preciso lembrar que a forma da Terra, associada aos movimentos de rotação e translação, influencia diretamente a distribuição da luz solar sobre a superfície, criando diferentes **zonas de iluminação** ou **zonas térmicas**; dessa forma, a incidência de luz solar tem relação com a temperatura na superfície. Cada uma dessas zonas térmicas é delimitada por paralelos específicos, sendo que cada um deles está a uma determinada latitude. De forma bastante simplificada e resumida, quanto mais próximo da linha do equador, mais altas são as temperaturas; os polos são as regiões mais frias.

Zonas térmicas

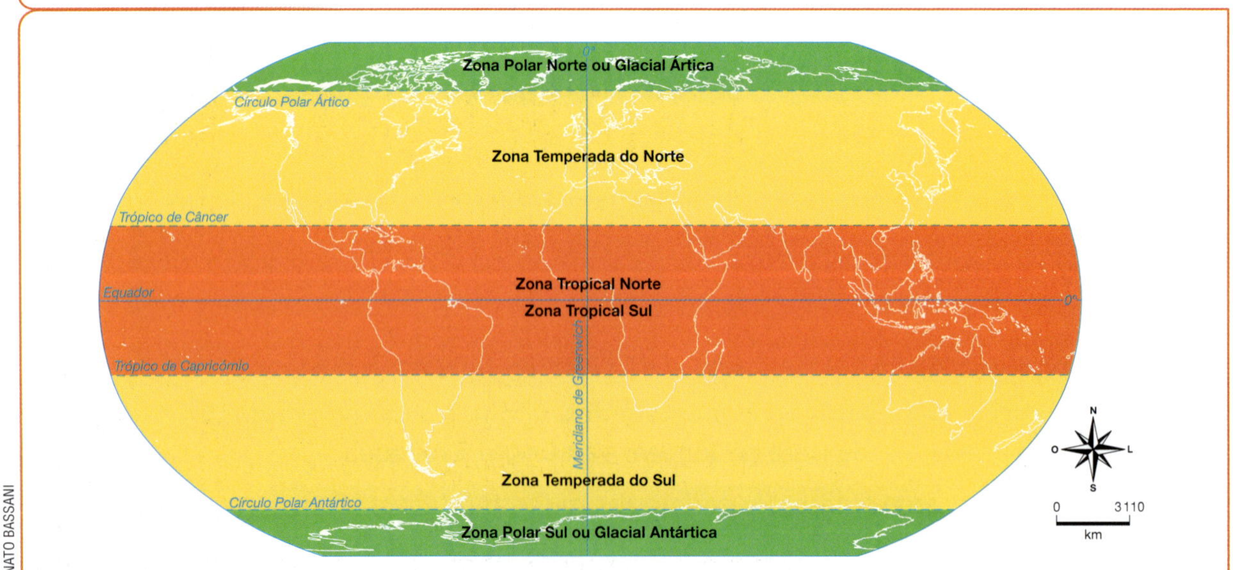

Mapa-múndi das zonas térmicas da Terra.

Fonte: ATLAS Geográfico Escolar. São Paulo: IBEP, 2012.

Considerando as zonas térmicas, a maior parte do território brasileiro está na zona tropical, região entre os trópicos de Câncer e de Capricórnio, enquanto uma menor porção fica na zona temperada, ao sul do trópico de Capricórnio. Mesmo que a maior parte do país esteja localizada na região dos trópicos, o que indica predomínio de temperaturas altas, há regiões nas quais pode até nevar no período de inverno. Isso porque o clima também é influenciado pela **altitude**. Por isso, regiões montanhosas apresentam, geralmente, temperaturas mais baixas do que regiões ao nível do mar.

A distribuição dos seres vivos pelo planeta sofre influência climática já que o clima interfere na sobrevivência e no sucesso reprodutivo dos organismos.

Ao cruzar nosso país de norte a sul, notamos mudanças na paisagem natural, passando por regiões de extensas florestas, regiões de vegetação mais esparsa e outras cobertas por extensas planícies de gramíneas. Podemos dizer que o Brasil apresenta uma grande diversidade de biomas.

Bioma é uma região ampla que apresenta vegetação, fauna, solo e clima característicos.

Biomas brasileiros – distribuição original

Elaborado com base em: IBGE. **Mapas de biomas de vegetação**. Disponível em: <https://ww2.ibge.gov.br/home/presidencia/noticias/21052004biomashtml.shtm>. Acesso em: maio 2018.

Biomas brasileiros – situação atual

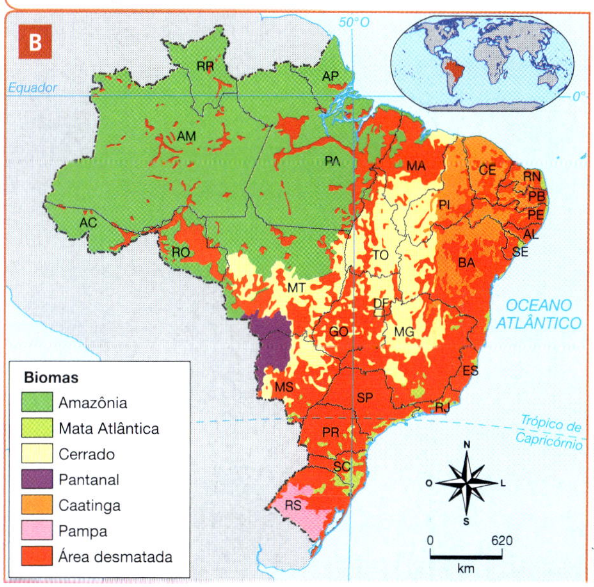

Elaborado com base em: IBGE. **Biomas brasileiros**. Disponível em: <http://7a12.ibge.gov.br/images/7a12/mapas/Brasil/biomas.pdf>. Acesso em: maio 2018.

De acordo com o Instituto Brasileiro de Geografia e Estatística (IBGE), Amazônia, Caatinga, Cerrado, Mata Atlântica, Pantanal e Pampa são os principais biomas brasileiros.

Originalmente eles ocupavam todo o país, como podemos ver no mapa **A**. Ao longo do tempo, no entanto, grande parte das áreas naturais foi transformada para dar lugar às cidades ou à agricultura e à pastagem, como mostram as áreas cobertas pela cor vermelha no mapa **B**. Alguns biomas, como a Mata Atlântica e o Cerrado, foram bastante devastados, restando, atualmente, apenas algumas áreas protegidas.

Amazônia

Localização do bioma Amazônia e representação de algumas de suas espécies típicas como guariba, peixe-boi, castanheira-do-pará, vitória-régia, bromélias, cascavel, papagaio-verdadeiro e diversos tipos de besouro.

A Amazônia, ou Floresta Amazônica, é o maior bioma brasileiro. Ocupa estados das regiões Norte, Nordeste e Centro-Oeste do Brasil, e se estende por países vizinhos, como Peru, Colômbia, Venezuela e Bolívia.

A Amazônia apresenta um clima quente e úmido, com temperatura média anual por volta de 28 °C e pluviosidade de 2 300 mm por ano. Não há estação seca e, embora chova a maior parte do ano, as chuvas mais intensas se concentram nos meses de dezembro a março.

A biodiversidade da Amazônia é muito rica. Nesse bioma vivem muitas espécies de árvores de grande porte, como a castanheira-do-pará, a seringueira e o cedro, além de muitas outras plantas de menor porte. Entre os animais, há inúmeras espécies de macacos, araras e mamíferos aquáticos, como o peixe-boi e o boto.

(**A**) Frutos de guaraná. O guaranazeiro (*Paullinia cupana*) é uma planta nativa da Amazônia. (**B**) Arara-canindé (*Ara ararauna*), um animal típico da região.

Embora a Floresta Amazônica sustente uma grande diversidade vegetal, seu solo é pobre em nutrientes. Ele é composto basicamente de areia e argila, coberto por uma camada fina de húmus, a qual se forma pela decomposição de restos de plantas e animais, favorecida pelo clima quente e úmido. Os nutrientes minerais disponibilizados pela ação dos decompositores são rapidamente absorvidos pelas raízes das plantas. Desse modo, os seres vivos da floresta ajudam a manter a própria floresta, ou seja, ela é mantida pelo delicado equilíbrio entre decomposição de matéria orgânica e absorção de nutrientes minerais.

Na Amazônia, além da riqueza natural, há a riqueza cultural. Os povos da floresta possuem conhecimentos de valor inestimável: os saberes são passados de geração a geração e incluem informações sobre o uso dos recursos naturais da região e o manejo da floresta. Isso tem estimulado os cientistas a buscar os conhecimentos desses povos para desenvolver diversas pesquisas. Muitos pesquisadores vão à Amazônia, por exemplo, em busca de plantas que possam ser utilizadas no desenvolvimento de novos medicamentos.

O avanço de áreas para a criação de animais e plantações, a construção de estradas, a urbanização, o tráfico de animais silvestres e a exploração excessiva de recursos naturais, como madeira e minérios, são apenas algumas das ameaças a esse bioma. Os rios da região também são afetados pelas atividades humanas, como a pesca sem controle. Além de abrigar inúmeras espécies de peixes e outros animais que são a base da alimentação da população, os rios amazônicos são importantes vias de transportes de mercadoria e de pessoas.

O Rio Amazonas é um dos maiores rios do mundo. Ele faz parte da Bacia Hidrográfica Amazônica. Fotografia de 2016.

MANTAPHOTO/GETTY IMAGES

Cerrado

LUIZ KAGIYAMA/SHUTTERSTOCK.COM

O tamanduá-bandeira (*Myrmecophaga tridactyla*) é um mamífero típico do Cerrado.

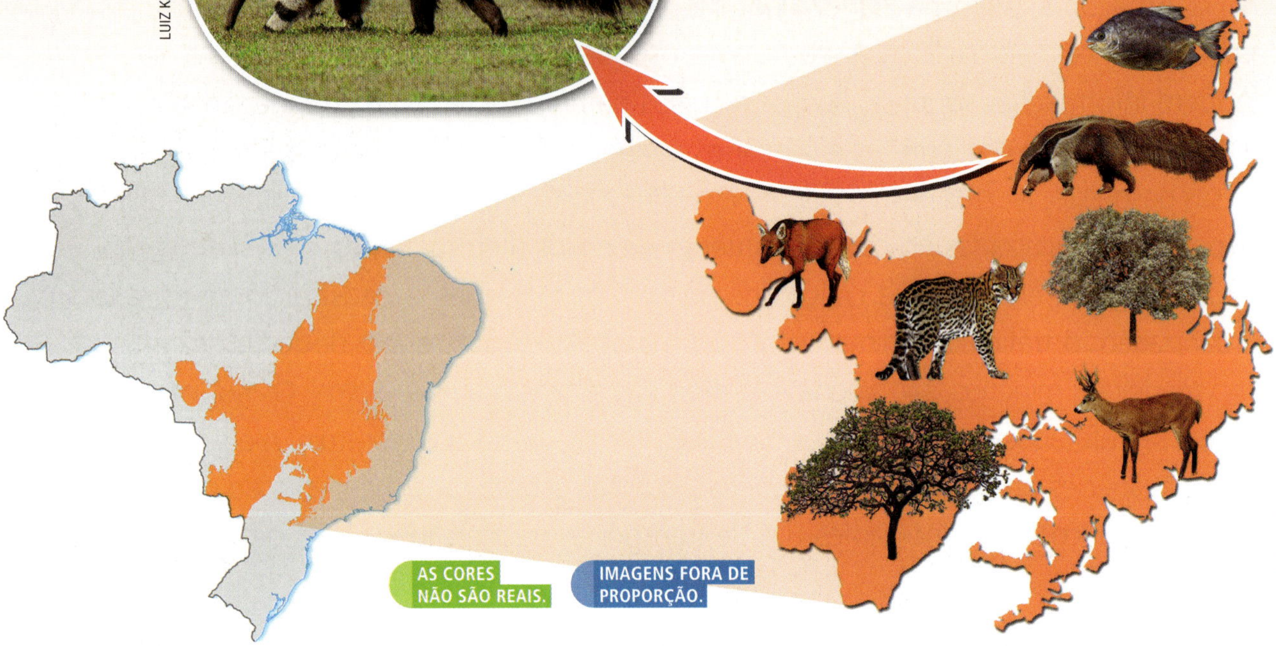

SELMA CAPARROZ

Localização do bioma Cerrado e representação de algumas de suas espécies típicas como lobo-guará, pequizeiro, jaguatirica, veado-catingueiro, cagaita, tamanduá-bandeira e pacu-dente-seco.

O Cerrado é o segundo maior bioma brasileiro e ocupa a parte central do Brasil, estendendo-se pelo Distrito Federal e pelos estados da região Centro-Oeste (Goiás, Mato Grosso e Mato Grosso do Sul), por Tocantins e também Minas Gerais.

O clima na região é quente, com temperatura média anual por volta dos 23 °C e índice pluviométrico entre 1 200 e 1 800 mm por ano. De maio a setembro ocorre a estação seca, com baixos índices pluviométricos, os quais podem chegar a zero. O período chuvoso vai de outubro a abril, com alguns curtos períodos de seca, chamados veranicos.

A vegetação do Cerrado difere de uma região para outra. Em alguns lugares predominam árvores altas e próximas umas às outras; em outros, predominam arbustos e árvores menores. No geral, as árvores têm troncos retorcidos por causa do solo ácido e das frequentes queimadas que acontecem nesse bioma, algumas naturais, e outras provocadas pelos seres humanos. Araçá, pequizeiro, angelim e jatobá são algumas árvores desse bioma. Entre os animais, podemos citar o lobo-guará, o cachorro-do-mato-vinagre, o tatu-canastra, a ema e a águia-cinzenta.

KLEYTON KAMOGAWA/SHUTTERSTOCK.COM

CHRISONTOUR84/SHUTTERSTOCK.COM

PETE OXFORD/MINDEN PICTURES/FOTOARENA

(**A**) Vegetação de Cerrado na Chapada dos Guimarães (MT), 2014. (**B**) Capim dourado (*Syngonanthus nitens*), planta típica das regiões de veredas e campos úmidos do Cerrado, muito usada pelos quilombolas e outras comunidades para a confecção de peças artesanais. (**C**) Tatu-canastra (*Priodontes maximus*), animal típico da região.

No Cerrado também há importantes bacias hidrográficas: a do rio Tocantins, a do rio São Francisco e a do rio Prata.

A exploração mineral é uma atividade humana que prejudica esse bioma. Os garimpos causam erosão e poluem os rios e o solo.

A expansão da agricultura e da pecuária também é uma ameaça ao Cerrado. Parte considerável da vegetação natural desse bioma foi derrubada ou queimada para dar lugar às áreas cultivadas e ao pasto.

ROSALBA MATTA-MACHADO/SHUTTERSTOCK.COM

O rio Tocantins é o segundo maior rio, em extensão, que está totalmente em território brasileiro. Tocantinópolis (TO), 2017.

FABIO COLOMBINI

Área de exploração mineral de ouro na região de Poconé (MT), 2017.

ATIVIDADES

NÃO ESCREVA NO LIVRO.

1. Identifique, no mapa dos biomas brasileiros, o estado onde você vive. Depois, responda às questões a seguir.

Biomas brasileiros

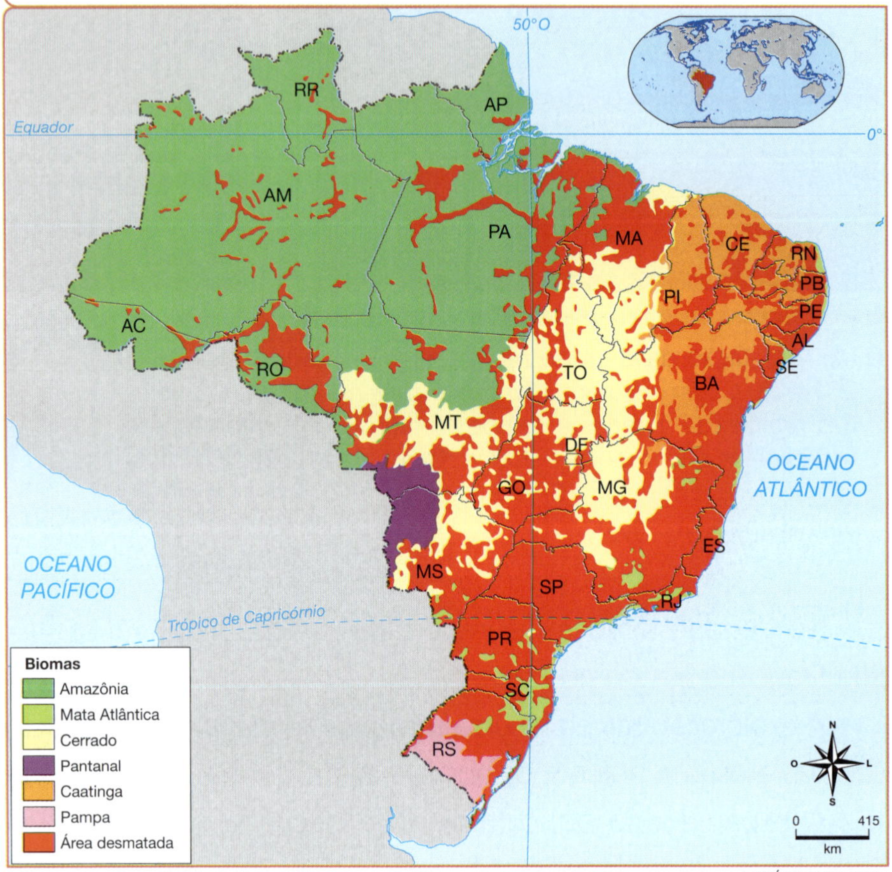

Elaborado com base em: IBGE. **Biomas brasileiros**. Disponível em: <http://7a12.ibge.gov.br/images/7a12/mapas/Brasil/biomas.pdf>. Acesso em: maio 2018.

VESPÚCIO CARTOGRAFIA

a) Que bioma(s) existe(m) no estado onde você vive?

b) Qual é o estado de preservação do bioma original: pouco devastado ou muito devastado?

2. Imagine que você estivesse fazendo uma viagem de carro, cruzando o país de Norte a Sul, e as áreas naturais estivessem preservadas. Você acha que conseguiria perceber claramente quando um bioma acaba e outro começa? Explique.

3. Cite ao menos duas atividades humanas que ameaçam tanto a Amazônia como o Cerrado. Depois, proponha como os problemas causados por essas atividades poderiam ser reduzidos ou impedidos.

4. Reescreva as afirmativas e associe corretamente cada uma delas, escrevendo **A** quando se referir à Amazônia e **C**, ao Cerrado.

a) Ocupa a maior parte da região Norte do Brasil.

b) Ocupa a região Central do país.

c) Vegetação caracterizada por árvores de troncos retorcidos, região com temperaturas altas e estação de chuvas bem definida.

d) Vegetação caracterizada por uma extensa floresta, região com temperaturas altas e chuvas abundantes o ano todo.

VAMOS VERIFICAR

DR MORLEY READ/SHUTTERSTOCK.COM

A floresta e o solo

A floresta e o solo são dois componentes de muitos ecossistemas terrestres, que mantêm entre si uma relação de interdependência. Por um lado, o solo serve de substrato para as plantas, garantindo-lhes a fixação e os nutrientes para seu crescimento. Por outro, o solo também depende da vegetação para garantir a qualidade de suas propriedades físicas, químicas e biológicas. Assim, alterações na cobertura florestal provocam alterações nos solos e vice-versa. Porém, nem sempre uma floresta exuberante reflete um solo de alta fertilidade. Tal fato é especialmente válido para a Floresta Amazônica.

Os primeiros naturalistas que viajaram pela região, assim como os primeiros fazendeiros que derrubaram a floresta para formar pastagens ou implantar cultivos agrícolas, acreditavam que os solos da Amazônia eram muito férteis, associando a exuberância da floresta com a fertilidade do solo. Mais recentemente, durante o milagre econômico brasileiro (1968-1973), os tomadores de decisão também caíram nessa mesma armadilha e tentaram implantar na Amazônia o celeiro do mundo. Esse desconhecimento acerca das características dos solos da região levou muitos empreendimentos, pequenos ou grandes, ao insucesso.

A manutenção de uma floresta tão exuberante e de rica biodiversidade, sobre solos tão pobres, só é possível devido ao mecanismo muito eficiente da ciclagem de nutrientes. [...]

HIGUCHI, M. I. G.; HIGUCHI, N. (Coord.). **A Floresta Amazônica e suas múltiplas dimensões**: uma proposta de educação ambiental. Disponível em: <https://www.researchgate.net/publication/271823528_A_floresta_e_o_solo>. Acesso em: 12 jul. 2018.

ATIVIDADES

1. As pessoas costumam associar a qualidade do solo com a exuberância da vegetação: vegetação exuberante = solo fértil; vegetação escassa = solo infértil. Essa associação está correta? Justifique sua resposta.

2. A falta de conhecimento e de informações pode levar a prejuízos ecológicos e financeiros? Explique citando um exemplo do texto.

3. No caso específico citado no texto, qual foi a atitude errada tomada por autoridades e fazendeiros?

4. Justifique a afirmação: a floresta tem mais valor em pé do que derrubada.

5. Na sua opinião, conhecer os aspectos físicos e biológicos de uma região pode ajudar a preservá-la?

Mata Atlântica

O muriqui-do-norte (*Brachyteles hypoxanthus*) é um primata criticamente ameaçado de extinção que vive na Mata Atlântica.

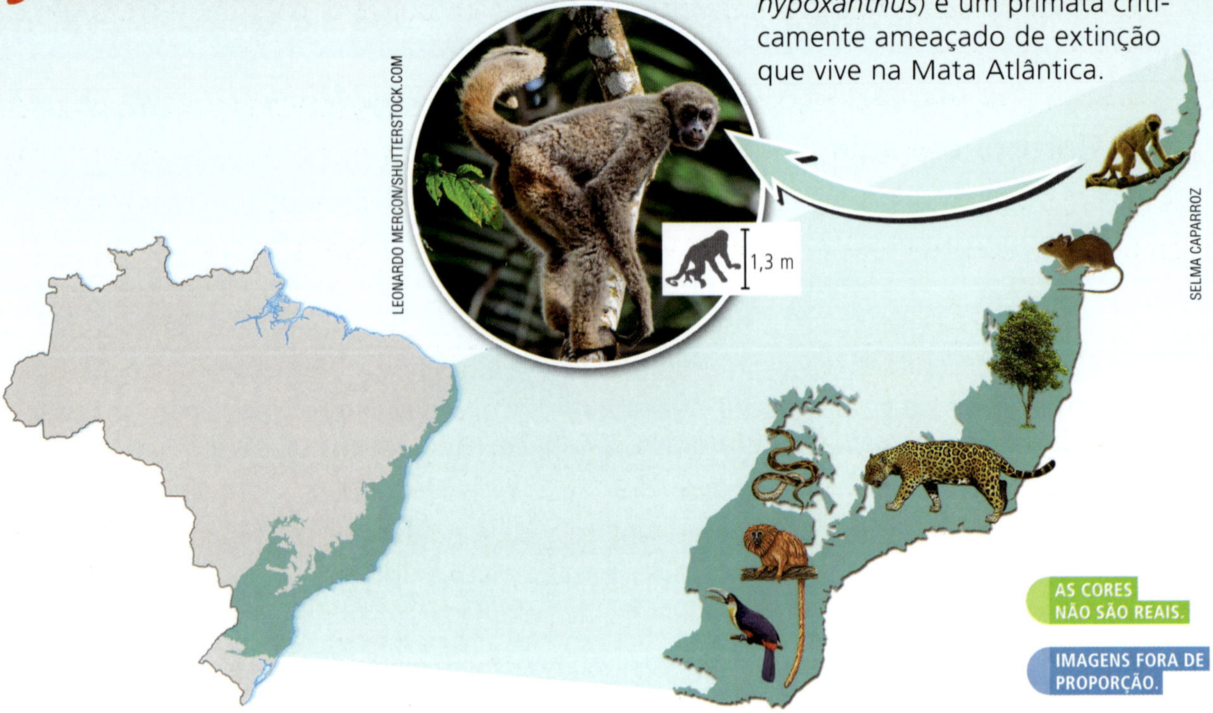

Localização do bioma Mata Atlântica e representação de algumas de suas espécies típicas como muriqui-do-norte, rato-de-espinho, jacarandá, onça-pintada, jararaca, mico-leão-dourado e tucano-de-bico-verde.

A Mata Atlântica é o bioma que, originalmente, localizava-se próximo ao litoral, desde o Nordeste até o Sul do Brasil, estendendo-se por 17 estados brasileiros: Alagoas, Bahia, Ceará, Goiás, Mato Grosso do Sul, Minas Gerais, Paraíba, Paraná, Pernambuco, Piauí, Sergipe, Rio Grande do Norte, Rio Grande do Sul, São Paulo, Espírito Santo, Rio de Janeiro e Santa Catarina. Entretanto, a área original desse bioma vem sendo ocupada e modificada por atividades humanas, de modo que a vegetação atual corresponde a cerca de 12,4% da mata original e encontra-se preservada principalmente em algumas áreas protegidas.

Densidade demográfica brasileira

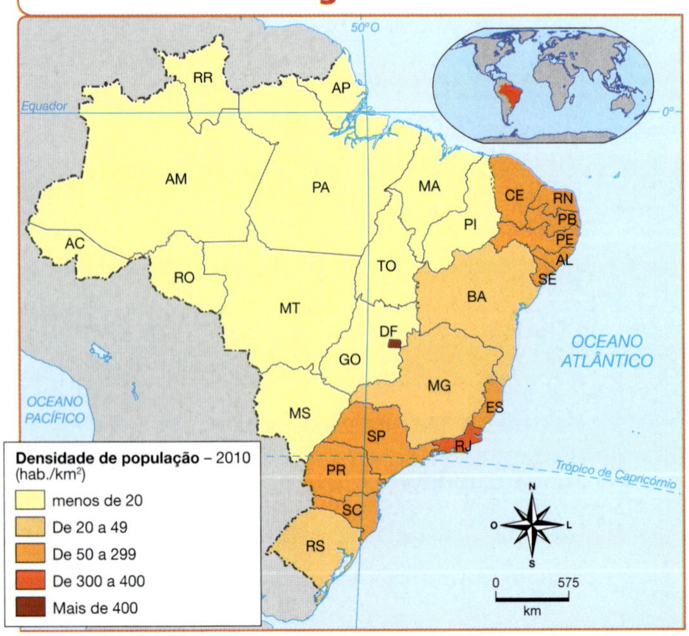

A maior parte da população brasileira se concentra nas áreas próximas à costa leste, região originalmente ocupada pela Mata Atlântica.

Fonte: CALDINI V. L. de M.; ÍSOLA, L. **Atlas Geográfico Saraiva**. 4. ed. São Paulo: Saraiva, 2013. p. 60.

O clima da região é quente e úmido, com temperatura média anual em torno de 21 °C e índices pluviométricos por volta de 2 240 mm por ano, com chuvas distribuídas durante o ano todo.

A biodiversidade desse bioma é uma das maiores do planeta, marcada por uma variedade de espécies de árvores, como ipê, pau-brasil, jequitibá, além de muitas espécies de orquídeas, bromélias, samambaias. Mico-leão-dourado, onça-pintada, anta, jaguatirica são animais que compõem a fauna da região, além de inúmeras espécies de invertebrados e aves.

SILVESTRE SILVA/OPÇÃO BRASIL

EDUARDO MENEZES/SHUTTERSTOCK.COM

(**A**) Fruto da pindabuna (*Duguetia lanceolata*), típico da Mata Atlântica e muito saboroso. (**B**) Preguiça-de-coleira (*Bradypus torquatus*), animal que vive na região.

Além da diversidade natural, há uma grande diversidade cultural. Nesse bioma, vivem comunidades indígenas, quilombolas, comunidades caiçaras e ribeirinhas, que mantêm uma relação profunda com a natureza, dependendo dela para sua subsistência.

A urbanização, a construção de portos e a industrialização são algumas das ameaças a esse bioma, que sofre com o desmatamento e a exploração excessiva de seus recursos naturais. Cerca de 70% da população brasileira vive em áreas que originalmente eram ocupadas pela Mata Atlântica. Esse é o bioma brasileiro que mais sofreu os impactos ambientais dos ciclos econômicos da história do país, como os ciclos do pau-brasil, da cana-de-açúcar, do ouro e do café.

PAULO TORITTO JR/SHUTTERSTOCK.COM

Vista aérea do município de Vila Velha, Espírito Santo. Grande parte da paisagem natural foi modificada pela urbanização.

Caatinga

LEONARDO MERCON/SHUTTERSTOCK.COM

O cardeal-do-nordeste (*Paroaria dominicana*) é uma ave encontrada na Caatinga.

SELMA CAPARROZ

Localização do bioma Caatinga e representação de algumas de suas espécies típicas como tatu-bola, lagarto tropidurus, cardeal-do-nordeste, catingueira, cobra-de-duas-cabeças, periquito-da-caatinga e cacto mandacaru.

A Caatinga ocorre em grande parte dos estados do Nordeste brasileiro e no Norte de Minas Gerais. A região ocupada por esse bioma caracteriza-se pelo clima semiárido, que é marcado por temperaturas elevadas e pouca chuva na maior parte do ano. A temperatura média anual é de 27 °C e o índice pluviométrico fica entre 500 e 700 mm por ano.

De forma geral, o solo da Caatinga é rico em minerais, mas pobre em matéria orgânica, pois a ação dos seres decompositores é prejudicada pelo calor e luminosidade, que são intensos durante todo o ano nessa região. A superfície do solo geralmente apresenta fragmentos de rochas, o que lhe confere um aspecto pedregoso.

A palavra **caatinga**, no idioma tupi, significa "mata branca". No período de seca, que pode se prolongar por nove meses, grande parte da vegetação fica com aspecto esbranquiçado por causa da perda das folhas. No período das chuvas, tudo se transforma e as plantas voltam a brotar e produzir folhas e flores.

Esse bioma abriga árvores como a aroeira e o juazeiro, e cactos como o mandacaru. O gavião-carcará, a cutia, o preá e a ararinha-azul são alguns animais que compõem a fauna da Caatinga.

FABIO COLOMBINI

Vegetação da Caatinga no período de seca em São Lourenço do Piauí (PI), 2015.

RICARDO DE PAULA FERREIRA/SHUTTERSTOCK.COM

A asa-branca (*Patagioenas picazuro*) é uma ave típica da Caatinga.

Os seres vivos desse bioma apresentam adaptações interessantes às condições climáticas severas e à escassez de água. Muitos animais só saem da toca à noite, quando a temperatura é mais amena. Algumas plantas possuem raízes muito profundas que alcançam a água armazenada no subsolo; outras perdem as folhas na época da seca e ainda há as que apresentam folhas modificadas em espinhos: essas duas últimas adaptações reduzem a perda de água por transpiração.

A Caatinga vem sofrendo com técnicas inadequadas de agricultura e pecuária, que prejudicam o solo e poluem a água dos rios. Diversos animais da Caatinga são vítimas do tráfico ilegal.

3º PEL. CIPAM-MOSSORÓ, PMRN

Peles de animais (entre eles, gatos-do-mato, guaxinim e jiboias) apreendidas em Caraúbas (RN), 2010.

ATIVIDADES

NÃO ESCREVA NO LIVRO.

1. Com um colega, analisem o infográfico a seguir. Depois, respondam às questões.

Algumas espécies ameaçadas da Mata Atlântica

AS CORES NÃO SÃO REAIS. IMAGENS FORA DE PROPORÇÃO.

Elaborado com base em: BRASIL. Ministério do Meio Ambiente. **Lista de espécies ameaçadas** e **Livro Vermelho da Fauna Brasileira Ameaçada de Extinção**. Disponíveis em: <http://www.icmbio.gov.br/portal/faunabrasileira> e <http://www.icmbio.gov.br/portal/images/stories/comunicacao/publicacoes/publicacoes-diversas/dcom_sumario_executivo_livro_vermelho_ed_2016.pdf>. Acessos em: 20 maio 2018.

a) Que fatores de ameaça de extinção podem ser naturais?

b) Que fatores de ameaça de extinção podem ser causados pela ação humana?

c) Quais são mais frequentes: fatores naturais ou fatores causados pela ação humana?

d) Elaborem um pequeno texto, relacionando os fatores de ameaça à extinção das espécies na Mata Atlântica.

2. Ainda em dupla, façam uma pesquisa em livros e na internet sobre o clima semiárido e a importância do rio São Francisco para a vida dos nordestinos. Com as informações obtidas na pesquisa, escrevam um texto expondo argumentos que justifiquem a importância da conservação desse rio para a população da região.

ANDRE DIB/SHUTTERSTOCK.COM

Trecho do rio São Francisco no município de Delmiro Gouveia (AL), 2016.

3. Considerando o que você sabe sobre os biomas Mata Atlântica e Caatinga, em qual deles você acha provável haver maior diversidade de espécies de anfíbios, como rãs e pererecas? Justifique sua resposta.

4. Plantas xerófitas, como o cacto mandacaru da fotografia, são aquelas adaptadas a viver em ambientes com escassez de água.

- Cite ao menos duas características dessas plantas que permitem a sua sobrevivência no ambiente do semiárido, explicando cada uma delas. Se necessário, pesquise em livros e na internet.

ALF RIBEIRO/SHUTTERSTOCK.COM

Cacto mandacaru (*Cereus Jamacaru*).

Pantanal

O tuiuiú (*Jabiru mycteria*), também conhecido por jaburu, é a ave-símbolo do Pantanal.

ONDREJ PROSICKY/SHUTTERSTOCK.COM

SELMA CAPARROZ

Localização do bioma Pantanal e representação de algumas de suas espécies típicas como sucuri, tucano toco, tuiuiú, aguapé, jacaré-do-pantanal, capivara, orquídea aquática e arara-azul.

O Pantanal abrange os estados do Mato Grosso e Mato Grosso do Sul, ocupando uma grande planície, e estende-se por áreas da Bolívia e do Paraguai, países vizinhos.

Nesse bioma predomina o clima quente, com temperatura média anual de 24 °C. O índice pluviométrico é de cerca de 1 100 mm por ano. Há duas estações bem definidas: o verão chuvoso e o inverno seco. As chuvas concentram-se nos meses de outubro a abril, época conhecida como período da cheia. Nele, os rios da região extravasam suas águas, inundando extensas áreas. O período da seca é de maio a setembro, e nele os rios voltam a seus cursos normais, mas muitas regiões ainda permanecem alagadas, formando lagoas.

FABIO COLOMBINI

FABIO COLOMBINI

Paisagem do Pantanal no período da seca (**A**) e no período das cheias (**B**). Fotografias tiradas no município de Poconé (MT) em setembro de 2013 e fevereiro de 2014, respectivamente.

As características do solo do Pantanal resultam das constantes inundações. Como há excesso de água, a decomposição de matéria orgânica se dá de forma mais lenta, o que diminui a fertilidade. No período da seca, quando o nível dos rios volta a baixar, uma camada formada por areia, restos de animais e vegetais, rica em nutrientes, fica sobre a superfície, tornando o solo mais fértil. Nos terrenos mais altos e mais secos, o solo é arenoso, ácido e pouco fértil. Nesses locais, a água infiltrada é retida no subsolo, em lençóis freáticos.

A fauna e a flora do Pantanal são ricas e variadas e estão adaptadas ao fluxo das águas. Esse bioma, por estar entre a Amazônia e o Cerrado, abriga espécies de animais e de plantas desses outros dois biomas, mas também apresenta espécies endêmicas, ou seja, que só são encontradas nessa região. As aves, como garças, tuiuiús e araras, e os peixes, como dourados, piranhas e pintados, são os grupos mais numerosos nesse bioma. Jacarés, cervos-do-pantanal e ariranhas também fazem parte da fauna pantaneira. Figueiras, ingazeiros, palmeiras e paus-de-formiga fazem parte da flora da região.

A pesca e a caça ilegais representam grande ameaça ao Pantanal. Peixes e outros animais são muitas vezes capturados apenas para entretenimento. Além disso, existe também o tráfico de animais, em que muitos deles são vendidos ilegalmente para colecionadores, criadores e pesquisadores estrangeiros. A pecuária não sustentável, a monocultura da cana-de-açúcar e da soja e a contaminação de solos e dos recursos hídricos com produtos agrícolas são outras atividades que ameaçam o equilíbrio do Pantanal.

ELLEON/SHUTTERSTOCK.COM

População de garças em área alagada no Pantanal.

ADRIANO KIRIHARA/PULSAR IMAGENS

Extensa área do bioma do Pantanal ocupada pelo cultivo de soja. Bela Vista (MS), 2017.

Pampa

PABLO DOLSAN/NIS/MINDEN PICTURES/FOTOARENA

O gato-dos-pampas (*Leopardus* sp.) é um felino que habita o Pampa.

SELMA CAPARROZ

Localização do bioma Pampa e representação de algumas de suas espécies típicas como gato-dos-pampas, quero-quero, perdiz, ema, algarrobo, raposa-do-campo e nhandavaí.

O Pampa, também chamado de Campos sulinos ou Campos gaúchos, é o bioma típico do Sul do país, estendendo-se para além das fronteiras com o Uruguai e com a Argentina.

O clima da região é caracterizado por temperaturas mais altas no verão (em torno de 20 °C e 23 °C) e mais baixas no inverno (por volta de 10 °C e 14 °C), podendo gear nessa época do ano. O índice pluviométrico fica entre 500 e 1 000 mm por ano. Chove muito menos no período de inverno.

Pampa é uma palavra de origem indígena que quer dizer "região plana". Nesse bioma, a maior parte da paisagem é homogênea e plana. Como há predomínio de plantas rasteiras como as gramíneas, a paisagem se assemelha a um extenso tapete verde. As planícies são predominantes, mas há algumas colinas que são chamadas de "coxilhas"; nesses pontos também podem ser encontrados arbustos e árvores.

Próximo ao litoral, a paisagem é marcada pela presença de banhados, ambientes alagados, com plantas como juncos, gravatás e aguapés. São regiões ricas em matéria-orgânica, o que explica sua biodiversidade bastante rica, com inúmeras espécies de peixes, aves, roedores, como a capivara e o ratão-do-banhado, jacarés-do-papo-amarelo, lontras, entre outros animais.

FABIO COLOMBINI

Paisagem do Pampa no município de Santana do Livramento (RS), 2017.

FABIO COLOMBINI

Região de banhado com tachas (*Chauna torquata*). Santana do Livramento (RS), 2017.

Desde os tempos da colonização, a pecuária extensiva tem sido a principal atividade econômica da região. Além de proporcionar resultados econômicos expressivos, essa atividade coopera para a conservação dos pampas e da cultura gaúcha.

A introdução e a expansão das monoculturas e das pastagens com espécies exóticas são as principais ameaças a esse bioma, sendo responsáveis pela degradação e descaracterização das paisagens naturais do Pampa. Estimativas apontam que restam cerca de 36% da vegetação nativa desse bioma.

GERSON GERLOFF/PULSAR IMAGENS

A atividade agrícola causa empobrecimento e erosão do solo. Em alguns lugares, o solo fica tão desgastado que nenhuma planta consegue se desenvolver. Vista aérea no município de Manoel Viana (RS), 2018.

ATIVIDADES

NÃO ESCREVA NO LIVRO.

1. Leia as informações a seguir. Depois, responda às questões.

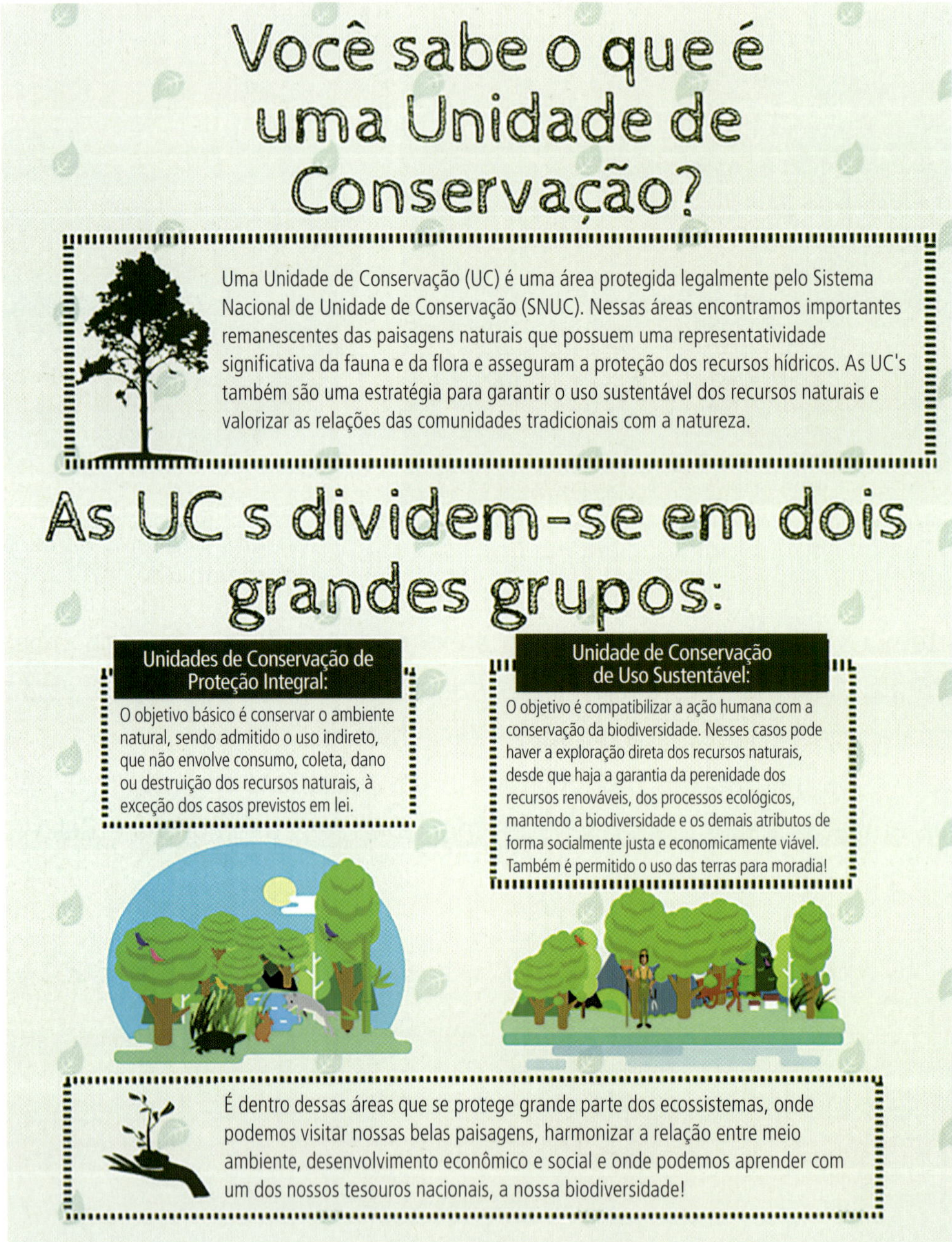

JOÃO PEDRO BARALDO MELLO; MARCO AURÉLIO DE CARVALHO AURICH; LETÍCIA RECH BOLZAN & LUÍSA RIETH UBER.

PET BIO UFRGS. **Você sabe o que é uma unidade de conservação?** Disponível em: <https://www.ufrgs.br/petbiologia/2016/07/15/unidade-de-conservacao-app-e-reserva-legal-nao-e-tudo-a-mesma-coisa>. Acesso em: 25 jun. 2018.

a) Qual é a importância de estabelecer unidades de conservação (UC)?

b) No que difere uma UC de Proteção Integral de uma UC de Uso Sustentável?

c) No estado em que você vive há alguma Unidade de Conservação? Qual é o bioma predominante nessa área? De que tipo é a Unidade de Conservação: proteção integral ou uso sustentável?

2. Observe a fotografia.

NÍCOLAS SCHUKKEL/FOTOARENA

a) As placas mostram o lema do ecoturismo. Explique o que você entendeu dessas orientações.

b) Atualmente, o ecoturismo vem crescendo no Pantanal e em outros biomas. Pesquise em revistas, jornais e internet quais são as vantagens e desvantagens desse tipo de atividade econômica.

3. Muitas atividades humanas têm prejudicado os diversos biomas brasileiros. Com um colega, pesquisem quais atividades humanas têm afetado as regiões de banhados no Sul do país.

Zonas de transição

Algumas regiões com características específicas, existentes entre os principais biomas brasileiros, são identificadas como **zonas de transição**. Uma delas é a transição entre a Amazônia e a Caatinga, onde ficam as florestas de palmeiras do Maranhão. Na zona de transição entre o Cerrado e a Amazônia há as florestas secas de Mato Grosso. Há também a zona entre o Cerrado e a Caatinga, com florestas de árvores com folhas secas.

Zonas de transição entre biomas

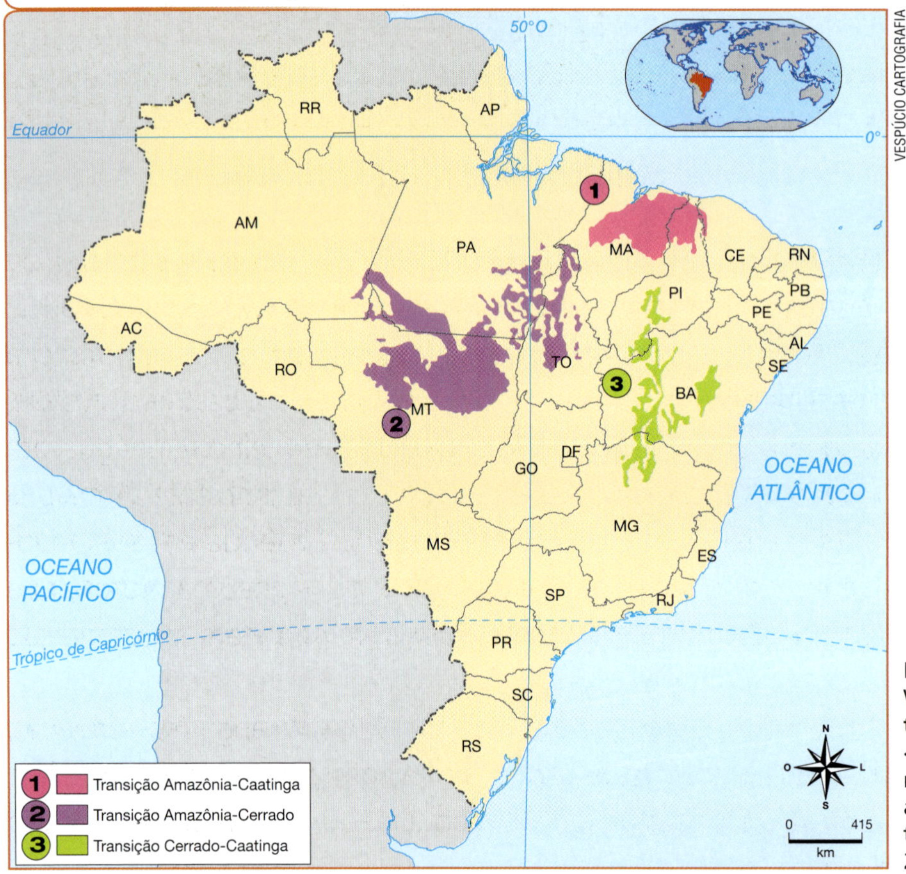

Elaborado com base em: WWF BRASIL. **Zonas de transição**. Disponível em: <https://www.wwf.org.br/natureza_brasileira/questoes_ambientais/biomas/bioma_transicao/>. Acesso em: 23 maio 2018.

Entre a Amazônia e a Caatinga está localizada a Mata dos Cocais. Essa zona é formada por extensas florestas de palmeiras, como o babaçu, a carnaúba e o buriti. O clima nessa área é mais úmido que na Caatinga, e a vegetação se torna mais exuberante à medida que se avança para o oeste, em direção ao bioma Amazônia. O babaçu é uma palmeira nativa das regiões Norte e Nordeste do Brasil, explorada de forma sustentável pela população local.

Entre a Amazônia e o Cerrado está localizada a Mata Seca, formação florestal com características comuns do Cerrado, por vezes contornada ou ladeada por vegetação típica do Cerrado. É chamada de Mata Seca porque essa formação geralmente ocorre em locais afastados dos cursos de água ou da umidade permanente.

Já na transição entre o Cerrado e a Caatinga observa-se uma vegetação mais rica que a da Caatinga, com florestas de árvores de folhas secas. O clima nessa região é mais seco que o do Cerrado, com solo mais ressecado e períodos prolongados sem chuva. A maior parte dessa área está no interior de estados nordestinos.

FABIO COLOMBINI

Área de Mata dos Cocais. Barreirinhas (MA), 2013.

Manguezais

Os manguezais são comuns em estuários (locais onde rios se encontram com o mar), enseadas e lagunas de água salgada. Eles se estendem do litoral do Amapá até Santa Catarina.

O solo do manguezal é lodoso e fica constantemente inundado. É rico em matéria orgânica, o que permite o desenvolvimento de uma fauna e de uma flora bastante diversas. A flora é composta de mangue-branco, mangue-preto, mangue-vermelho e mangue-de-botão. Também é possível encontrar samambaias e orquídeas nesse ambiente. A maioria das plantas do manguezal tem adaptações que permitem a sobrevivência em solo inundado e pobre em gás oxigênio, como raízes respiratórias (chamadas pneumatóforos), que permitem a captação do gás oxigênio do ar, e caules aéreos, que permitem a sustentação da planta em solo lodoso.

O manguezal é berçário de inúmeras espécies de mariscos, ostras, caranguejos, sardinhas, garoupas e outros animais. Nesse ambiente, as espécies nascem e permanecem até a fase adulta. É no manguezal que várias espécies de fauna aquática e terrestre, de valor ecológico e econômico, se desenvolvem.

TATEYAMA/SHUTTERSTOCK.COM

Vegetação de área de manguezal, com árvores com caules aéreos. Barreirinhas (MA), 2016.

As áreas de manguezal têm sofrido com atividades humanas, como aterro, desmatamento, queimadas, deposição de lixo, lançamento de esgoto, construções de portos e pesca predatória.

Ecossistemas aquáticos

A distribuição dos seres vivos nos ecossistemas, tanto terrestres como aquáticos, está intimamente relacionada com fatores abióticos.

Nos ecossistemas aquáticos, a luz é um fator extremamente importante, já que influencia a distribuição dos seres fotossintetizantes, a base da maioria das cadeias alimentares desses ambientes. A intensidade da luz diminui com o aumento da profundidade. A região iluminada dos ecossistemas aquáticos é chamada de zona fótica, enquanto a região com ausência completa de luz recebe o nome de zona afótica. Até cerca de 200 metros de profundidade, ainda há luz suficiente para que a fotossíntese ocorra.

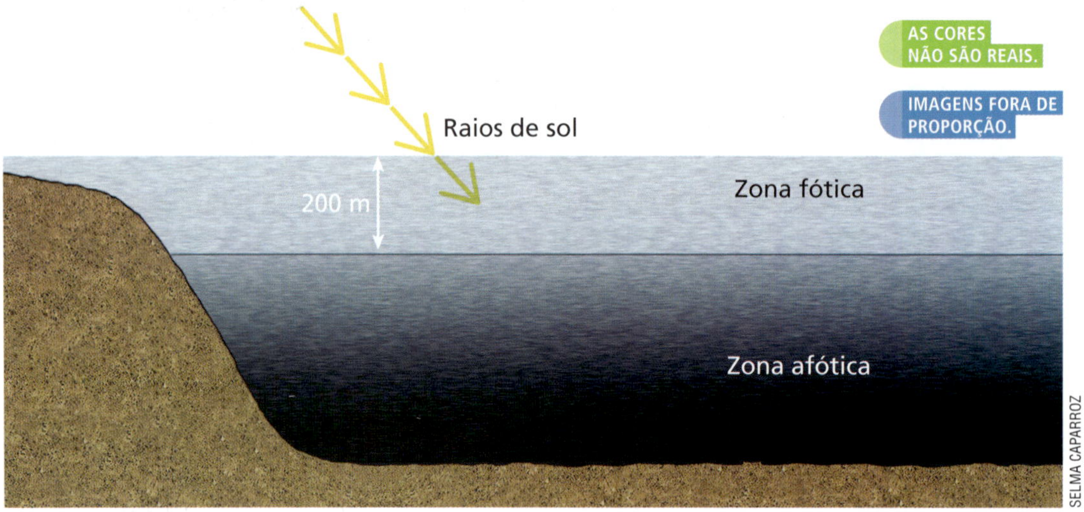

Zonação em um ambiente aquático de acordo com a luminosidade.

Outro fator que tem grande influência na distribuição dos seres vivos nos ambientes aquáticos é a **pressão**, que, de modo simplificado, pode ser descrita como a força que um fluido – no caso, a água – exerce em todas as direções, comprimindo os corpos nele imersos. À medida que aumenta a profundidade, aumenta também a pressão exercida pela coluna de água.

No ambiente aquático, dependendo do modo como se locomovem, os organismos são encontrados em uma destas comunidades: plâncton, nécton e bentos.

- **Plâncton**: conjunto de seres aquáticos flutuantes levados pelas correntezas. Há o **fitoplâncton**, formado por seres autotróficos como algas microscópicas, e o **zooplâncton**, constituído por seres heterotróficos, como protozoários, pequenos crustáceos e larvas de vários animais.
- **Nécton**: conjunto de seres capazes de nadar e vencer as correntes, como polvos, lulas, peixes, golfinhos e baleias.
- **Bentos**: conjunto de seres que vivem no fundo do ambiente aquático, fixos ou não, como ostras, mexilhões, esponjas, estrelas-do-mar e caranguejos.

SELMA CAPARROZ

Distribuição dos seres vivos em um ecossistema marinho.

O fitoplâncton marinho é responsável pela maior parte do gás oxigênio liberado para a atmosfera. Já em ambientes de água doce, rios de águas agitadas possuem pouco plâncton, pois os seres que o formam não conseguem se manter em águas movimentadas. Nesse caso, os produtores são algas presas ao fundo do rio. O fitoplâncton é mais abundante em lagos, ambientes com águas calmas.

O equilíbrio dos ecossistemas aquáticos tem sido afetado por diversas atividades humanas, como garimpo, industrialização e pesca sem controle. O garimpo e a industrialização despejam substâncias tóxicas nos leitos de rios ou nos mares. Algumas dessas substâncias, como o mercúrio, podem se acumular no corpo dos seres vivos por meio da cadeia alimentar, prejudicando, inclusive, o próprio ser humano. Rios do Pantanal e da Amazônia têm recebido substâncias tóxicas usadas nas atividades de garimpos realizadas nessas regiões. Os rios da região da Mata Atlântica são prejudicados por receber esgoto industrial e doméstico.

A pesca sem controle diminui drasticamente o número de indivíduos de algumas espécies, podendo causar a extinção de algumas delas.

Para os oceanos, o derramamento de petróleo causado por acidentes com navios petroleiros e o acúmulo de plástico, material que demora centenas de anos para se decompor, também são ameaças à vida aquática e aos animais que vivem e interagem com esses ambientes.

DEPOSIT PHOTOS/STOCK PHOTOS/GLOW IMAGES

Lixo plástico retirado do mar em uma usina de reciclagem em Valência, na Espanha.

ATIVIDADES

NÃO ESCREVA NO LIVRO.

1. Qual é a importância das palmeiras de buriti para a população que vive na região de Mata dos Cocais? Explique. Se for preciso, pesquise em livros, revistas e na internet.

VITORMARIGO/SHUTTERSTOCK.COM

Buritis em ambiente natural. Chapada dos Veadeiros (GO).

2. Sobre os manguezais, pesquise e responda:

a) Como a especulação imobiliária afeta os manguezais?

b) Como a destruição dos manguezais pode afetar o ser humano?

3. Com um colega, leia o texto a seguir. Depois, faça o que se pede.

O desenvolvimento das indústrias e o avanço da tecnologia foram responsáveis por muitas mudanças na sociedade. Essas mudanças têm o lado positivo e o lado negativo, e algumas delas estão relacionadas a problemas ambientais que têm colocado em risco várias espécies de seres vivos nos ecossistemas naturais.

- Relacione o avanço da industrialização e o desenvolvimento da sociedade com a redução da biodiversidade.

4. A região oceânica abaixo de 2000 m de profundidade é chamada de região abissal. Nela, os seres vivos são adaptados a viver na ausência de luz e sob grande pressão hidrostática (pressão exercida pela coluna de água). A pressão da coluna de ar sobre uma pessoa ao nível do mar é de 1 atm. No mar, a cada metro, a pressão aumenta 0,1 atm, ou seja, um décimo da pressão que o ar exerce sobre nossos corpos. Sabendo disso, faça o que se pede.

a) Calcule qual é a pressão em 4000 metros abaixo da superfície do mar.

b) Se a força suportada por 1 cm^2 do corpo a cada atm é de cerca de 1 kg, qual seria a correspondência correta da força suportada a 4000 m de profundidade? Reescreva no caderno a afirmativa correta.

- Sustentar uma vaca (cerca de 400 kg) com o polegar.
- Sustentar uma pena (cerca de 4 g) com o polegar.
- Sustentar um carro (cerca de 4000 kg) com o polegar.

c) Pesquise em livros, em revistas e na internet quais são as características dos peixes abissais. Se possível, ilustre a pesquisa com algumas imagens dos seres que vivem nessas regiões.

ASSIM SE FAZ CIÊNCIA

Parceria entre cientistas e não cientistas

O fitoplâncton é a base da maioria das cadeias alimentares nos oceanos. Ele é responsável pela produção da maior parte do gás oxigênio que respiramos e também é um importante regulador climático, pois absorve parte do gás carbônico produzido pelas atividades humanas.

No entanto, a biodiversidade dos seres que compõem o plâncton é pouco conhecida. O que sabemos é que as mudanças no clima estão afetando as populações desses organismos. Por isso a urgência em conhecê-los para, assim, mobilizar ações de preservação.

Com o objetivo de obter informações e conhecer melhor a ecologia do plâncton em escala global, uma organização sem fins lucrativos chamada *Plankton Planet* propôs uma parceria entre pesquisadores e velejadores.

É um programa inovador de alta qualidade e baixo custo: velejadores do mundo todo cooperam com coletas de amostras de plâncton, que terá seu DNA sequenciado para compor um banco de dados mundial. Os *Planktonautas* – forma como os velejadores que participam do projeto são chamados – recebem um treinamento inicial e, de posse de *kits* de coleta, seguem um protocolo científico para coletar e fotografar as amostras de plâncton dos oceanos pelos quais navegam.

Desde o início da parceria, já foram coletadas mais de 300 amostras de plâncton em diferentes regiões oceânicas, que forneceram mais de 200 milhões de códigos de barras de DNA sequenciados. Esta cooperação única entre cientistas e voluntários permite que dados científicos de alta qualidade sejam coletados regularmente, em diferentes partes do mundo, o que seria impossível, ou ao menos muito caro, se o trabalho fosse feito apenas por pesquisadores.

Até o momento, o sequenciamento do DNA das amostras indicou que há aproximadamente 35 000 gêneros de organismos planctônicos, a maioria dos quais ainda não está descrita.

ATIVIDADES

1. **No projeto desenvolvido pela *Plankton Planet*, velejadores se capacitam e recebem *kits* para coletar e fotografar amostras de plâncton ao redor do mundo, que são depois analisadas por pesquisadores. Reunidos em dupla, reflitam sobre as questões a seguir.**

a) Quais são as vantagens de parcerias como essa, entre pesquisadores e cidadãos da comunidade não científica?

b) Citem outros exemplos de projetos, nos quais "cientistas cidadãos" podem ajudar no desenvolvimento do conhecimento científico.

MERGULHO NO TEMA

1. Arte e ambiente

Interpretação e confecção de obra de arte

Leia o texto a seguir sobre um artista plástico que usa a arte com o propósito de alertar sobre problemas ambientais e reflita sobre uma de suas obras, exposta na marginal do rio Tietê, em São Paulo (SP), no ano de 2016.

> [...]
>
> O artista visual [Eduardo Srur] realiza grandes intervenções urbanas que chamam a atenção de milhões de pessoas para a questão ambiental. A inserção de suas obras no cotidiano da cidade faz com que os espectadores reflitam, mesmo que por um breve momento, sobre as questões propostas. Srur transita entre a fotografia, escultura, vídeo, *performance*, instalações e intervenções urbanas. Suas obras são bem-humoradas, porém impactantes e com forte dimensão crítica. A interferência no cenário urbano dialoga com a questão ambiental e faz um importante alerta sobre os problemas vividos nas metrópoles, como o excesso de resíduos.
>
> [...]

ECYCLE. **Conheça o trabalho de dez artistas plásticos que se dedicam ao ativismo ambiental em suas obras.** Disponível em: <https://www.ecycle.com.br/component/content/article/35-atitude/3971-conheca-o-trabalho-de-10-artistas-plasticos-que-se-dedicam-ao-ativismo-ambiental-em-suas-obras-arte-sustentabilidade-contemporanea-instalacoes-.html>. Acesso em: 16 jul. 2018.

A

AP PHOTO/ANDRE PENNER/GLOW IMAGES

REFLEXÕES

1. Na sua opinião, para qual problema ambiental o artista quer chamar a atenção com sua obra de garrafas PET gigantes?

2. Além do problema ambiental mencionado na questão anterior, que outros problemas afetam as paisagens naturais do Brasil?

3. Em dupla com um colega, elaborem um trabalho artístico com a intenção de chamar a atenção do público para um problema que afeta a paisagem natural da cidade onde vocês moram. Pode ser um quadro, uma escultura, uma música ou qualquer outra manifestação artística. No dia combinado pelo professor, em conjunto com toda a classe, organizem a mostra artística.

B

AP PHOTO/ANDRE PENNER/GLOW IMAGES

Garrafas PET gigantes, esculturas feitas pelo artista Eduardo Srur, expostas nas margens do rio Tietê, em São Paulo, em 2008. Tanto de dia (**A**) como à noite (**B**), as garrafas gigantes chamam a atenção dos milhares de motoristas que transitam diariamente pelas vias da região.

2. A natureza cantada

Interpretação de letra de música

Ouça a música "Absurdo", de Vanessa da Mata, disponível em: <http://livro.pro/z32c7a>. Acesso em: 18 set. 2018. Essa música faz parte do álbum **Sim**.

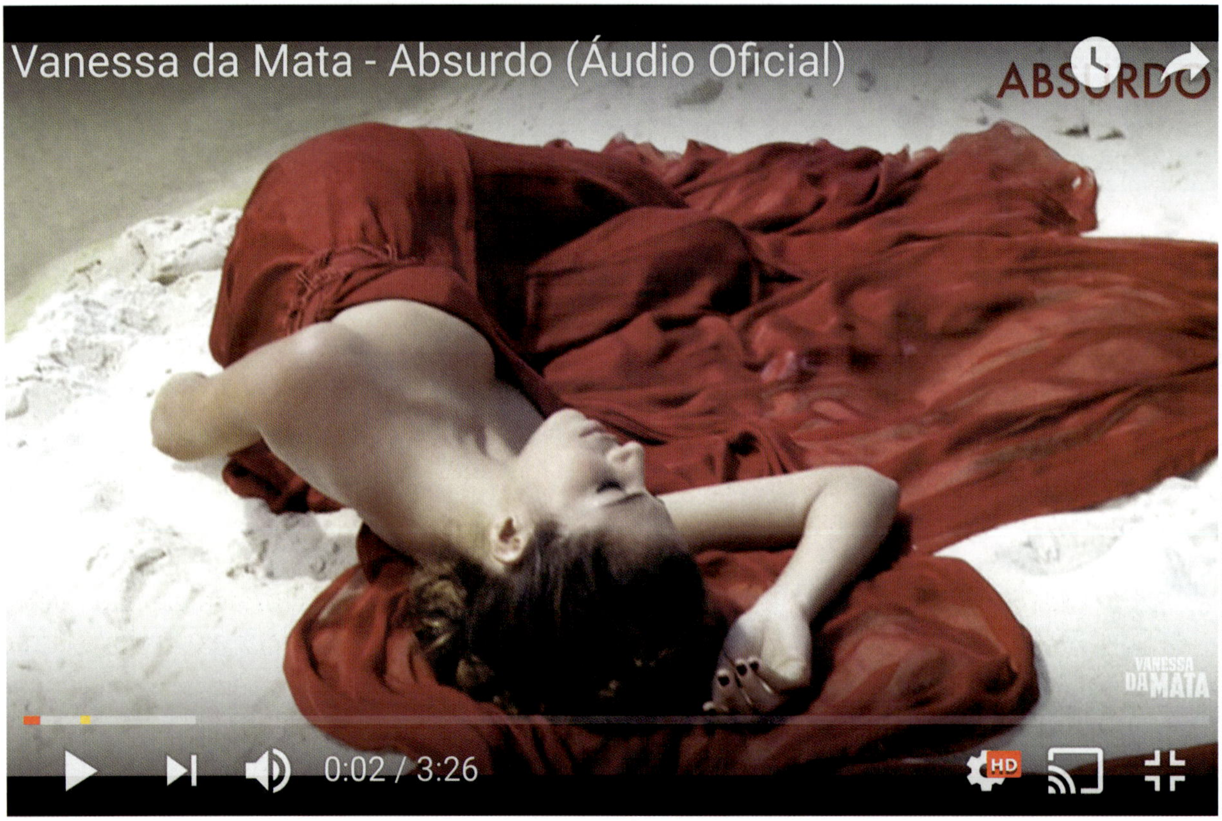

HTTPS://WWW.YOUTUBE.COM/WATCH?V=LHZRJDQ1RJU

REFLEXÕES

Forme dupla com um colega. Juntos, façam o que se pede.

1. A canção pode se referir aos maus-tratos à natureza de maneira geral. No entanto, ela faz referência a um bioma em específico. Digam qual é o bioma e quais versos levaram vocês a chegar a essa conclusão.
2. Revejam as 8ª e 9ª estrofes da música. Qual é a crítica feita nelas?
3. Vocês conhecem outra canção que fala da preservação da natureza? No dia combinado pelo professor, cantem ou exibam a canção escolhida por vocês aos outros colegas e ouçam as canções escolhidas por eles.

3. Biodiversidade

Análise de texto e reflexão

Forme dupla com um colega. Juntos, leiam o texto a seguir e, depois, façam o que se pede.

O que é biodiversidade?

O termo biodiversidade – ou diversidade biológica – descreve a riqueza e a variedade do mundo natural. [...]

Para entender o que é a biodiversidade, devemos considerar o termo em dois níveis diferentes: todas as formas de vida [...] e as inter-relações, ou ecossistemas, na qual a existência de uma espécie afeta diretamente muitas outras.

A diversidade biológica está presente em todo lugar: no meio dos desertos, nas tundras congeladas ou nas fontes de água sulfurosas.

[...]

Entre os especialistas, o Brasil é considerado o país da "megadiversidade": aproximadamente 20% das espécies conhecidas no mundo estão aqui. [...]

Quais as principais ameaças à biodiversidade?

A poluição, o uso excessivo dos recursos naturais, a expansão da fronteira agrícola em detrimento dos hábitats naturais, a expansão urbana e industrial, tudo isso está levando muitas espécies vegetais e animais à extinção.

[...]

A sociedade moderna – particularmente os países ricos – desperdiça grande quantidade de recursos naturais. A elevada produção e uso de papel, por exemplo, é uma ameaça constante às florestas.

A exploração excessiva de algumas espécies também pode causar a sua completa extinção. Por causa do uso medicinal de chifres de rinocerontes em Sumatra e em Java, por exemplo, o animal foi caçado até o limiar da extinção.

A poluição é outra grave ameaça à biodiversidade do planeta. Na Suécia, a poluição e a acidez das águas impede a sobrevivência de peixes e plantas em quatro mil lagos do país.

A introdução de espécies animais e vegetais em diferentes ecossistemas também pode ser prejudicial, pois acaba colocando em risco a biodiversidade de toda uma área, região ou país.

[...]

WWF. **O que é biodiversidade?** Disponível em: <https://www.wwf.org.br/natureza_brasileira/questoes_ambientais/biodiversidade/>. Acesso em: 23 maio 2018.

BEE SU/SHUTTERSTOCK.COM

REFLEXÕES

1. É certo afirmar que a biodiversidade só existe nas grandes florestas e matas? Expliquem.
2. Por que o Brasil é considerado o país da megadiversidade?
3. De acordo com o texto, quais são as principais ameaças à biodiversidade?
4. Como as pessoas podem ajudar a preservar a biodiversidade?

4. Herança cultural da Caatinga

Interpretação de letra de música

Com os colegas, ouça a canção Asa-branca, de Luiz Gonzaga em parceria com Humberto Teixeira, disponível em <http://livro.pro/gdoyd2>. Acesso em: 15 set. 2018.

Luiz Gonzaga (1912-1989) foi um compositor e cantor brasileiro. Nascido em Pernambuco, ficou conhecido por retratar em suas melodias a vida do nordestino. A música e outras manifestações culturais estão entrelaçadas com a paisagem no semiárido brasileiro, fazendo parte de nossa herança cultural.

ACERVO ÚLTIMA HORA/FOLHAPRESS

Luiz Gonzaga (1912-1989).

REFLEXÕES

1. Qual foi a inspiração da música?
2. O que é a asa-branca mencionada na canção?
3. Cite um verso da canção que traduz a sensação de calor excessivo e aridez da região.
4. O que muitos nordestinos fazem na época de seca severa no Sertão? Reescreva os versos que lhe conduziu a essa resposta.
5. Pesquise em livros, revistas e na internet para responder às questões a seguir.
   a) Alguns autores dividem a Caatinga em hipoxerófita e hiperxerófita. O que são esses tipos de Caatinga? É possível afirmar que a Caatinga é uma paisagem uniforme em toda a sua extensão? Explique.
   b) Na região de Caatinga, o inverno está relacionado com o período de frio, como ocorre no Sul do Brasil? Explique.
   c) Qual é a importância do umbuzeiro para os animais e para as pessoas do Sertão nordestino?

5. Mata Atlântica

Roda de conversa

Nesta atividade, você e seus colegas são convidados a ler um texto e conhecer um pouco mais sobre a Mata Atlântica para, depois, conversar sobre algumas questões.

Moradores da Mata

[...] Grande parte da população brasileira vive na Mata Atlântica, pois foi na faixa de abrangência original desse bioma – 15% do território brasileiro – que se formaram os primeiros aglomerados urbanos, os polos industriais e as principais metrópoles. São aproximadamente 120 milhões de pessoas (70% do total) que moram, trabalham e se divertem em lugares antes totalmente cobertos com a vegetação da Mata Atlântica.

[...]

A Mata Atlântica também abriga grande diversidade cultural, constituída por povos indígenas, como os Guaranis, e culturas tradicionais não indígenas como o caiçara, o quilombola, o roceiro e o caboclo ribeirinho. Apesar do grande patrimônio cultural, o processo de desenvolvimento desenfreado fez com que essas populações ficassem de certa forma marginalizadas e muitas vezes fossem expulsas de seus territórios originais.

Essas populações tradicionais têm relação profunda com o ambiente em que vivem, porque dele são extremamente dependentes. Vivem da pesca artesanal, da agricultura de subsistência, do artesanato e do extrativismo, como a coleta de caranguejos no mangue, ostras no mar e o corte do palmito na floresta. Seu modo de vida, apesar de eventuais práticas que agridem o ambiente, define-se por seu trabalho autônomo, por sua relação com a natureza e pelo conhecimento que conservam através da tradição.

APREMAVI. **Moradores da mata.** Disponível em: <http://www.apremavi.org.br/mata-atlantica/moradores-da-mata/>. Acesso em: 12 jun. 2018.

MARCOS MACHADO

REFLEXÕES

1. De acordo com o texto, quem são os moradores da mata?
2. Que atividades humanas colocam em risco as populações tradicionais?
3. A ideia da maioria da população de que há indígenas somente na Floresta Amazônica é correta? E a de que os indígenas vivem apenas na mata? Expliquem.
4. Como autoridades e civis podem ajudar a preservar os conhecimentos das populações tradicionais e indígenas?

6. Rios voadores

Interpretação e elaboração de texto

Forme dupla com um colega. Juntos, leiam o texto e observem o infográfico. Depois, façam o que se pede.

Fenômeno dos rios voadores

Os rios voadores são "cursos de água atmosféricos", formados por massas de ar carregadas de vapor de água, muitas vezes acompanhados por nuvens, e são propelidos pelos ventos. Essas correntes de ar invisíveis passam em cima das nossas cabeças carregando umidade da Bacia Amazônica para o Centro-Oeste, Sudeste e Sul do Brasil.

[...]

[...] A chuva, claro, é de suma importância para nossa vida, nosso bem-estar e para a economia do país. Ela irriga as lavouras, enche os rios terrestres e as represas que fornecem nossa energia.

[...]

Estudos promovidos pelo INPA [Instituto Nacional de Pesquisa da Amazônia] já mostraram que uma árvore com copa de 10 metros de diâmetro é capaz de bombear para a atmosfera mais de 300 litros de água, em forma de vapor, em um único dia – ou seja, mais que o dobro da água que um brasileiro usa diariamente! Uma árvore maior, com copa de 20 metros de diâmetro, por exemplo, pode **evapotranspirar** bem mais de 1.000 litros por dia. Estima-se que haja 600 bilhões de árvores na Amazônia: imagine então quanta água a floresta toda está bombeando a cada 24 horas!

Todas as previsões indicam alterações importantes no clima da América do Sul em decorrência da substituição de florestas por agricultura ou pastos. Ao avançar cada vez mais por dentro da floresta, o agronegócio pode dar um tiro no próprio pé com a eventual perda de chuva imprescindível para as plantações.

[...]

EXPEDIÇÃO RIOS VOADORES: BRASIL DAS ÁGUAS. **Fenômeno dos rios voadores**. Disponível em: <http://riosvoadores.com.br/o-projeto/fenomeno-dos-rios-voadores/#prettyphoto[post-65]/0/>. Acesso em: 23 jul. 2018.

Evapotranspirar: perder água para a atmosfera em decorrência da evaporação a partir do solo e da transpiração foliar.

MARCOS AMEND/PULSAR IMAGENS

Área de Floresta Amazônica. Alta Floresta (MT), 2015.

Rios voadores

Fonte: PROJETO RIOS VOADORES. **Fenômeno dos rios voadores**. Disponível em: <http://riosvoadores.com.br/o-projeto/fenomeno-dos-rios-voadores/#prettyphoto[post-65]/0>. Acesso em: 22 out. 2018.

REFLEXÕES

1. Você já ouviu falar em rios voadores?
2. Relacione o nome do fenômeno atmosférico com as características que definem um rio.
3. A destruição da Floresta Amazônica pode afetar negativamente outras regiões? Explique.
4. Elabore um texto, escrevendo como você explicaria a importância de conservar os diversos biomas para a sobrevivência da própria espécie humana a uma pessoa mais velha, que não estudou esse tema.

MAIS

LIVROS

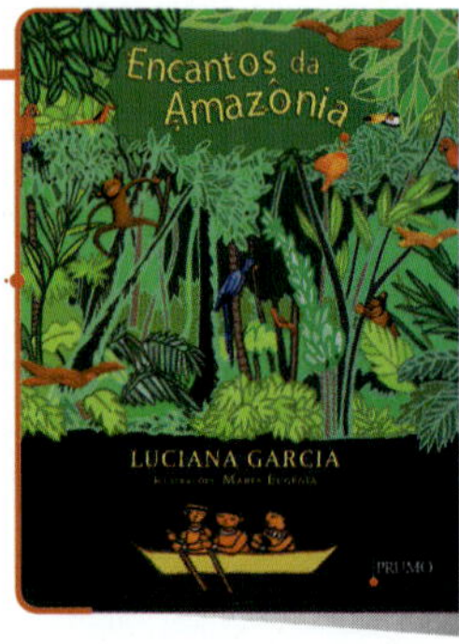

EDITORA PRUMO

- **Encantos da Amazônia**
  Luciana Garcia. São Paulo: Prumo, 2013.

Conheça como a Amazônia é um lugar encantador, repleto de aves e outros animais cheio de mistérios das lendas e dos relatos indígenas.

EDITORA FTD

- **Biomas: conhecer para proteger**
  Fernando Carraro. São Paulo: FTD, 2015.

Este livro conta a história de Marina, que, ao fazer um trabalho escolar, troca informações com colegas que moram em outros biomas e faz descobertas incríveis sobre a flora, a fauna e a vida das populações.

VÍDEOS

TV ESCOLA

- **Bioma Brasil**

Cinco personagens contam suas histórias e suas relações vitais com a Mata Atlântica, o Pantanal, o Cerrado, a Caatinga e a Amazônia.

Disponível em: <http://livro.pro/ku2rfa>. Acesso em: 24 maio 2018.

- **Índios na cidade**

O vídeo, produzido pela Comissão Pró-Índio de São Paulo, mostra relatos de indígenas que moram em grandes cidades e discutem sua cultura no ambiente urbano.

Disponível em: <http://livro.pro/trt8at>. Acesso em: 24 maio 2018.

SITES

- **Os Guarani e a Mata Atlântica**

Nesse endereço é possível conhecer um pouco mais a respeito de como os indígenas guaranis se relacionam com a natureza e usam de forma consciente e sustentável os recursos naturais.

Disponível em: <http://livro.pro/wpb46r>. Acesso em: 24 maio 2018.

- **Jogo – *Quiz* sobre os biomas brasileiros**

Teste o seu conhecimento sobre os biomas do Brasil nesse jogo desenvolvido pela Embrapa.

Disponível em: <http://livro.pro/rgvkb3>. Acesso em: 24 maio 2018.

FIM DE PAPO

MARCOS GUILHERME

1. Retome suas respostas às questões da abertura da Unidade.

- Você alteraria alguma das suas respostas? Se sim, como e por quê?

2. Usando as palavras do quadro, responda à seguinte questão: Como é a natureza do Brasil?

biodiversidade	desmatamento	mineração
sobrevivência	atividades humanas	

3 Por que o ar é tão importante?

CHASE DEKKER WILD-LIFE IMAGES/GETTY IMAGES

O derretimento das geleiras no mundo todo tem ameaçado a sobrevivência dos ursos-polares (*Ursus maritimus*), que vivem apenas no Círculo Polar Ártico. Imagens como essa, de um urso-polar sobre um pedaço de gelo, sendo levado pela correnteza, impressionam quem as observa e são utilizadas por ambientalistas para chamar a atenção para o problema do aquecimento global. Esse fenômeno, no entanto, tem impactos que vão muito além da sobrevivência do urso-polar e afetam praticamente todos os seres vivos – humanos inclusive.

Localização do Círculo Polar Ártico.

PARA INÍCIO DE CONVERSA

1. Imagens como essa são bastante utilizadas quando se fala de aquecimento global, um assunto que é frequente nos jornais e noticiários. Você sabe o que é esse fenômeno? Acha que contribui para que ele ocorra?
2. O que o ar tem a ver com o derretimento do gelo nos polos?
3. É comum haver confusão entre o aquecimento global e o chamado buraco na camada de ozônio. Esses fenômenos têm relação entre si?
4. Como o ar que você respira pode influenciar a sua saúde?

O ar

O ar é uma **mistura de gases** que envolve nosso planeta, formando a camada que denominamos **atmosfera**. Ele está presente também entre os grãos que formam o solo e dissolvido na água de oceanos, rios e outros corpos de água.

Toda matéria é composta de átomos ou moléculas, que são **partículas** minúsculas, invisíveis a olho nu. No estado gasoso, as partículas que compõem a matéria se movimentam com bastante liberdade. Isso explica algumas das características dos gases que veremos a seguir, como o fato de ocuparem todo o volume de um recipiente e de serem compressíveis. Por ser uma mistura de gases, o ar é formado por partículas de tipos diferentes.

A

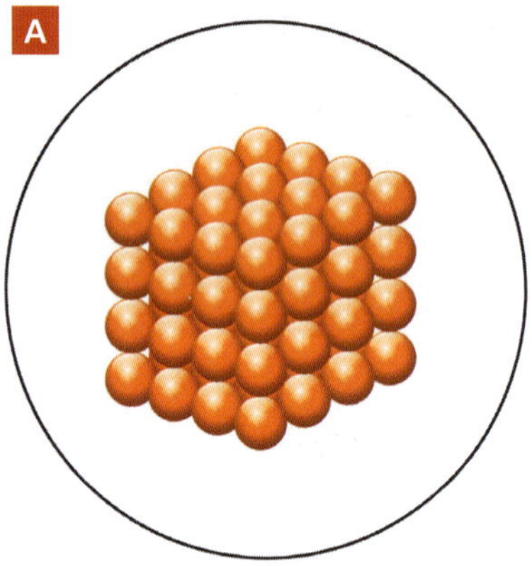

B

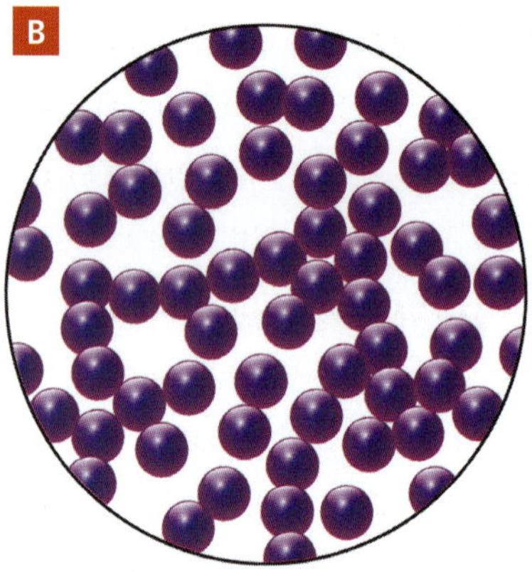

C

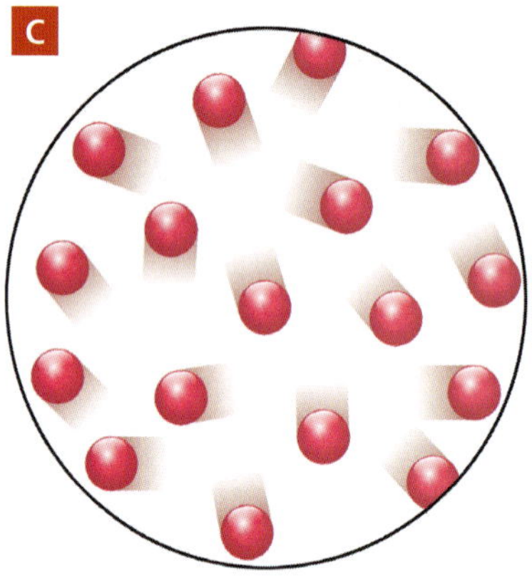

BENTINHO

Representação simplificada das partículas que compõem a matéria. No estado sólido (**A**), as partículas ocupam posições praticamente fixas, movendo-se muito pouco. Nos líquidos (**B**), as partículas têm muito mais liberdade de movimento, mas tendem a se manter próximas umas das outras. No estado gasoso (**C**), a liberdade das partículas é máxima, e elas podem se deslocar por todo o espaço disponível.

AS CORES NÃO SÃO REAIS. IMAGENS FORA DE PROPORÇÃO.

Composição do ar

Os gases nitrogênio e oxigênio correspondem a quase todo o volume do ar. Gás carbônico e outros gases estão presentes em quantidades comparativamente bem menores. O ar pode conter também vapor de água, em quantidades variáveis.

Uma maneira de quantificar cada um desses gases é analisando o volume correspondente a cada um deles na mistura que forma o ar. Imagine que, se pudéssemos separar os componentes do ar seco (isto é, sem vapor de água) em 100 frascos idênticos, o gás nitrogênio ocuparia 78 desses frascos, enquanto o gás oxigênio ocuparia 21. O frasco restante conteria uma mistura de gás carbônico e **gases nobres**.

A seguir, vamos analisar alguns dos componentes do ar.

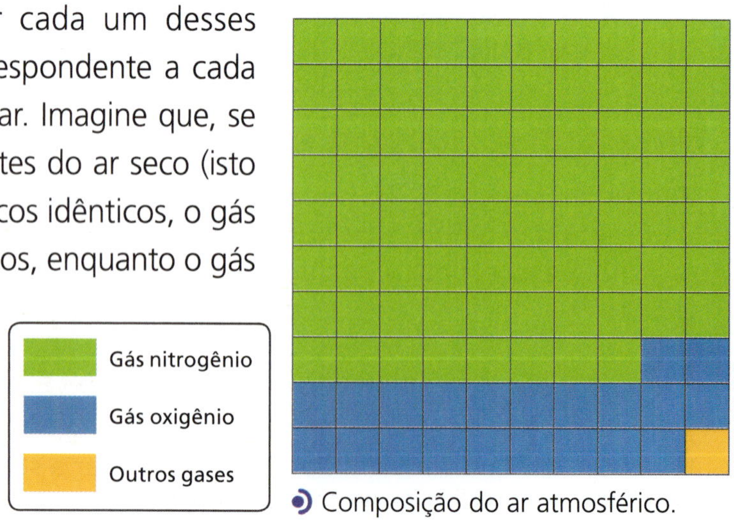

EDITORIA DE ARTE

Composição do ar atmosférico.

Gás nitrogênio

O nitrogênio faz parte de uma série de substâncias, inclusive do gás nitrogênio, o mais abundante no ar. Além dele, o nitrogênio é um componente indispensável de proteínas, substâncias que podem formar diferentes estruturas celulares ou participar de transformações químicas no organismo. O DNA e o RNA, moléculas que armazenam as informações genéticas, também contêm nitrogênio.

Alguns microrganismos presentes no solo conseguem obter nitrogênio diretamente do ar e o transformam em substâncias que as plantas podem absorver pelas raízes. Nos oceanos, alguns microrganismos fotossintetizantes usam o gás nitrogênio atmosférico. Dessa forma, o nitrogênio entra na cadeia alimentar, e os animais podem obtê-lo ao comer plantas ou outros animais.

Esse nitrogênio que faz parte dos seres vivos pode voltar a formar gás nitrogênio pela **decomposição** da matéria orgânica. Nesse processo, o nitrogênio forma ainda outras substâncias, que são liberadas no solo ou no ambiente aquático. A urina e as fezes dos animais também liberam substâncias nitrogenadas no ambiente.

Atividades humanas contribuem para alterar a distribuição do nitrogênio no ambiente. A queima de combustíveis fósseis e a atividade de algumas indústrias, por exemplo, lançam na atmosfera outros gases que contêm nitrogênio, afetando essa distribuição. Muitos fertilizantes agrícolas contêm nitrogênio e, lançados no solo, podem atingir corpos-d'água, perturbando esses ambientes.

Todos esses processos compõem o **ciclo do nitrogênio**, representado na figura a seguir.

IMAGENS FORA DE PROPORÇÃO. AS CORES NÃO SÃO REAIS.

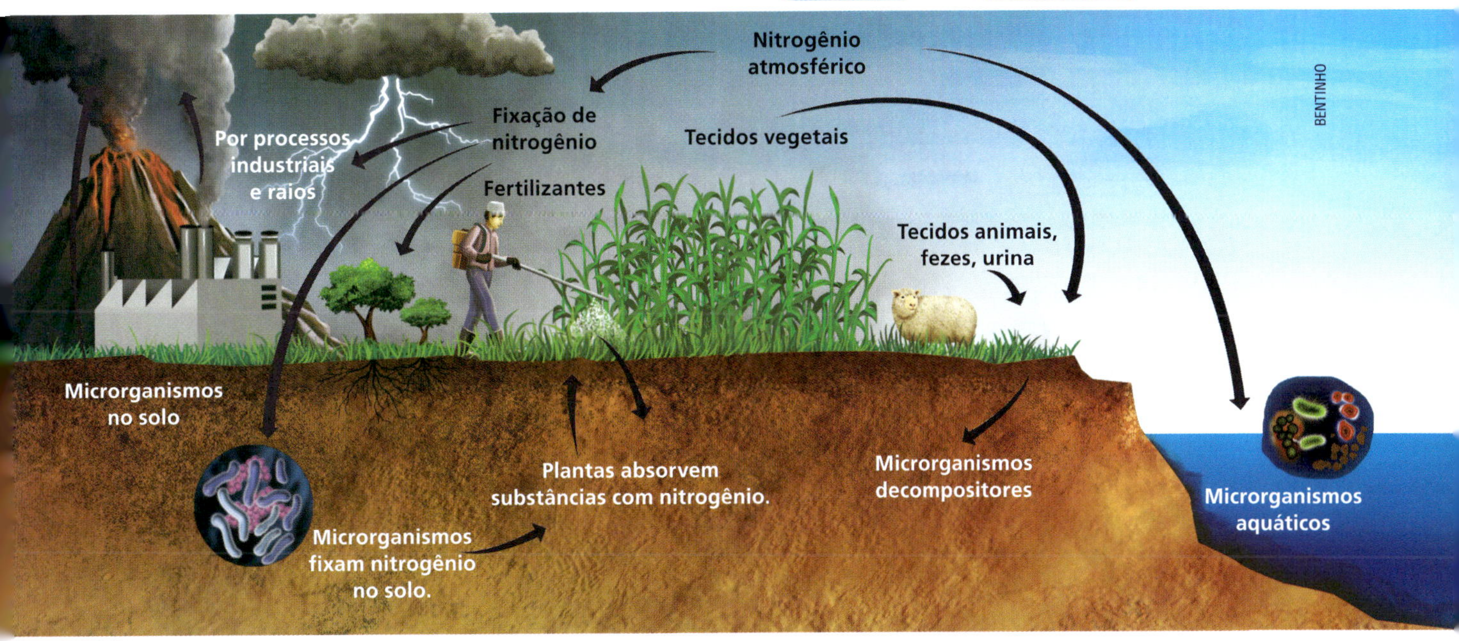

Representação simplificada do ciclo do nitrogênio.

Gás oxigênio

O gás oxigênio é o segundo mais abundante na atmosfera. Ele é fundamental para a maioria dos seres vivos, que o utilizam para obter a energia contida nos alimentos, em um processo chamado **respiração celular**. Os seres vivos obtêm gás oxigênio diretamente da atmosfera ou da água, onde se encontra dissolvido.

Ao contrário do gás nitrogênio, que é praticamente **inerte**, o gás oxigênio reage com muitas substâncias. Ao reagir com objetos de ferro, por exemplo, dá origem à **ferrugem**. O gás oxigênio também participa de outro tipo de reação bastante comum no cotidiano: a **combustão**, também chamada queima.

Inerte: que não reage com outras substâncias ou só reage em condições especiais.

CRETU DANIEL/SHUTTERSTOCK.COM

A ferrugem forma-se pela reação de alguns metais com o gás oxigênio.

Por estar envolvido em fenômenos tão importantes, o gás oxigênio desperta o interesse de pesquisadores há tempos. Apesar disso, esse gás só foi identificado no final do século XVIII, a partir do trabalho de diversos pesquisadores. Em 1774, o pastor e estudioso britânico Joseph Priestley (1733-1804) verificou que, ao aquecer uma substância hoje chamada óxido de mercúrio, obtinha o metal mercúrio e um gás desconhecido. Ao realizar experimentos com esse gás, verificou que ele intensificava a chama de uma vela. Além disso, era capaz de manter camundongos vivos em um ambiente totalmente fechado.

O químico francês Antoine Lavoisier (1743-1794), baseado nos relatos de Priestley, seguiu testando esse gás e concluiu que ele era o componente da atmosfera capaz de sustentar a vida. Ele propôs, em seguida, que a combustão era resultado da reação dos materiais com esse gás, que passou a ser denominado oxigênio.

Com essa ideia, Lavoisier promoveu uma importante quebra de **paradigma** na Ciência: até então, a teoria predominante afirmava que a matéria continha flogisto, uma substância especial que era liberada durante a queima e era necessária à vida. A identificação do gás oxigênio e os experimentos que se seguiram confirmaram a teoria de Lavoisier, e a teoria do flogisto foi abandonada.

PALAVRA-CHAVE

Paradigmas são modelos, realizações científicas universalmente reconhecidas, que orientam os trabalhos de uma comunidade científica durante um período indeterminado. A teoria do flogisto é um exemplo de paradigma que vigorava na Ciência até meados do século XVIII.

Essa teoria era amplamente empregada nas explicações sobre transformações químicas até esse período. No entanto, ela não era capaz de fornecer explicações coerentes para a combustão. Pesquisadores haviam notado que certas substâncias aumentavam de massa ao queimar, enquanto outras pareciam ter a massa reduzida.

Quando Lavoisier propôs que o gás oxigênio desempenhava papel central na combustão, sua teoria permitiu a explicação de muitas das anomalias identificadas pelos pesquisadores. Isso iniciou uma série de mudanças no conhecimento químico que estabeleceu um novo paradigma na Ciência, abandonando a teoria de flogisto.

Na combustão, o gás oxigênio reage com outras substâncias, liberando energia. Fogueira na festa junina em frente à igreja matriz do Senhor Bom Jesus em Palmeiras (BA), 2012.

LUIS SALVATORE/PULSAR IMAGENS

Gás carbônico

O gás carbônico presente na atmosfera ou dissolvido na água é utilizado pelos seres fotossintetizantes para produzir seu alimento. Nesse processo, chamado fotossíntese, a luz solar é utilizada para combinar gás carbônico e água, originando a glicose.

Existem diferentes fontes que adicionam gás carbônico à atmosfera. A respiração celular é uma delas: o gás carbônico é o resíduo desse processo e é liberado no ambiente pela maioria dos seres vivos.

Além do papel que desempenha na fotossíntese e na respiração, o gás carbônico tem importância para os seres vivos porque participa da manutenção da temperatura do planeta. Esse fenômeno, chamado **efeito estufa**, será analisado mais adiante.

A decomposição de matéria orgânica, a queima de combustíveis, os incêndios e diferentes atividades industriais também lançam gás carbônico na atmosfera. Todos esses processos fazem parte do **ciclo do carbono**, representado a seguir.

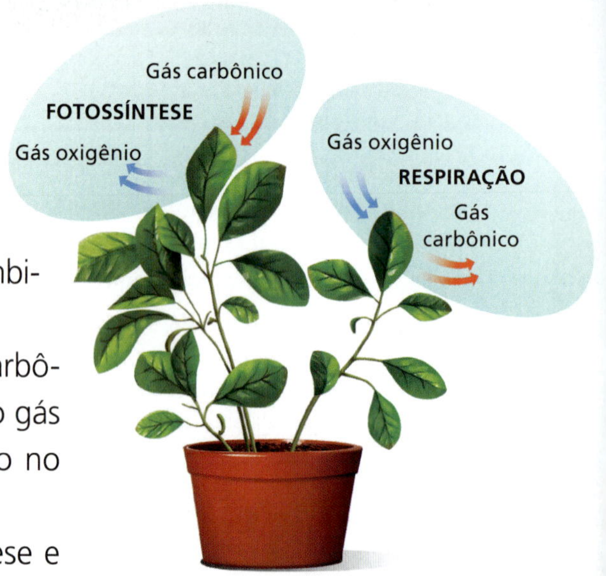

Esquema simplificado dos gases envolvidos na fotossíntese e na respiração. Plantas e outros seres fotossintetizantes consomem gás carbônico da atmosfera e liberam gás oxigênio. Eles também realizam respiração – consomem gás oxigênio e liberam gás carbônico.

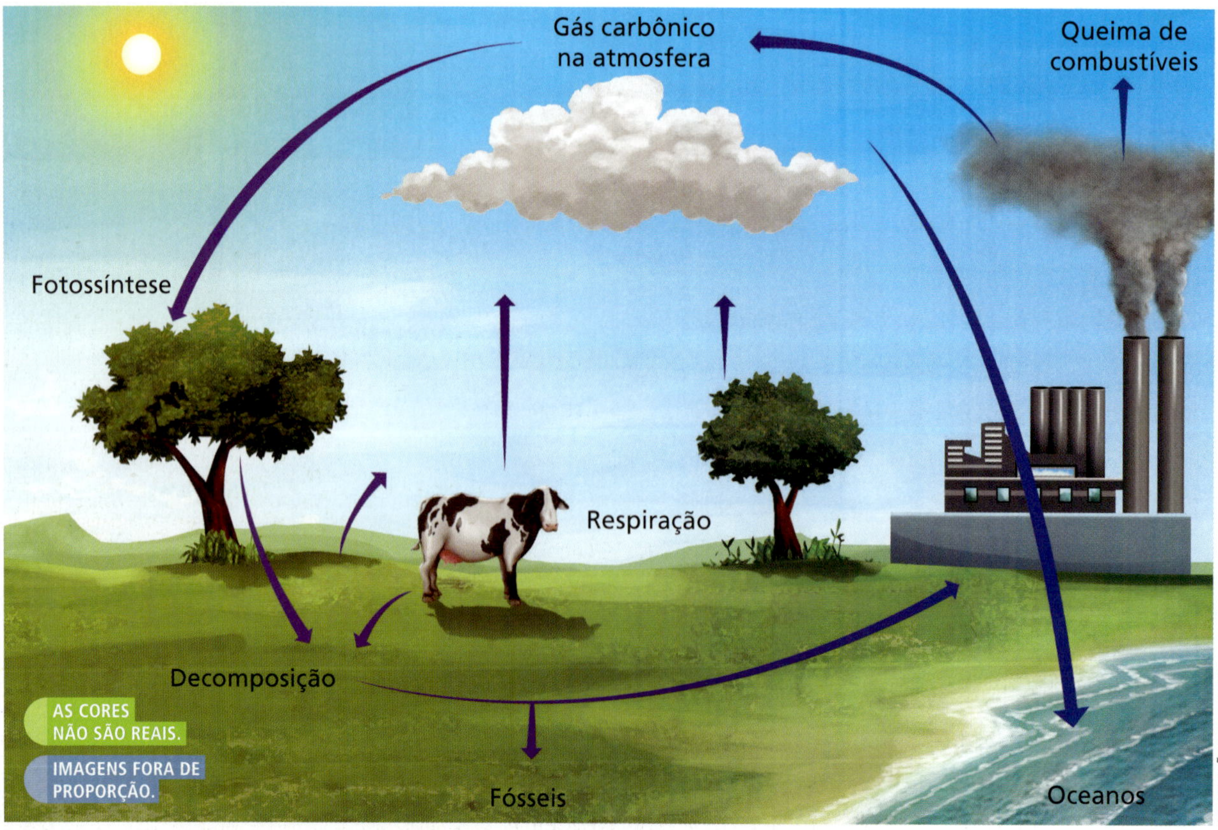

ILUSTRAÇÕES: BENTINHO

Representação simplificada do ciclo do carbono.

Dirigíveis utilizados para publicidade são preenchidos com gás hélio.

FOOTTOO/SHUTTERSTOCK.COM

Gases nobres

Os gases nobres recebem esse nome porque, além de ocorrerem em baixa quantidade na natureza, praticamente não reagem com nenhuma substância. São eles: argônio, neônio, hélio, criptônio, xenônio e radônio. Desses, o gás argônio é o mais abundante, correspondendo a aproximadamente 0,9% do volume do ar atmosférico. Ele é empregado em metalúrgicas e na produção de lâmpadas incandescentes e fluorescentes.

Já o gás hélio é usado em balões meteorológicos, dirigíveis e também no resfriamento de determinados equipamentos. O gás neônio é utilizado em pequenas quantidades nas lâmpadas de neon dos anúncios luminosos.

Vapor de água

A quantidade de vapor de água no ar determina a umidade do ar e varia de acordo com o clima e as condições atmosféricas da região. Na região Norte do Brasil, por exemplo, a umidade do ar se mantém elevada a maior parte do ano. No Sertão nordestino, por outro lado, a quantidade de vapor de água no ar é bem pequena.

Assim como o gás carbônico, o vapor de água desempenha papel importante na manutenção da temperatura do planeta, ou seja, também participa do efeito estufa.

Os **nevoeiros**, também chamados de neblina, se formam quando a umidade do ar está muito alta e a temperatura está baixa. O vapor de água na atmosfera se condensa, formando pequenas gotículas em suspensão no ar.

A

RUBENS CHAVES/PULSAR IMAGENS

B

RUBENS CHAVES/PULSAR IMAGENS

Praça Tiradentes, Ouro Preto (MG), 2015, em (**A**) com nevoeiro e, em (**B**), sem nevoeiro. Nevoeiros reduzem a visibilidade no local onde se formam.

ATIVIDADES

NÃO ESCREVA NO LIVRO.

1. Identifique as afirmações incorretas e corrija-as no caderno.

a) O ar é um gás.

b) No estado gasoso, as partículas que formam a matéria podem se deslocar por todo o espaço disponível.

c) O ar é composto principalmente de oxigênio e carbono.

d) Gases nobres correspondem a menos de 1% do volume do ar.

e) A respiração libera gás nitrogênio.

2. O nitrogênio é um elemento essencial para a vida como a conhecemos. Como ele é obtido pelos diferentes seres vivos?

3. O gás oxigênio é necessário para todos os seres vivos? Explique a importância desse gás.

4. Analise o procedimento retratado na imagem e responda.

ATENÇÃO: Não realize esse procedimento sem o acompanhamento de um adulto.

BENTINHO

A vela é coberta com um copo. A chama se mantém acesa por alguns instantes e, então, se apaga.

a) Por que a vela continuou acesa por algum tempo e depois se apagou?

b) O ar no interior do copo se manteve inalterado? Explique.

5. Leia o texto e responda.

> [...]
>
> Um engenheiro aposentado mantém uma planta viva dentro de um garrafão fechado há mais de 40 anos [...]. O vegetal, plantado dentro do recipiente em 1960, foi regado pela última vez em 1972 – mesmo ano em que uma rolha foi colocada na garrafa e nunca mais foi retirada [...].
>
> [...]

APOSENTADO cria planta em garrafão fechado há mais de 40 anos. **G1 – Globo Natureza**. Disponível em: <http://g1.globo.com/natureza/noticia/2013/01/aposentado-cria-planta-em-garrafao-fechado-ha-mais-de-40-anos.html>. Acesso em: 10 jul. 2018.

a) Sabendo que a planta realiza respiração e, portanto, necessita de gás oxigênio, por que ela não morreu?

b) Como a planta obteve gás carbônico para realizar fotossíntese?

PHIL YEOMANS/BNPS

David Latimer com sua planta engarrafada.

Propriedades do ar

O ar é uma mistura de gases e, por isso, tem propriedades comuns à maioria dos gases – embora tenha também propriedades características. Estudar o ar ajuda a compreender diversos fenômenos cotidianos e fornece conhecimentos que podem ser bastante úteis no dia a dia.

Cor, odor e gosto

Nas zonas rurais, o ar costuma ser menos poluído que nas zonas urbanas. Quando não está poluído, o ar não tem cor, cheiro nem gosto.

MARCOS MACHADO

As propriedades do ar mais fáceis de serem notadas são, provavelmente, o fato de ele não ter cor (**incolor**), não ter cheiro (**inodoro**) e não ter gosto (**insípido**). Essas características só se alteram se houver algo misturado ao ar, como outros gases ou **material particulado**. Por exemplo: ao observar o horizonte em grandes cidades, especialmente no período de inverno, é comum notar uma camada acinzentada sobre a superfície. Esse fenômeno é provocado principalmente pelos gases e materiais particulados eliminados pelo escapamento de veículos automotores, como caminhões, ônibus e automóveis. Nesses casos, além da cor, o ar poluído pode adquirir odor.

Material particulado: partículas sólidas ou líquidas que permanecem em suspensão no ar.

Massa e volume

Os gases, assim como os líquidos e os sólidos, são feitos de matéria. Por essa razão, todos os gases possuem **massa** e ocupam **espaço**.

Uma balança com boa precisão permite verificar que o ar tem massa: se pesarmos uma bola cheia e, depois, a mesma bola vazia, veremos que a massa dela é maior quando está cheia. Essa diferença, no entanto, é muito pequena, e por isso não conseguimos percebê-la apenas segurando a bola.

Quando bombeamos ar dentro de uma bola, é fácil notar que ela se expande por igual. Isso mostra que o ar se distribui igualmente por todo o volume disponível.

Quando está cheia de ar, essa bola tem 71 g. A mesma bola vazia tem apenas 66 g.

FOTOS: IZA GUEDES

Expansibilidade e compressibilidade

Como ocorre com todos os gases, o ar se distribui por todo o espaço disponível. Analise a situação retratada nas imagens a seguir, que mostram uma seringa com o bico totalmente vedado. Inicialmente, ela contém 30 mL de ar em seu interior. Se o êmbolo for puxado até a marca de 60 mL, por exemplo, o ar continuará a ocupar todo o volume disponível. Essa propriedade de se expandir, ocupando um volume maior, é chamada **expansibilidade**.

Se o êmbolo dessa mesma seringa, em seguida, for empurrado até a marca de 10 mL, o ar em seu interior passará a ocupar um volume menor que o inicial. Essa propriedade recebe o nome de **compressibilidade**.

AS CORES NÃO SÃO REAIS. IMAGENS FORA DE PROPORÇÃO.

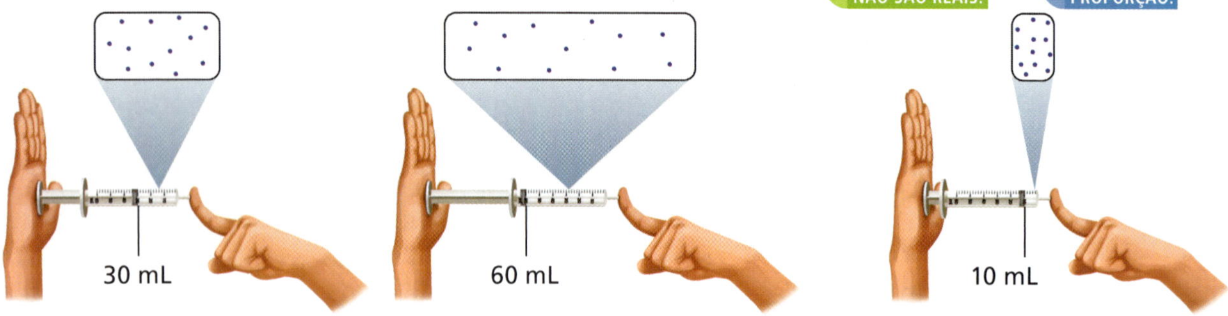

BENTINHO

O ar pode ser expandido ou comprimido. Note que a quantidade de partículas de ar, representadas pelas bolinhas, não se altera. O que muda é apenas o volume disponível para elas ocuparem.

Essas características dos gases são exploradas em diversas situações. Nas latas de aerossóis, por exemplo, o produto (perfume, tinta, medicamento etc.) é armazenado junto a um gás propelente bastante comprimido. Quando o pino da lata é pressionado, o gás tem acesso ao ambiente externo e se expande rapidamente, arrastando consigo o produto. Esse mesmo princípio é utilizado nas pistolas de pintura: um equipamento chamado compressor bombeia ar comprimido através da pistola, levando junto a tinta que fica no reservatório.

EDSON GRANDISOL/PULSAR IMAGENS

Artista brasileiro Ludu (Luís Eduardo dos Santos) pintando um muro em São Paulo (SP), 2017.

ATIVIDADES

NÃO ESCREVA NO LIVRO.

1. Ao encher os pneus de uma bicicleta, podemos regular a rigidez deles de acordo com a superfície sobre a qual vamos pedalar. Para andar no asfalto, por exemplo, podemos deixá-los mais firmes; para andar na areia, o ideal é deixá-los mais macios.

a) Como podemos controlar a rigidez do pneu?

b) Que propriedade do ar é responsável por permitir esse tipo de regulagem?

2. Observe a montagem ao lado e leia a legenda.
Se a válvula for aberta, o que deve acontecer? Escolha uma das alternativas e justifique-a.

a) O ar do frasco **A** vai se expandir e ocupar também todo o frasco **B**. A quantidade de ar nos dois frascos será igual.

b) O ar passará todo para o frasco **B**, e o frasco **A** ficará vazio.

c) Uma parte do ar passará para o frasco **B**. Cada um dos frascos ficará com ar até a metade, e a outra metade ficará vazia.

d) O ar do frasco **A** vai se expandir e ocupar também todo o frasco **B**. O frasco **B** terá o dobro de ar do frasco **A**.

LUCAS FARAUJ

O frasco **A** está cheio de ar. O frasco **B**, que tem o dobro do volume do **A**, está completamente vazio. A válvula está fechada.

3. Observe a fotografia. Esse tipo de equipamento de mergulho é utilizado para turismo subaquático. Ele consiste, basicamente, em um capacete com ombreiras, com uma mangueira que o conecta a uma bomba de ar, na superfície. Note que esse equipamento não é vedado, ele é apenas apoiado nos ombros.

a) Por que a água não entra no equipamento?

b) As pessoas são orientadas a não inclinarem a cabeça para baixo quando estão usando esse equipamento. Por que essa instrução é importante?

BENOIT DAOUST/SHUTTERSTOCK.COM

Mergulhadores fazendo turismo subaquático na Colômbia, 2017.

A Lua não possui atmosfera. Em razão disso, os astronautas devem levar cilindros com gás oxigênio e seus trajes têm de ser perfeitamente vedados.

A atmosfera

Atmosfera é a camada de gases que envolve um corpo celeste, como um planeta ou um satélite natural, separando-o do espaço sideral. Todos os planetas do Sistema Solar possuem atmosfera, e muitos dos satélites naturais também. Contudo, a composição da atmosfera varia muito de um astro para outro.

Vimos que, na Terra, a atmosfera é composta basicamente dos gases nitrogênio e oxigênio. A atmosfera de Marte, porém, é composta quase que exclusivamente de gás carbônico. Urano, por sua vez, é cercado por uma camada dos gases hidrogênio e hélio. A Lua, satélite natural da Terra, não possui atmosfera: sua superfície é rodeada por **vácuo**. Por esse motivo, os astronautas que exploram a Lua utilizam trajes especiais completamente vedados e carregam consigo cilindros com gás oxigênio comprimido, para que possam respirar.

A composição da atmosfera é um fator determinante tanto para o clima quanto para o estabelecimento e a manutenção da vida. O gás oxigênio presente na atmosfera da Terra, por exemplo, é necessário para a maioria dos seres vivos atuais. Mas a atmosfera não teve sempre essa mesma composição; ao longo do tempo, ela mudou bastante.

Vácuo: espaço vazio, sem nenhum tipo de matéria ou com pouquíssima matéria.

História da atmosfera terrestre

Pesquisas indicam que a primeira atmosfera da Terra era composta basicamente de gás hidrogênio, que foi "capturado" dos arredores do planeta por causa da atração gravitacional. Isso teria acontecido quando a Terra era ainda um planeta jovem, e uma nuvem de gases e poeira envolvia boa parte do Sistema Solar. Não se sabe exatamente como essa atmosfera deixou de existir, mas é possível que o impacto de asteroides possa ter expelido o gás hidrogênio do planeta.

A atividade vulcânica na Terra jovem era muito intensa. As erupções vulcânicas podem expelir diversos materiais, entre eles gás nitrogênio e gás carbônico. A maior parte do gás carbônico dissolveu-se nos oceanos primitivos, enquanto o gás nitrogênio permaneceu sobre a superfície. Com o passar do tempo, esse gás se acumulou e passou a compor a maior parte da atmosfera.

Nesse período, a superfície do planeta já apresentava uma temperatura amena o suficiente para dar suporte à vida. Os primeiros seres vivos surgiram nos oceanos e, ao longo do tempo, passaram a se diversificar. Pesquisas indicam que, alguns milhões de anos após o primeiro ser vivo ter aparecido, microrganismos fotossintetizantes surgiram e se proliferaram nos mares. Ao realizar fotossíntese, esses organismos consomem gás carbônico e liberam gás oxigênio no ambiente. Com isso, a quantidade de gás oxigênio disponível no ambiente foi aumentando gradativamente.

Ao longo do tempo, o gás oxigênio passou a se acumular na atmosfera e favoreceu a sobrevivência de organismos que realizavam respiração. Ao mesmo tempo, esse acúmulo levou à extinção a maior parte das espécies existentes à época, para as quais esse gás era tóxico. Essa mudança na atmosfera foi crucial para o surgimento e a diversificação de vários grupos de seres vivos que dependem do gás oxigênio, como os animais.

CRIS ALENCAR

Concepção artística da **Terra** em seus primórdios. Os microrganismos fotossintetizantes dos oceanos primitivos liberaram gás oxigênio e transformaram a atmosfera do planeta.

Concentração de gás oxigênio na atmosfera

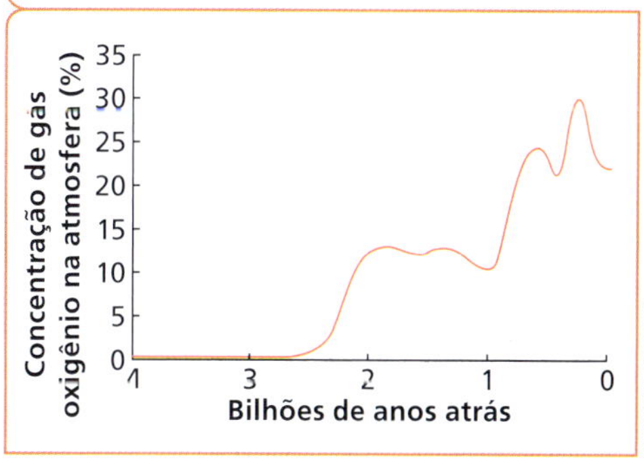

EDITORIA DE ARTE

A concentração de gás oxigênio na atmosfera começou a aumentar rapidamente há cerca de 2,4 bilhões de anos.

Fonte: MARTIN, D.; MCKENNA, H.; LIVINA, V. The human physiological impact of global deoxygenation. **The Journal of Physiological Sciences**. Disponível em: <https://doi.org/10.1007/s12576-016-0501-0>. Acesso em: set. 2018.

Concepção artística da Terra em seus primórdios. A atividade vulcânica foi a principal responsável pelo acúmulo de gás nitrogênio na atmosfera.

BENTINHO

Camadas da atmosfera

A concentração do ar atmosférico vai diminuindo conforme a altitude aumenta. No topo de grandes montanhas, por exemplo, o ar é menos concentrado do que ao nível do mar. Esse ar rarefeito tem baixa concentração de gás oxigênio, bem como dos outros gases que constituem a atmosfera. Isso dificulta a respiração de montanhistas que se aventuram a conquistar o cume dessas montanhas e torna o ambiente inóspito para boa parte dos seres vivos.

Representação simplificada da variação na concentração do ar em razão da altitude. As bolinhas representam as partículas que formam o ar. Ao nível do mar, a concentração é maior que em altitudes elevadas.

Conforme a altitude aumenta, não é apenas a concentração do ar que se altera. A temperatura, assim como outros fatores, varia muito à medida que nos afastamos da superfície. Com base nisso, a atmosfera é dividida em camadas, que não têm limites muito exatos entre si. Essas camadas são: troposfera, estratosfera, mesosfera, termosfera e exosfera.

A **troposfera** é a camada que se inicia logo acima da superfície e se estende até, aproximadamente, 12 quilômetros de altitude. Por ser a camada mais próxima à superfície, é também a que concentra a maior quantidade de ar, correspondendo a cerca de 75% de todo o ar atmosférico.

A maioria dos seres vivos terrestres, inclusive o ser humano, vive imersa na troposfera. É nessa camada que ocorrem os principais fenômenos climáticos que nos afetam, como ventos, nuvens e chuvas. A temperatura na troposfera diminui com a altitude: próximo à superfície as temperaturas são mais elevadas que nas grandes altitudes. No limite superior dessa camada, a temperatura média é de 56 graus Celsius negativos (–56 °C).

A **estratosfera** inicia-se logo acima da troposfera e segue até cerca de 50 quilômetros de altitude. A concentração de oxigênio nessa camada é baixíssima, insuficiente para que uma pessoa possa respirar. Ao contrário do que ocorre na troposfera, a temperatura na estratosfera aumenta conforme se ganha altitude, chegando até cerca de –2 °C em seu limite superior. Em uma faixa da estratosfera, a cerca de 24 quilômetros de altitude, está localizada a **camada de ozônio**, que será analisada adiante.

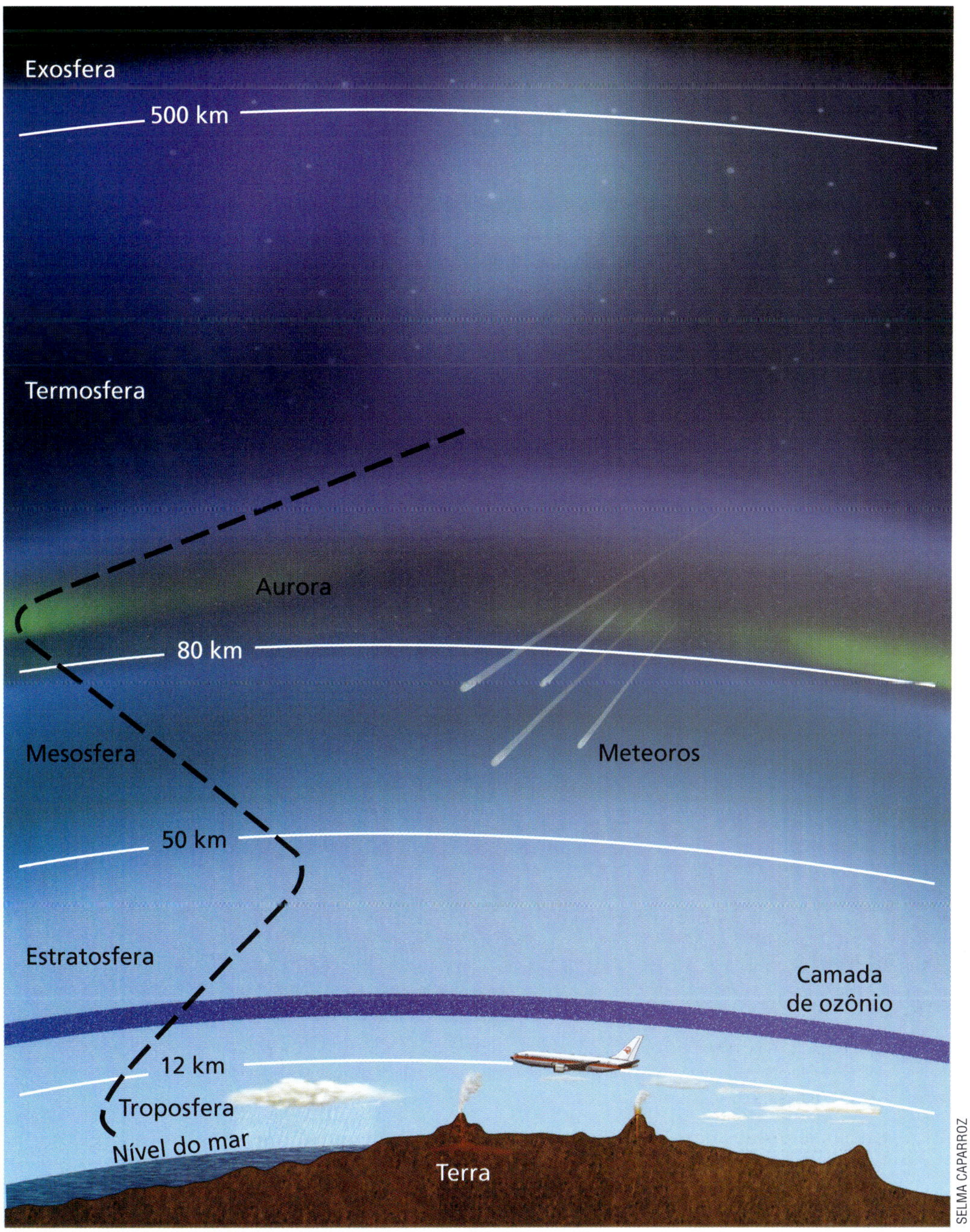

Representação simplificada das camadas da atmosfera.

AS CORES NÃO SÃO REAIS.

IMAGENS FORA DE PROPORÇÃO.

Fonte: MOZETO, A. A. Química atmosférica: a química sobre nossas cabeças. **Cadernos Temáticos de Química Nova na Escola**, São Paulo, n. 1, 2001.

Acima da estratosfera está a **mesosfera**, que vai até cerca de 80 quilômetros de altitude. Nessa camada as temperaturas caem rapidamente, chegando próximo de –100 °C no limite superior. É na mesosfera que se formam fenômenos luminosos conhecidos como **meteoros**, causados pela passagem de meteoroides através da atmosfera. Esses corpos celestes viajam a altíssimas velocidades e, ao entrarem na mesosfera, o atrito com o ar rarefeito faz que se tornem incandescentes. Os meteoros são conhecidos também como estrelas cadentes, embora não sejam estrelas.

A camada seguinte é a **termosfera**, que se estende até aproximadamente 500 quilômetros de altitude. É muito difícil definir seu limite com precisão, já que o ar é extremamente rarefeito. Nessa camada, a temperatura aumenta conforme nos afastamos da superfície e pode passar de 1 000 °C.

Entre a mesosfera e a termosfera existe uma região com características particulares denominada **ionosfera**, que concentra uma grande quantidade de partículas eletricamente carregadas, os **íons**.

A Estação Espacial Internacional, bem como outras naves e satélites que orbitam a Terra, transita pela termosfera. Fotografia de 2010.

Uma das propriedades da ionosfera é a de refletir ondas de rádio. Essa característica é empregada para a transmissão de informações via rádio: as ondas emitidas por uma antena refletem na ionosfera e são captadas por outra antena. Se não houvesse a ionosfera, boa parte das ondas de rádio seguiria para o espaço, e não seria possível fazer transmissões de longa distância sem o uso de satélites.

AS CORES NÃO SÃO REAIS. IMAGENS FORA DE PROPORÇÃO.

A ionosfera reflete ondas de rádio de volta para a superfície terrestre. Essa propriedade é útil para as telecomunicações.

É na ionosfera que acontecem os fenômenos conhecidos como **auroras**. Quando certas partículas provenientes do Sol colidem com as partículas eletricamente carregadas da ionosfera, ocorre a emissão de luz. As auroras ocorrem próximo aos polos do planeta e podem ser boreais (próximas ao Polo Norte) ou austrais (próximas ao Polo Sul).

Aurora na Finlândia, 2017.

ANDREA DELBO/SHUTTERSTOCK.COM

A **exosfera** é a camada mais externa da atmosfera. Ela envolve a termosfera e se estende por centenas de quilômetros, sem um limite definido. Nela, a temperatura volta a diminuir gradualmente. O ar é extremamente rarefeito, composto basicamente dos gases hidrogênio e hélio. A exosfera é considerada o limite entre a atmosfera e o espaço sideral, onde não há ar.

ATIVIDADES

NÃO ESCREVA NO LIVRO.

1. A atmosfera da Terra foi sempre do mesmo jeito? Explique sua resposta.

2. Quais são os dois principais gases que compõem a atmosfera atualmente? Como eles se acumularam?

3. Em 1953, o nepalês Tenzing Norgay e o neozelandês Edmund Hillary tornaram-se os primeiros a chegar ao cume do Monte Everest, o mais alto do mundo. Eles carregavam consigo cilindros de ar comprimido. A primeira pessoa a chegar ao cume sem auxílio desses cilindros foi o italiano Reinhold Messner, 25 anos depois, em 1978.

- Como os cilindros de ar comprimido podem auxiliar os montanhistas?

Edmund Hillary e Tenzing Norgay em celebração por serem os primeiros a escalar o Monte Everest.

KEYSTONE PICTURES USA / ALAMY / FOTOARENA

4. Construa uma tabela para registrar as propriedades das diferentes camadas da atmosfera. Inclua o nome, as altitudes em que cada camada se inicia e termina, além de informações de temperatura e observações que julgar interessantes.

5. Os aviões comerciais costumam voar sempre na mesma altitude, próxima de 10 quilômetros em relação ao nível do mar. O chamado teto operacional (cerca de 12 quilômetros) é a altitude máxima que eles conseguem voar; acima disso, o motor não apresenta desempenho suficiente para manter a aeronave no ar.

- Sabendo que os aviões contam com motores a combustão, por que eles não conseguem voar acima do teto operacional?

Aviões comerciais voam próximo ao limite da troposfera.

JAG_CZ/SHUTTERSTOCK.COM

Camada de ozônio

A camada de ozônio é uma região da estratosfera que possui maior concentração do gás ozônio. Ela absorve aproximadamente 98% da radiação ultravioleta que chega ao planeta, emitida pelo Sol. Tal atuação é fundamental para a vida na Terra, pois a radiação ultravioleta é prejudicial ao material genético das células.

Apesar de sua importância na estratosfera, o gás ozônio é um poluente quando se forma próximo à superfície, pois pode causar problemas respiratórios, como tosse e perda da capacidade pulmonar. A formação desse gás na troposfera deve-se principalmente à poluição emitida por veículos automotores.

Na atmosfera, o ozônio é formado a partir do gás oxigênio, por meio da ação da radiação ultravioleta. Essa radiação também é capaz de "quebrar" o ozônio, originando novamente gás oxigênio. Esse ciclo de formação e decomposição do ozônio ocorre na estratosfera e resulta na camada de ozônio.

Esse ciclo do ozônio pode ser alterado por atividades humanas. Certos poluentes lançados na atmosfera favorecem a conversão do ozônio em gás oxigênio, tornando a camada de ozônio mais rarefeita em alguns locais. Os gases da família dos **clorofluorcarbonetos**, ou **CFCs**, são um exemplo desses poluentes.

Concentração de ozônio em função da altitude

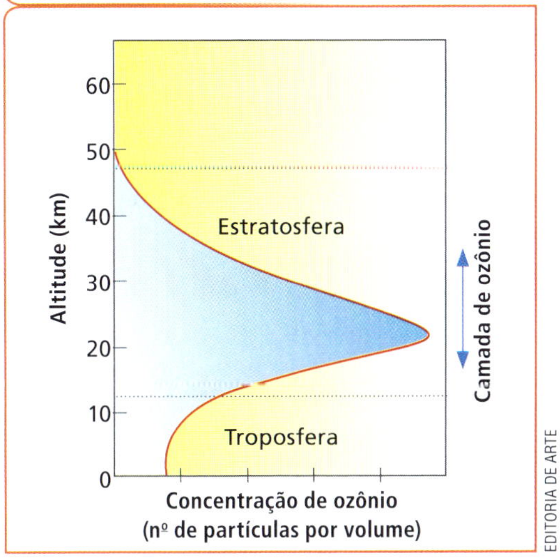

Fonte: COLIN, B. **Environmental chemistry**. New York: Freeman, 1995.

Praia de Copacabana, Rio de Janeiro (RJ).

AS CORES NÃO SÃO REAIS. IMAGENS FORA DE PROPORÇÃO.

LUCAS FARAUJ

OS CFCs eram empregados em refrigeradores, aparelhos de ar condicionado e latas de aerossol. Com a proibição, outros gases passaram a ser utilizados.

No início da década de 1970, o químico mexicano Mario Molina (1943-) e o químico estadunidense Frank Sherwood Rowland (1927-2012) começaram a investigar a atuação dos CFCs na atmosfera. Esses gases, que não existem naturalmente, eram utilizados pela indústria para diversas finalidades. Eles notaram que os CFCs são muito estáveis, permanecendo na atmosfera por muito tempo sem sofrer transformações químicas. Prosseguindo em seus estudos, conseguiram demonstrar que esses gases facilitam muito a conversão do ozônio em gás oxigênio e, portanto, são extremamente nocivos à camada de ozônio.

Os CFCs estão relacionados à grande redução da camada de ozônio detectada sobre a Antártida em 1985 – conhecida como "buraco na camada de ozônio". Apesar do nome, não é um buraco de fato, trata-se apenas de uma região em que a concentração de ozônio é menor. A redução da camada de ozônio oferece riscos a praticamente todos os seres vivos.

Essa descoberta, bem como o trabalho de outros pesquisadores que se debruçaram sobre o assunto, fez com que o uso de CFCs começasse a ser banido em diversos países a partir do final da década de 1970. Em 1987, foi estabelecido entre as autoridades de vários países um grande tratado internacional para proteger a camada de ozônio, conhecido como **Protocolo de Montreal**. Nesse acordo, os países se comprometeram a reduzir gradativamente o uso de CFCs e outros produtos nocivos à camada de ozônio, até abandoná-los por completo.

Muitos países aderiram ao Protocolo de Montreal, e, com isso, as concentrações de CFCs na atmosfera diminuíram consideravelmente. Estudos indicam que, desde então, a camada de ozônio pode ter revertido parte da redução que havia sofrido.

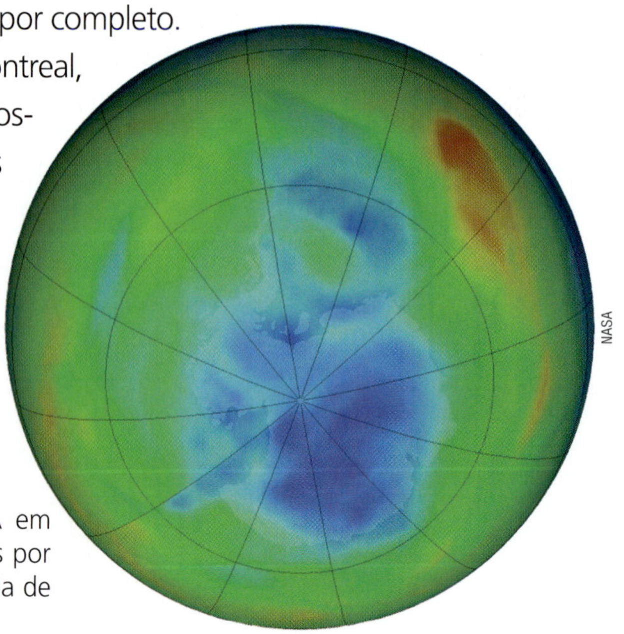

NASA

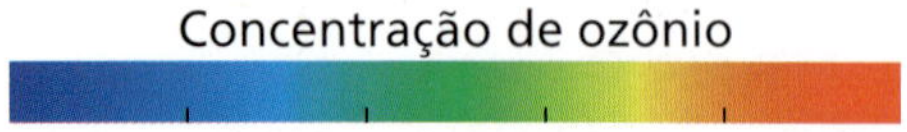

Imagem produzida pela agência americana NASA em julho de 2018, com base em informações coletadas por satélite. Ela mostra que, sobre a Antártica, a camada de ozônio ainda é mais tênue.

Pressão atmosférica

Se você pegar uma bexiga cheia de ar e empurrá-la para dentro de uma piscina, verá que o volume da bexiga diminui conforme ela afunda. Essa deformação é provocada pela pressão que a água exerce sobre a bexiga, bem como sobre todos os corpos imersos nela. Quanto maior a profundidade, mais alta é a coluna de água sobre a bexiga e, consequentemente, maior é a pressão exercida sobre ela. Como a pressão é exercida em todas as direçoes, a bexiga "encolhe" uniformemente à medida que é levada para o fundo.

AS CORES NÃO SÃO REAIS.

IMAGENS FORA DE PROPORÇÃO.

Ao afundar uma bexiga cheia de ar na água, a pressão (representada por setas) exercida pelo líquido sobre a bexiga faz com que ela encolha. Quanto maior a profundidade, mais intensa é a pressão.

Da mesma maneira, o ar também exerce pressão sobre todos os corpos imersos nele – é a chamada **pressão atmosférica**. Assim como no exemplo da bexiga dentro da piscina, a intensidade da pressão atmosférica também depende da profundidade: ela é maior ao nível do mar e diminui conforme a altitude aumenta.

Uma forma de perceber a intensidade da pressão atmosférica é pressionar um desentupidor contra uma parede de azulejo bem liso. Ao fazer isso, a maior parte do ar que existia entre o interior do desentupidor e a parede é retirada. Com isso, a pressão interna torna-se menor que a pressão atmosférica. O desentupidor fica grudado na parede, e é preciso fazer bastante esforço para retirá-lo apenas puxando-o na direção oposta.

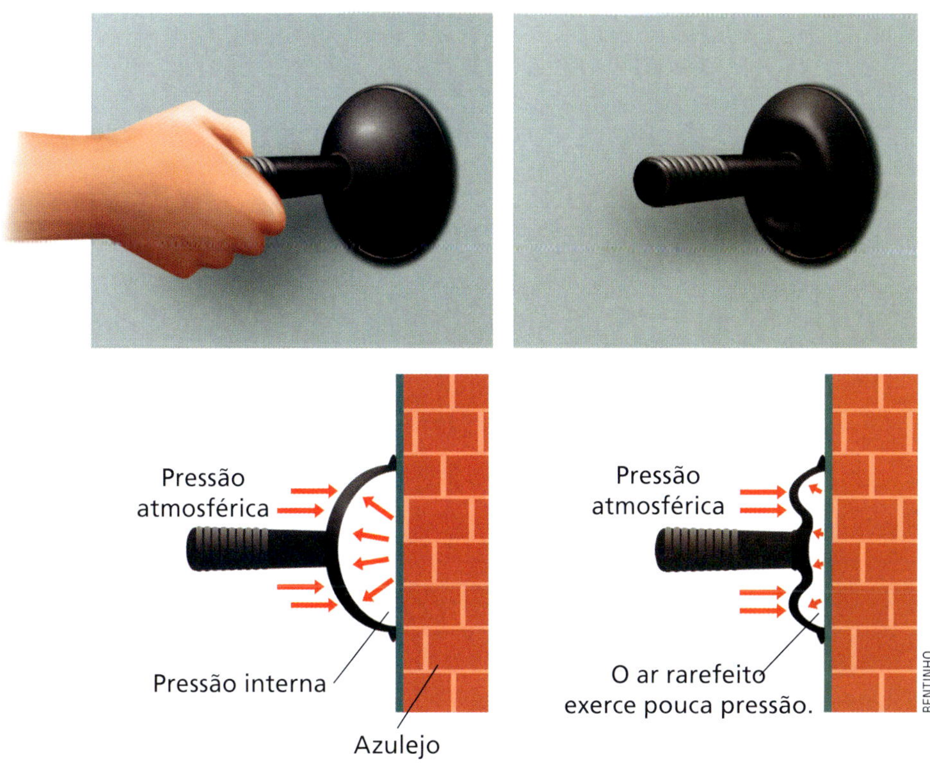

Ao ser pressionado contra o azulejo, o desentupidor permanece preso somente pela ação da pressão atmosférica.

AS CORES NÃO SÃO REAIS.

IMAGENS FORA DE PROPORÇÃO.

Uma das primeiras e mais famosas demonstrações da intensidade da pressão atmosférica ocorreu na cidade alemã de Magdeburgo, em 1654. Otto von Guericke (1602-1686), que era prefeito da cidade e cientista, confeccionou duas meias-esferas (ou hemisférios) de cobre, revestidas com couro. Ele as uniu formando uma esfera e utilizou uma bomba de ar para retirar quase todo o ar de dentro dela. Os dois hemisférios, então, ficaram unidos apenas pela ação da pressão atmosférica, sem nenhum tipo de cola ou encaixe.

BETTMANN ARCHIVE/GETTY IMAGES

Gravura representando o experimento das esferas de Magdeburgo.

A explicação para isso é que o ar exerce sobre as paredes internas uma pressão que compensa a pressão atmosférica. Quando esse ar é retirado, o pouquíssimo ar que resta no interior da esfera não é capaz de compensar a pressão atmosférica, que pressiona um hemisfério contra o outro. A intensidade da pressão atmosférica era tão grande que foram necessários 16 cavalos, sendo 8 de cada lado, para separar os hemisférios.

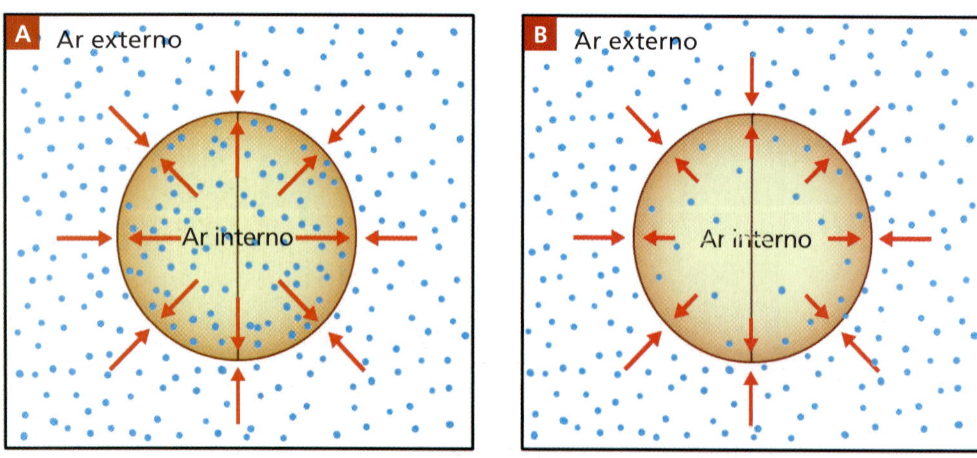

AS CORES NÃO SÃO REAIS.

IMAGENS FORA DE PROPORÇÃO.

LUIS MOURA

Quando a esfera está cheia de ar (**A**), a pressão interna é igual à pressão atmosférica. Por isso, é fácil separar os dois hemisférios. Depois que se retira o ar do interior da esfera (**B**), a pressão interna diminui muito, e a atmosfera pressiona um hemisfério contra o outro. As bolinhas representam as partículas que constituem o ar, e as setas representam a pressão.

ATIVIDADES

NÃO ESCREVA NO LIVRO.

1. O que é a camada de ozônio? Qual é a importância dela para a vida na Terra?

2. A formação e a destruição do ozônio ocorrem naturalmente na atmosfera pela ação dos raios ultravioleta. Sendo assim, por que existem medidas para combater gases como os CFCs?

3. Qual é a relação entre o chamado "buraco na camada de ozônio" e o Protocolo de Montreal?

4. Diversos objetos usam ventosas para fixação, como é o caso de muitos suportes para celular utilizados em carros.

BLACKSHEEP/SHUTTERSTOCK.COM

Suporte para celular, com ventosa.

a) Como as ventosas funcionam?

b) Cite outros objetos que você conhece que utilizam ventosas.

5. Ao se preparar para escalar uma grande montanha, Cátia, ainda na base, guardou biscoitos em um saco plástico completamente vedado. Quando chegou ao cume, algumas horas depois, pegou esse saco plástico e notou que ele estava estufado. Cátia imaginou que os biscoitos pudessem estar estragados, mas logo descartou essa possibilidade, já que eles estavam na validade. Então, por que o saco plástico ficou estufado?

OLGA DANYLENKO/SHUTTERSTOCK.COM

6. Os cientistas italianos Evangelista Torricelli (1608-1647) e Vincenzo Viviani (1622-1703) foram os primeiros a medir a intensidade da pressão atmosférica.

- Em duplas, pesquisem o experimento empregado para realizar essa medida. Escrevam um resumo sobre o trabalho e incluam desenhos.

Efeito estufa

A atmosfera terrestre funciona como um cobertor para o planeta. Sabemos que a temperatura média na superfície terrestre é de, aproximadamente, 15 °C. Se a Terra não possuísse atmosfera, esse valor seria 30 °C menor, isto é, a temperatura média na superfície seria de –15 °C. A vida como a conhecemos depende da disponibilidade de água no estado líquido. Assim, podemos afirmar que a atmosfera desempenha um papel indispensável no estabelecimento e na manutenção da vida no planeta.

Esse aumento na temperatura do planeta que a atmosfera possibilita é chamado **efeito estufa**. O nome faz referência às estufas empregadas no cultivo de plantas. Essas estruturas, que geralmente são revestidas de vidro, mantêm a temperatura interior acima da temperatura exterior. Elas são mais empregadas em regiões com inverno rigoroso e permitem o cultivo durante todo o ano de diversas plantas sensíveis ao frio.

No efeito estufa, o ar atmosférico desempenha um papel equivalente ao do vidro nas estufas para plantas. A radiação emitida pelo Sol chega à superfície terrestre, aquecendo-a. Os materiais aquecidos emitem parte do calor de volta ao ambiente na forma de **radiação infravermelha**.

LENA ASON/ALAMY/FOTOARENA

Estufa de cultivo de plantas. Observe a neve no ambiente externo enquanto as plantas permanecem vivas no interior da estufa.

Ao atravessar a atmosfera, uma fração desses raios infravermelhos é retida por alguns gases. Eles absorvem essa radiação e são aquecidos, emitindo parte do calor de volta à superfície.

Não são todos os gases atmosféricos que contribuem para o efeito estufa. Aqueles que desempenham um papel importante nesse fenômeno recebem o nome de **gases de efeito estufa**. Vapor de água, gás carbônico e metano são exemplos de gases de efeito estufa. O metano é um gás presente em baixa concentração na atmosfera, formado naturalmente em pântanos e no sistema digestório de certos animais, como bovinos e ovinos.

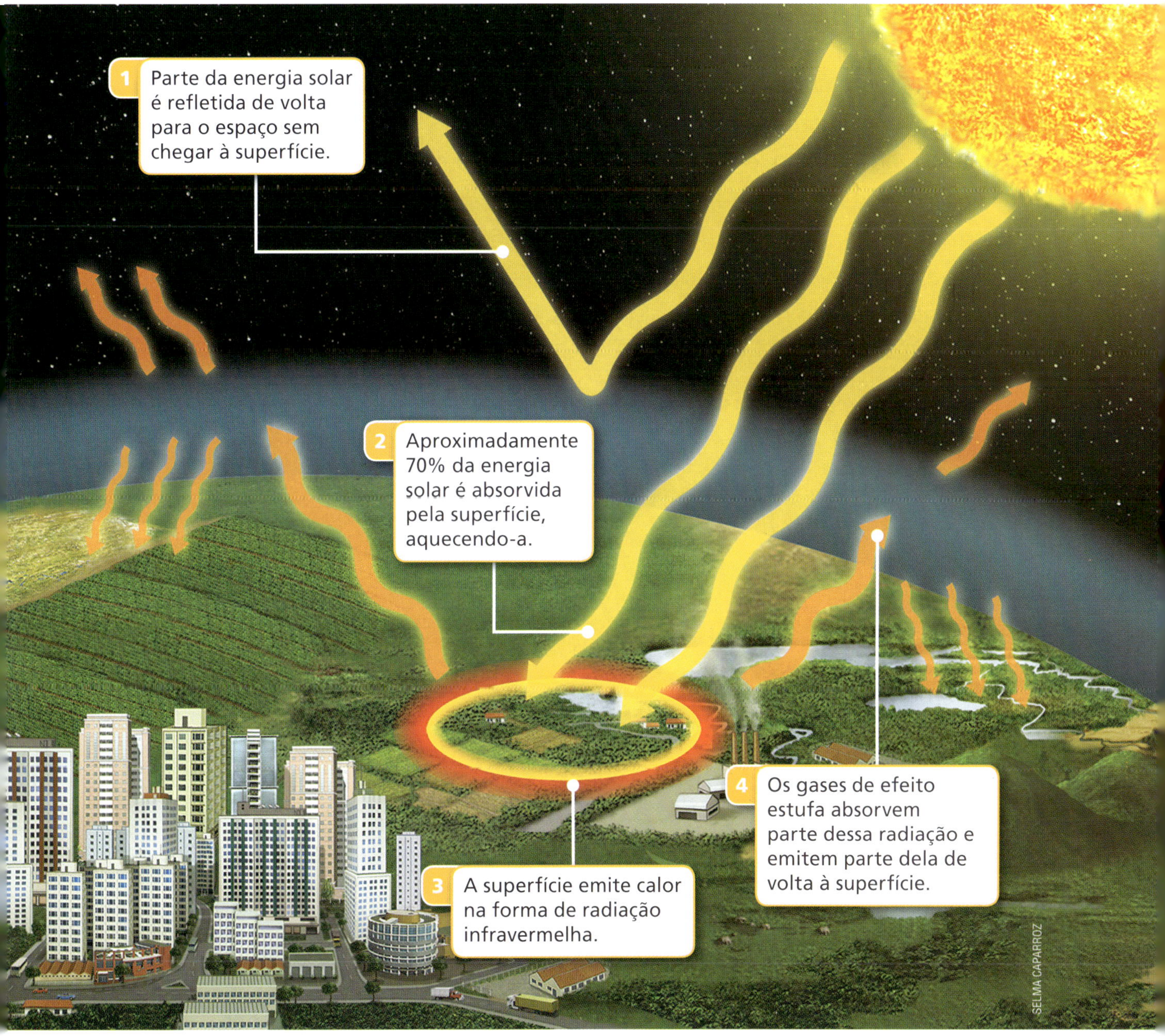

Representação simplificada do efeito estufa.

AS CORES NÃO SÃO REAIS. IMAGENS FORA DE PROPORÇÃO.

Aquecimento global

ALF RIBEIRO/SHUTTERSTOCK.COM

O gás metano é produzido naturalmente pelos ruminantes durante a digestão. Estudos estimam que 70% das emissões de gás metano provenham de atividades humanas, especialmente a pecuária.

Como já estudamos, certas atividades humanas podem alterar a composição da atmosfera. O desmatamento, a queima de combustíveis fósseis, a agropecuária e a produção industrial destacam-se entre as ações humanas que mais contribuem para o aumento da concentração de gases de efeito estufa na atmosfera.

Em consequência desse aumento, o efeito estufa é intensificado, produzindo o chamado **aquecimento global**. A atmosfera passa a reter mais calor e a temperatura média na superfície do planeta tende a aumentar. Um número cada vez maior de estudos indica que esse é um dos problemas ambientais mais graves da atualidade.

A elevação na temperatura média do planeta ameaça diversas espécies marinhas e terrestres que são sensíveis a variações de temperatura. Esse fenômeno também pode provocar o derretimento de geleiras, o que interfere no clima global e causa a elevação progressiva do nível do mar. Com isso, regiões litorâneas correm o risco de ficar submersas, deslocando milhões de pessoas de suas casas e matando inúmeros organismos.

NASA

Geleira Qori Kalis, Peru, 1978.

Emissão de gases de efeito estufa no Brasil (2015)

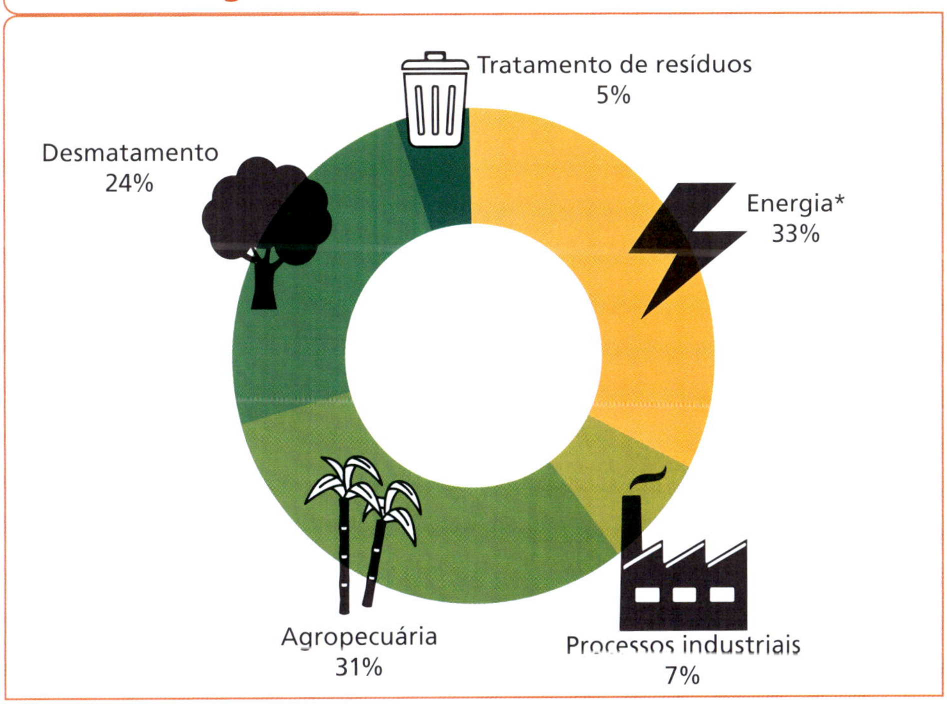

*A categoria "Energia" inclui a queima de combustíveis para geração de energia elétrica e para o transporte, por exemplo.

Fonte: Sistema de Registro Nacional de Emissões, 2015.

O aquecimento do planeta também pode interferir no clima, alterando o regime de chuvas em diversas regiões do mundo. Isso tem o potencial de provocar impactos significativos na produção agrícola e no equilíbrio dos ecossistemas.

Geleira Qori Kalis, Peru, 2004.

O aquecimento global coincide com o período da Revolução Industrial (segunda metade do século XVIII). Nessa época, especialmente na Europa, a **manufatura** foi substituída pela **maquinofatura**. Os **motores a vapor** passaram a ser utilizados para mover tanto máquinas nas indústrias quanto veículos, barcos e trens.

Manufatura: sistema de produção em que predomina a mão de obra humana.
Maquinofatura: sistema de fabricação que faz uso intensivo de máquinas; produção industrial.

LAMBERT/GETTY IMAGES

BETTMANN/GETTY IMAGES

Exemplos de veículos com motores a vapor: (**A**) trem inglês, em 1847 e (**B**) barco (The Clermont), construído em 1807.

A expansão no uso dos motores a vapor acarretou um drástico aumento no consumo de combustíveis, como lenha e carvão mineral. O gás carbônico liberado durante a combustão começou a se acumular cada vez mais na atmosfera, intensificando o efeito estufa. Além disso, outros poluentes lançados pelas chaminés das fábricas, bem como o desmatamento provocado pela extração de lenha e pela mineração de carvão, resultaram em profundos impactos ambientais nas regiões próximas aos locais onde as fábricas foram instaladas.

OHISHIAPPLY/SHUTTERSTOCK.COM; KRASOVSKI DMITRI/SHUTTERSTOCK.COM

IMAGE ASSET MANAGEMENT/WORLD HISTORY ARCHIVE/EASYPIX

Ilustração de William Westall (1781-1850) mostrando a ponte Blackfriars, as fábricas de tecidos de algodão e outras indústrias ao longo do rio Irwell, na Inglaterra.

No início do século XX, a crescente popularização dos veículos com **motores de combustão interna** contribuiu ainda mais para a poluição atmosférica. Boa parte desses motores é movida a derivados do petróleo, como diesel e gasolina. Os derivados do petróleo, o carvão mineral e o gás natural são considerados **combustíveis fósseis**, oriundos de reservas subterrâneas formadas há milhões de anos.

O uso desses materiais como combustível gera problemas ambientais graves, pois lança na atmosfera substâncias provenientes de materiais que estavam "estocados" na litosfera. Entre outros problemas, isso interfere no ciclo do carbono e libera diferentes gases de efeito estufa, sendo o gás carbônico o principal deles.

ROLANDO DE FREITAS/ESTADÃO CONTEÚDO/AE

Cubatão (SP), em 1982. Esse município, que é um polo industrial, já foi apontado pela ONU como a cidade mais poluída do mundo, recebendo até o apelido de "Vale da Morte". Depois que medidas governamentais foram tomadas, a situação melhorou muito, e Cubatão se tornou símbolo da recuperação ambiental – embora o perigo não esteja totalmente eliminado.

ALF RIBEIRO/SHUTTERSTOCK.COM

O uso intensivo de veículos automotores tem aumentado a concentração de gases de efeito estufa na atmosfera. Congestionamento de veículos em São Paulo (SP), 2017.

OHISHIAPPLY/SHUTTERSTOCK.COM; KRASOVSKI DMITRI/SHUTTERSTOCK.COM

ASSIM SE FAZ CIÊNCIA

NIELS AHLMANN OLESEN / SCANPIX DENMARK / AFP

Encontro de membros do IPCC em Copenhague, Dinamarca, em 2014.

Saiba o que é o IPCC

[...]

O Painel Intergovernamental sobre Mudança Climática (IPCC, na sigla em inglês) [...] é a mais alta autoridade científica do mundo sobre aquecimento global.

[...]

As centenas de cientistas atmosféricos, oceanógrafos, especialistas em gelo, economistas, sociólogos e uma miríade de outros especialistas que compõem o IPCC têm como tarefa trabalhar de forma neutra e equilibrada.

Cabe a eles tirar conclusões apenas sobre o que é conhecido e provado e ser abertos e honestos sobre áreas onde haja dúvidas, ignorância ou debate.

[...]

Embora estes efeitos possam levar meses ou até alguns anos para acontecer, o que se inicia como um painel anônimo de cientistas acaba repercutindo na sociedade como um todo.

O IPCC forja políticas governamentais, influencia estratégias corporativas e decisões de vida dos indivíduos, e dá ao caldeirão político uma poderosa colher.

[...]

Cada grupo [que compõe o IPCC] pode avaliar até milhares de estudos.

Seu esboço de resumo é submetido a uma revisão em dois estágios, feita por assessores independentes e governos antes de ser submetido a plenário, onde pode ser vetado linha por linha ou até mesmo palavra por palavra antes da versão final ser aprovada por consenso.

A influência do IPCC se deve a esta abordagem exaustiva, à ponderação dos fatos e à busca por equilíbrio.

[...]

SAIBA o que é o IPCC. **G1**. Disponível em: <http://g1.globo.com/Noticias/Ciencia/0,,MUL3739-5603,00-SAIBA O QUE E O IPCC.html>. Acesso em: jul. 2018.

ATIVIDADES

1. Por que é importante que especialistas de diferentes áreas componham o IPCC?
2. Qual é a importância de compor esse painel com pesquisadores de todo o mundo?
3. Que tipo de impacto os estudos produzidos pelo IPCC podem ter na sociedade?
4. Por que os cientistas que compõem o IPCC devem ser tão rigorosos em suas análises?

ATIVIDADES

NÃO ESCREVA NO LIVRO.

1. Explique o efeito estufa e sua importância para a vida na Terra. Faça um desenho para representar esse fenômeno.

2. Qual é a diferença entre o efeito estufa e o chamado aquecimento global?

3. Leia a tirinha a seguir e responda.

CALVIN & HOBBES, BILL WATTERSON © 1987 WATTERSON / DIST. BY ANDREWS MCMEEL SYNDICATION

a) No primeiro quadro, Calvin aparece indignado com o efeito estufa. Esse fenômeno é um problema ambiental? Explique sua resposta.

b) Segundo a mãe de Calvin, o menino toma atitudes para combater esse problema? Explique sua resposta.

4. Quais atividades humanas mais contribuem para o aquecimento global? Como elas o intensificam?

5. Qual é a relação entre a Revolução Industrial e o aquecimento global?

6. Analise o cartum. Em seguida, apresente sua interpretação sobre ele.

ARIONAURO

7. Em grupos, pesquisem sobre os chamados biocombustíveis. Procurem responder às seguintes questões:

- O que são biocombustíveis?
- Eles são menos poluentes que os combustíveis fósseis?
- Como é o uso de biocombustíveis no Brasil?

O ar e o ser humano

O ser humano, como os demais animais, depende do gás oxigênio para sobreviver. Esse, porém, é só um exemplo da importância do ar para nós. A nossa saúde depende muito do ar que respiramos. Vimos também que a atmosfera é essencial na regulação da temperatura do planeta, o que nos afeta direta e indiretamente. Além disso, existe a proteção contra os raios ultravioleta, desempenhada pela camada de ozônio. Não é exagero dizer, portanto, que cuidar da atmosfera é cuidar de nós mesmos e do planeta. Daí vem a importância de conhecermos as fontes de poluição da atmosfera, como podemos contribuir para sua preservação.

Poluição do ar

A poluição do ar gera outros problemas, além do aquecimento global. A **qualidade do ar** interfere diretamente na nossa saúde e na de outras espécies. Os parâmetros utilizados para avaliar a qualidade do ar levam em consideração a concentração atmosférica de diferentes gases poluentes, partículas em suspensão e outras substâncias. A concentração desses poluentes é maior próximo a locais onde a emissão deles é elevada, como metrópoles – onde a frota de veículos é grande – e regiões industriais. Apesar disso, a atmosfera é dinâmica, e o vento pode carregar os poluentes para regiões muito distantes do local onde se originaram.

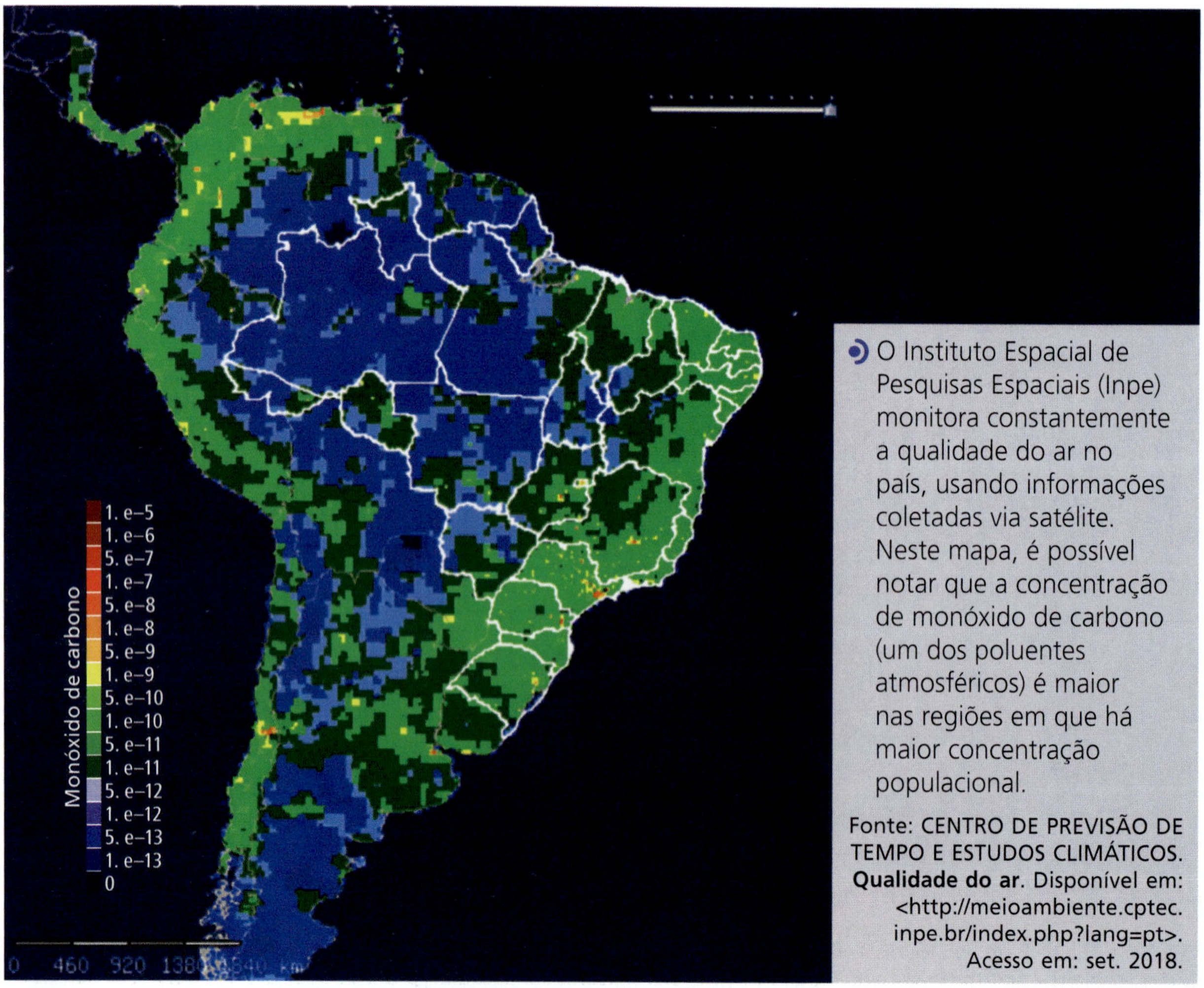

INPE/CPTEC

O Instituto Espacial de Pesquisas Espaciais (Inpe) monitora constantemente a qualidade do ar no país, usando informações coletadas via satélite. Neste mapa, é possível notar que a concentração de monóxido de carbono (um dos poluentes atmosféricos) é maior nas regiões em que há maior concentração populacional.

Fonte: CENTRO DE PREVISÃO DE TEMPO E ESTUDOS CLIMÁTICOS. **Qualidade do ar**. Disponível em: <http://meioambiente.cptec.inpe.br/index.php?lang=pt>. Acesso em: set. 2018.

Elevadas concentrações de poluentes atmosféricos favorecem o desenvolvimento de infecções respiratórias, irritação nos olhos e na garganta, ressecamento das mucosas e da pele, alterações no sistema imunitário, entre outros males. Esses problemas afetam especialmente crianças, idosos e profissionais que trabalham expostos à emissão de poluentes, como motoristas e frentistas. Segundo o Instituto Brasileiro do Meio Ambiente e dos Recursos Naturais Renováveis (Ibama), a poluição do ar está relacionada à morte de aproximadamente 6 milhões de pessoas por ano, em todo o mundo.

RUBENS CHAVES/PULSAR IMAGENS

Equipamentos instalados em alguns municípios brasileiros informam a qualidade do ar no local. São Paulo (SP), 2017.

Não existem medidas realmente efetivas para se proteger da poluição atmosférica, embora alguns cuidados pontuais sejam recomendados. Hidratar-se bem, usar colírios para amenizar a irritação nos olhos e evitar circular próximo a vias movimentadas em horário de pico ajudam a minimizar os efeitos da poluição no organismo.

Um estudo amplo feito em 2018 concluiu que 95% da população mundial está exposta a ar poluído. Essa pesquisa se baseou em dados de satélite e outras ferramentas de monitoração ambiental e mostrou que mesmo áreas rurais afastadas das fontes de poluição estão expostas aos poluentes atmosféricos.

Estima-se que a poluição do ar seja o quarto principal fator relacionado a mortes prematuras no mundo, atrás apenas da hipertensão, da má alimentação e do tabagismo. Esse problema é mais grave em países em desenvolvimento, que muitas vezes possuem leis ambientais ineficientes no combate à poluição atmosférica.

Mortes relacionadas à poluição atmosférica em um ano

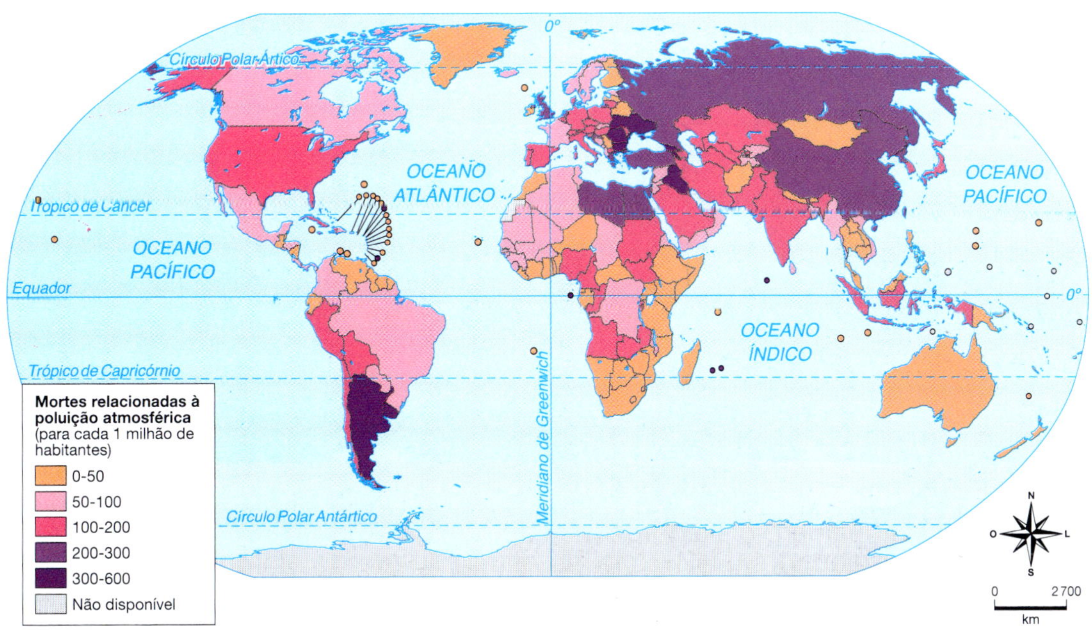

VESPÚCIO CARTOGRAFIA

Elaborado com base em: WORLD HEALTH ORGANIZATION. **Deaths and daly attributable to outdoor air pollution (2002)**. Disponível em: <http://www.who.int/quantifying_ehimpacts/national/countryprofile/mapoap/en/>. Acesso em: set. 2018.

Chuva ácida

Alguns gases liberados por automóveis e pela indústria reagem com as gotículas de água presentes na atmosfera, formando ácidos que dão origem à **chuva ácida**.

Ao atingir o solo e os corpos de água, como rios e lagos, a chuva ácida prejudica o desenvolvimento de plantas, animais e outros organismos. Esse problema é mais comum nas regiões industrializadas, onde os gases que originam ácidos estão presentes em maior concentração no ar. Ao serem carregados pelo vento, esses poluentes também podem provocar chuva ácida em locais distantes.

FOTOS: TOPFOTO.CO.UK/AGB PHOTO

Ao longo do tempo, a chuva ácida pode corroer construções e monumentos como esta estátua. As fotografias foram tiradas em 1908 e em 1969.

Inversão térmica

Nas regiões urbanas, a incidência de luz solar aquece o solo e, consequentemente, o ar próximo dele. O ar aquecido sobe, gerando correntes ascendentes de ar que ajudam a dispersar os poluentes para regiões mais elevadas da atmosfera e, consequentemente, a reduzir a poluição mais próxima à superfície, onde se encontram as pessoas.

Sob determinadas condições, esse fluxo ascendente de ar pode ser interrompido, o que faz com que a poluição se acumule mais próximo à superfície, em uma camada entre um e três quilômetros de espessura. Esse fenômeno, chamado **inversão térmica**, acontece quando a umidade do ar está baixa e na ausência de nuvens e vento. O ar frio (mais denso) fica aprisionado próximo ao solo, "preso" por uma camada de ar quente (menos denso).

LUIZ GUARNIERI/BRAZIL PHOTO PRESS/AFP

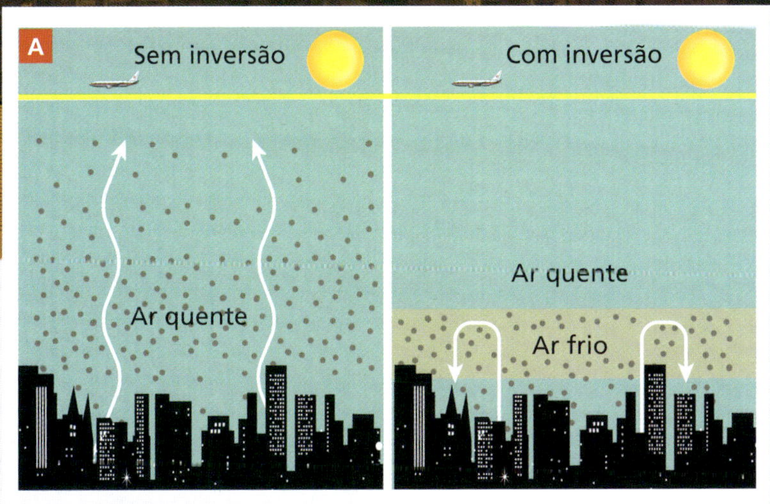

SELMA CAPARROZ

(**A**) Representação simplificada da inversão térmica. Repare que a poluição (representada pelas bolinhas) se concentra mais próxima à superfície quando há inversão térmica. (**B**) Inversão térmica em São Paulo (SP), 2014.

Preservação da camada de ozônio

A produção de gases CFC foi totalmente proibida no Brasil. O substituto encontrado foi o hidroclorofluorcarbono (**HCFC**), que, embora seja bem menos nocivo à camada de ozônio que os CFCs, ainda é capaz de "destruir" o ozônio.

Desde 2013 o Brasil vem reduzindo a produção e o uso do HCFC, e o plano é abandoná-lo completamente até 2040. Esse gás vem sendo substituído por hidrofluorcarbono (**HFC**), que não afeta a camada de ozônio. Apesar disso, pesquisas recentes indicam que ele pode agir como gás de efeito estufa. Isso evidencia a importância das pesquisas por substâncias novas que reduzam o impacto no ambiente, bem como dos estudos que acompanham e avaliam os impactos ambientais das atividades humanas.

Aerossóis, refrigeradores, aparelhos de ar-condicionado e alguns modelos de extintor de incêndio são exemplos de equipamentos que empregam HCFC ou HFC. Cuidar para que tenham uma manutenção adequada é importante para evitar que esses gases escapem e poluam a atmosfera.

DMITRY KALINOVSKY/SHUTTERSTOCK.COM

A manutenção adequada de refrigeradores evita que gases nocivos à camada de ozônio sejam liberados na atmosfera.

VAMOS VERIFICAR

Dormir em ambientes com plantas é arriscado?

Talvez você já tenha ouvido que não devemos dormir em ambiente com plantas, pois existiria o risco de asfixia. Esse conselho geralmente vem acompanhado do argumento de que as plantas realizam respiração à noite. Assim, elas poderiam consumir todo o gás oxigênio de um quarto ou nos intoxicar com gás carbônico. Será que isso é verdade?

Em grupos, observem as imagens ao lado e discutam as questões a seguir:

ILUSTRAÇÕES: ARTUR FUJITA

ATIVIDADES

1. Além das plantas, que organismos realizam respiração?

2. A respiração disponibiliza para o organismo a energia contida nos alimentos. O consumo de gás oxigênio está relacionado à quantidade de energia de que o organismo necessita. Sabendo disso, quem deve consumir mais gás oxigênio: uma planta em um vaso ou uma pessoa?

3. Pesquisem em livros ou na internet sobre a respiração das plantas. Em que períodos do dia elas respiram? A respiração das plantas pode oferecer riscos a pessoas ou outros animais?

4. Os crisântemos da espécie *Chrysanthemum cinerariaefolium* produzem substâncias chamadas piretrinas, que possuem propriedades inseticidas e repelentes de insetos. Em pessoas com asma ou alergias respiratórias, essas substâncias podem provocar falta de ar e irritação nas vias respiratórias. Por isso, pessoas com essas condições devem evitar crisântemos em casa.

- Outras plantas também podem oferecer riscos à saúde. Pesquisem dois outros exemplos e compartilhem as informações obtidas com o restante da turma.

Chrysanthemum cinerariaefolium.

Doenças veiculadas pelo ar

Muitos seres causadores de doenças podem ser transmitidos de uma pessoa para outra por meio do ar. Bactérias ou vírus provenientes de uma pessoa infectada são transmitidos por meio de gotículas de saliva praticamente imperceptíveis lançadas no ar quando a pessoa fala ou espirra, por exemplo. Essas gotículas podem viajar pelo ar e atingir as mucosas do nariz ou da boca de outra pessoa.

Esse tipo de contágio é mais provável em locais fechados ou em aglomerações. As gotículas contaminadas também podem se depositar sobre objetos e superfícies, onde podem permanecer por longos períodos sem perder a capacidade de infectar uma pessoa. Ao encostar a mão nesses objetos ou superfícies e levá-la ao nariz, aos olhos ou à boca, uma pessoa pode contrair a doença. Em muitos casos, nosso organismo é capaz de se defender, devido à ação do sistema imunitário. Em outros casos, porém, a pessoa desenvolve a doença.

DANI MOTA

O contágio por doenças veiculadas pelo ar é maior em locais fechados.

As principais doenças veiculadas pelo ar são **gripe**, **resfriado**, **sarampo**, **catapora**, **rubéola**, **tuberculose**, **pneumonia** e **meningite**. O inverno é o período no qual são registrados mais casos de contágio dessas doenças, pois as pessoas tendem a passar mais tempo em locais fechados. Além disso, o ar mais seco e poluído, comum nessa época do ano, contribui para irritar as vias respiratórias e enfraquecer a imunidade do organismo, tornando-o mais suscetível a doenças.

MINISTÉRIO DA SAÚDE/GOVERNO FEDERAL

Cartaz de campanha de vacinação contra a gripe.

Ações individuais e coletivas

Cuidar da atmosfera é uma ação que está ao alcance de todos. A seguir, vamos conhecer atitudes que podem diminuir a poluição atmosférica e o aquecimento global.

PHLOXII/SHUTTERSTOCK.COM

Consumo consciente de carne, leite e soja

O metano produzido pela digestão dos bovinos é um gás de efeito estufa. Além disso, a criação de gado e o cultivo da soja na Amazônia e no Cerrado são um dos principais fatores que levam à devastação desses biomas. Reduzir o consumo de carne e leite, além de procurar conhecer e selecionar a procedência desses produtos e da soja, ajuda a combater o problema.

Comprar apenas madeira certificada

A derrubada de árvores para extração da madeira é outro fator determinante para o desmatamento na Amazônia. Para se certificar de que um produto não é feito com madeira ilegal, procure por algum selo de certificação, como o selo FSC (do inglês Forest Stewardship Council, ou Conselho de Manejo Florestal).

MM_PHOTOS/SHUTTERSTOCK.COM

Consumo consciente

A fabricação de qualquer item envolve processos que podem emitir gases de efeito estufa. Cada vez mais empresas vêm se preocupando em adotar medidas que reduzam os impactos produzidos. Assim, repensar o consumo, evitando o desperdício e dando preferência a empresas ecologicamente responsáveis, é uma forma de consumir com consciência.

ILUSTRAÇÕES: DANIEL BOGNI

Comprar produtos florestais sustentáveis

Uma forma de combater o desmatamento é oferecer outras oportunidades de sustento para as pessoas que vivem em áreas de extração de madeira. Os produtos florestais sustentáveis (sementes, frutos, chocolates, cosméticos etc.) são uma opção, e consumi-los é uma forma de estimular uma relação sustentável com a floresta.

Cuidados com o lixo

O descarte de lixo orgânico em lixões lança gás metano na atmosfera, pela decomposição. No Brasil, cerca de um terço dos alimentos produzidos vai parar no lixo. Portanto, evitar o desperdício é uma atitude importante. Separar o lixo produzido em casa e encaminhá-lo para a reciclagem é outra forma de contribuir. A reciclagem de materiais como vidro, plástico e alumínio é menos poluente que a produção convencional.

Usar menos o automóvel

A queima de combustíveis fósseis é uma das principais causas do aquecimento global. Reduzir o uso do automóvel, dando preferência a transporte coletivo, bicicleta ou caminhada, é uma atitude que colabora para reduzir esse problema.

ARTUR FUJITA

ATIVIDADES

NÃO ESCREVA NO LIVRO.

1. O que é a poluição do ar? Como ela afeta a saúde da população?

2. Em duplas, pesquisem as principais doenças transmitidas pelo ar. Procurem saber:
- Quais são essas doenças?
- Quais são os agentes causadores?
- Quais são os sintomas?
- O que fazer para se prevenir?
- Quais são os tratamentos para os doentes?

Reúnam as informações obtidas e organizem-nas em uma tabela.

3. Lavar as mãos pode ajudar a prevenir doenças transmitidas pelo ar? Explique sua resposta.

4. Como ocorre a inversão térmica? Que riscos ela oferece?

MM_PHOTOS/SHUTTERSTOCK.COM

MERGULHO NO TEMA

1. As propriedades do ar

Experimentação

As propriedades do ar podem ser verificadas por meio de experimentos simples, como veremos a seguir.

O ar ocupa espaço

Coloquem um chumaço de algodão no fundo de um copo, apertando-o de modo que fique preso. Vocês vão virar o copo com a boca para baixo e mergulhá-lo até o fundo de uma bacia cheia com água, mantendo a boca virada para baixo. Antes de fazer isso, respondam:

- O que acontecerá com o algodão?

Completem a atividade e verifiquem o que ocorre com o algodão. Em seguida respondam: Por que isso aconteceu?

ILUSTRAÇÕES: LUCAS FARAUJ

O ar tem massa

Peguem dois balões de festa vazios e amarrem-nos com barbante nas extremidades de uma régua. Amarrem outro barbante na metade da régua, para garantir que os balões fiquem perfeitamente equilibrados. Agora, vocês vão desamarrar um dos balões, enchê-lo e amarrá-lo novamente no mesmo local. Antes disso, respondam à questão:

- Os balões de festa voltarão a ficar equilibrados?

Completem a atividade e verifiquem se a previsão se confirmou. Em seguida respondam: Por que isso aconteceu?

O ar exerce pressão

Encham um copo com água até a boca e cubram-no com um cartão bem liso, tapando-o completamente. Segurando o copo com uma mão e o cartão a com outra, vocês vão virar essa montagem de cabeça para baixo. Antes de soltar o cartão, respondam à questão:

- O que acontecerá?

Completem a atividade e verifiquem se a previsão se confirmou. Em seguida respondam: Por que isso aconteceu?

Utilizando a pressão atmosférica

O sifão é um equipamento muito utilizado para transportar água de um local mais elevado para outro, mais baixo. Ele funciona devido à ação da gravidade e da pressão atmosférica.

Encham um frasco com água e coloquem-no sobre a mesa. Usando uma mangueira de plástico, vocês vão conectar esse frasco a outro recipiente, como indicado na ilustração a seguir.

ILUSTRAÇÕES: LUCAS FARAUJ

Discutam entre si: o que deve ser feito para que o sifão funcione?

2. Trânsito de caminhões e poluição atmosférica

Leitura e interpretação

Como a greve dos caminhoneiros freou a poluição em São Paulo

No dia 21 de maio de 2018, caminhoneiros iniciaram uma greve com bloqueios que fecharam estradas. [...]

A greve levou à falta de abastecimento de combustíveis nos postos e, consequentemente, à redução visível do trânsito nas grandes cidades. [...] o pesquisador Paulo Saldiva aproveitou essa rara oportunidade para medir como a qualidade do ar da cidade de São Paulo ficou com as ruas mais vazias.

Os dados preliminares focaram na concentração de NO_2 (dióxido nitroso), um dos poluentes emitidos pela queima de combustíveis fósseis. [...]

Quando respirado, o dióxido nitroso pode irritar as vias respiratórias, agravando doenças como asma. Com uma concentração maior da substância no ar, mais pessoas tendem a passar mal e a recorrer ao sistema de saúde. No longo prazo, concentrações altas de dióxido nitroso aumentam a probabilidade de doenças respiratórias.

A análise indicou que, no período de 14 a 20 de maio, a poluição atingiu seu pico na sexta (18). Entretanto, na sexta da semana da greve, que foi dos dias 21 ao 27, o nível de poluição no ar não estava especialmente alto. Isso contraria o padrão típico da capital paulista, em que a sexta é marcada por mais pessoas usando veículos para deixar a cidade, mais trânsito e mais poluição.

[...]

No gráfico abaixo, a concentração diária do poluente é indicada como 100% nesse dia de referência, a segunda-feira (14). Como é 11% maior no dia seguinte, o gráfico indica uma concentração de 111% na terça (15).

Concentração de dióxido de nitrogênio (em %)

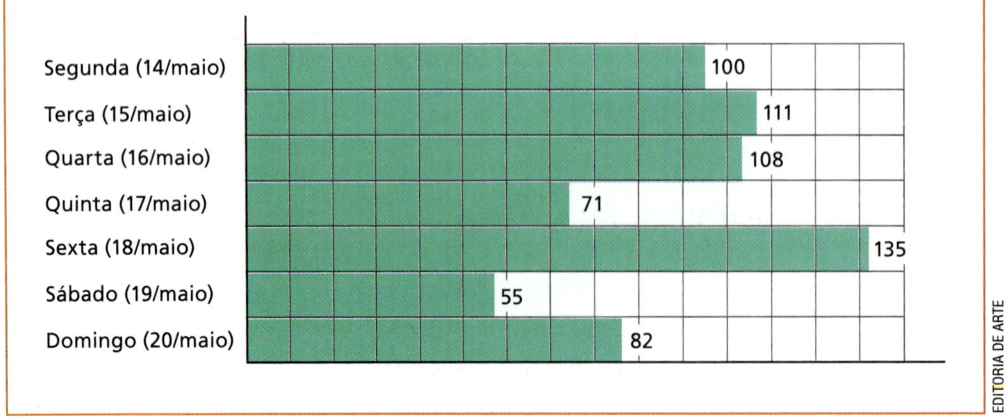

Fonte: Dados da Cetesb compilados pelo professor Paulo Saldiva, do IEA-USP.

Conforme o trânsito aumenta, a poluição também sobe, até o pico de 135% da sexta-feira (18), dia em que normalmente há um número particularmente grande de veículos na rua.

[...]

Concentração de dióxido de nitrogênio (em %)

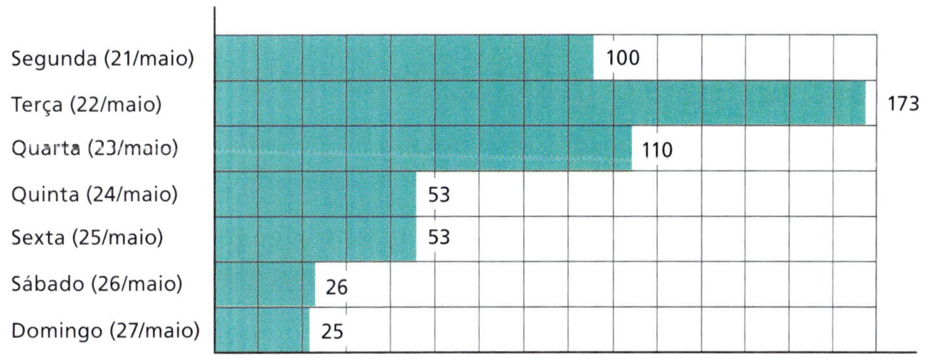

EDITORIA DE ARTE

Fonte: Dados da Cetesb compilados pelo professor Paulo Saldiva, do IEA-USP.

Segundo Saldiva, o aumento da concentração de poluentes na cidade na terça-feira (22), 73% maior do que no dia anterior, se deve à piora das condições atmosféricas no final de semana, que ficaram menos favoráveis à dispersão do ar.

[...]

FÁBIO, A. C. Como a greve dos caminhoneiros freou a poluição em São Paulo. **Nexo**. Disponível em: <www.nexojornal.com.br/expresso/2018/05/31/Como-a-greve-dos-caminhoneiros-freou-a-poluição-em-São-Paulo>. Acesso em: 10 jul. 2018.

REFLEXÕES

1. Que poluente foi analisado no estudo citado pelo texto? Que problemas ele pode causar à saúde?

2. Segundo o texto, a poluição atmosférica na capital paulista apresenta um padrão ao longo da semana. Como é esse padrão e o que o provoca?

3. Além da produção de poluentes, que outro fator influencia a poluição atmosférica?

4. De que forma a greve de caminhoneiros influenciou a poluição atmosférica na capital paulista?

5. O texto afirma que, com mais poluição no ar, as pessoas tendem a recorrer ao sistema de saúde. Em grupos, pesquisem os custos financeiros que a poluição atmosférica representa para o sistema público de saúde no Brasil. Vocês consideram esses custos elevados? O que pode ser feito para reduzi-los?

3. Testando o efeito estufa

Experimento

É possível realizar um experimento para testar a afirmação de que o vapor de água e o gás carbônico agem como gases de efeito estufa. Para isso, siga os passos a seguir.

- **Material**

- 3 garrafas PET de 2 litros
- 1 garrafa PET de 500 mL
- 5 rolhas com furos*
- 50 cm de mangueira de látex
- 3 termômetros clínicos
- 100 mL de vinagre
- 40 g de bicarbonato de sódio
- 1 folha de papel toalha
- caneta hidrográfica
- 1 colher de água

* O professor irá providenciar essa parte da montagem.

- **Procedimento**

1. Numerem as garrafas como 1, 2 e 3.
2. Passem os termômetros através das rolhas, de modo que o bulbo a atravesse completamente. Prendam as rolhas restantes nas extremidades da mangueira.

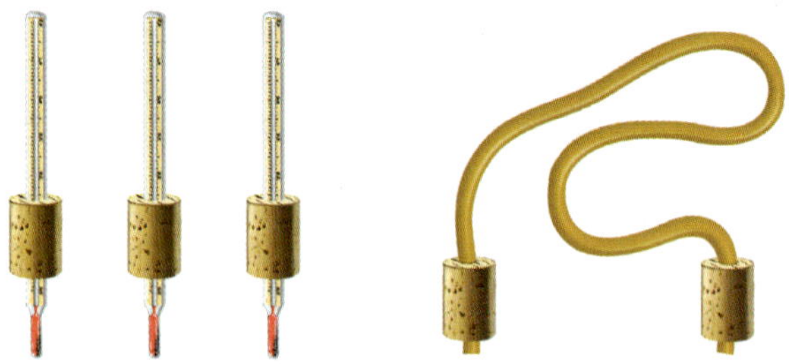

3. Amassem levemente a garrafa 3, para reduzir a quantidade de ar nela. Prendam uma das extremidades da mangueira nessa garrafa.
4. Usando o papel toalha, façam um pacotinho cilíndrico contendo todo o bicarbonato. Esse pacote deve ser capaz de passar pela boca da garrafa.
5. Despejem o vinagre na garrafa menor. Coloquem o pacote de bicarbonato de sódio nessa garrafa e rapidamente tampem-na com a outra extremidade da mangueira. A reação que ocorre libera gás carbônico, que irá preencher a garrafa 3.

ILUSTRAÇÕES: BENTINHO

6. Enquanto isso ocorre, tampem a garrafa 1 com um termômetro. Despejem uma colher de água na garrafa 2 e tampem-na também com um termômetro.

7. Quando a garrafa 3 estiver cheia, tirem a rolha com a mangueira e coloquem rapidamente a última rolha com termômetro.

8. Deixem as 3 garrafas expostas ao sol. Façam uma tabela e anotem nela a temperatura registrada nos termômetros a cada 2 minutos. Façam isso ao longo de 40 minutos.

Elaborado com base em: GUIMARÃES, C. C.; DORN, R. C. Efeito estufa usando material alternativo. **Química nova na escola**. São Paulo, n. 2, v. 37, maio 2015. p. 153-157.

REFLEXÕES

1. Como essa montagem experimental permite testar a capacidade do vapor de água e do gás carbônico agirem como gases de efeito estufa?

2. Considerando que vapor de água e gás carbônico são gases de efeito estufa, você esperaria ver alguma diferença na temperatura das três garrafas? Explique sua resposta.

3. A previsão que você fez na questão anterior se confirmou no experimento? Explique sua resposta.

4. Usando os dados da tabela, elaborem um gráfico para representar a variação da temperatura nas três garrafas ao longo do experimento. Converse com os colegas sobre que tipo de gráfico pode representar melhor essa informação.

5. Compare o gráfico construído com a tabela. Quais são as vantagens e desvantagens de cada uma dessas representações?

4. Impactos do aquecimento global

Divulgação científica

O aquecimento global é um problema ambiental grave e, para amenizá-lo, podemos contribuir de diferentes maneiras. O primeiro passo é sempre se informar, isto é, saber do que se trata esse fenômeno e entender suas causas e consequências. Compartilhar esse conhecimento, portanto, é uma forma de engajar mais pessoas.

Nesta atividade, a turma será dividida em grupos, e cada grupo ficará responsável por divulgar um tema relacionado ao aquecimento global. Os temas a serem divulgados são os seguintes:

- O que é efeito estufa e o que é aquecimento global.
- Como as atividades humanas colaboram para o aquecimento global.
- O que podemos fazer para combater o aquecimento global.

Pensem em qual será o público-alvo da campanha. Escolham o meio que será utilizado para fazer a divulgação: cartaz, vídeo, folheto, peça de teatro etc. Usem a imaginação e procurem pensar em como conseguir informar as pessoas e prender a atenção delas.

Cada grupo ficará responsável por pesquisar e reunir informações sobre seu tema. Em seguida, deverá produzir o material de divulgação.

No dia combinado, todos os grupos deverão apresentar seu material para a turma. Façam uma rodada de conversas sobre o que foi produzido e, em seguida, divulguem para o público-alvo.

MARCOS MACHADO

5. Plantas e gases

Experimento

Neste experimento, vamos observar a produção de um gás por uma planta aquática e investigar esse fenômeno.

- **Material**
  - dois frascos transparentes
  - dois funis transparentes
  - dois tubos de ensaio
  - ramos da planta aquática elódea (encontrada em lojas de aquarismo)
  - papel-alumínio
  - luminária

- **Procedimento**

1. Coloquem os ramos de elódea nos frascos e cubram-nos totalmente com o funil.
2. Posicionem os tubos de ensaio sobre os bicos dos funis para não deixar ar dentro deles, como na figura.
3. Cubram um dos frascos com papel-alumínio para impedir que a luz chegue à planta. Cuidado: o frasco não deve ficar vedado; é preciso que o ar possa circular.
4. Acendam a luminária e posicionem o outro frasco sob a luz.
5. Aguardem 30 minutos e verifiquem o acúmulo de gás no interior dos tubos de ensaio.

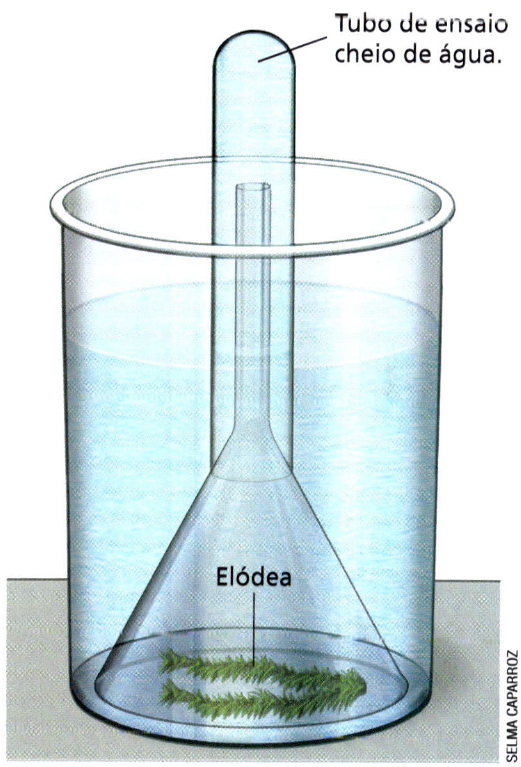

Montagem de experimento.

REFLEXÕES

1. Qual é a origem do gás que se acumulou nos tubos de ensaio? Como é possível saber isso?
2. Qual é o gás que se acumulou? O que poderia ser feito para testar sua resposta?

MAIS

LIVROS

EDITORA MODERNA

- **Uma aventura no ar**
  Samuel Murgel Branco. Editora Moderna, 2014.

O livro utiliza diversas ilustrações para contar, de maneira simples e bem-humorada, como é viver no "fundo de um oceano de ar". Ao longo da história, o leitor descobre características da atmosfera e a importância dela para vários seres vivos.

EDITORA CALLIS

- **O ar está em todo lugar**
  Hwa Joong Kim. Editora Callis, 2012.

O ar está presente em situações cotidianas que vão desde um saco de salgadinho a um arroto. O livro trata disso, mostrando de forma divertida como o ar está em praticamente todos os lugares.

FILMES

UMA VERDADE INCONVENIENTE. DAVIS GUGGENHEIM. PARAMOUNT PICTURES. EUA. 2006

- **Uma verdade inconveniente**
  Direção: Davis Guggenheim, 2006.

Este documentário produzido em 2006 visa orientar o público sobre as causas e consequências do aquecimento global em todo o mundo. Apresenta exemplos diversos do impacto que esse fenômeno tem causado e mostra estatísticas e informações relacionadas.

- **O futuro que queremos**

Desenho animado que apresenta o aquecimento global, seus impactos e relaciona diversas possibilidades de enfrentar o problema para construir um futuro sustentável. Disponível em: <http://livro.pro/j4t8rr>. Acesso em: 26 out. 2018.

SITE

EDUCA CLIMA

LOGÓTIPO EDUCA CLIMA

- **Educa clima**

Esta página reúne diversos filmes a respeito das mudanças climáticas, produzidos por diferentes entidades. São abordados variados aspectos referentes ao aquecimento global, como os impactos que ele pode causar na agricultura, na geração de energia, na biodiversidade e outros. Disponível em: <http://livro.pro/8g6vrq>. Acesso em: 26 out. 2018.

FIM DE PAPO

MARCOS GUILHERME

1. Retome suas respostas às questões da abertura da Unidade.
- Você alteraria alguma das suas respostas? Se sim, como e por quê?

2. Usando as palavras do quadro, responda à seguinte questão:
- Por que o ar é tão importante?

estufa	temperatura	radiação	gases
respiração	fotossíntese	poluição	doenças

4 Por que há vulcões e terremotos?

ALBUM/AKG/NORTH WIND PICTURE ARCHIVES/ALBUM/FOTOARENA

Obra de arte que representa a tragédia que atingiu Lisboa em 1º de novembro de 1755 (artista desconhecido).

PARA INÍCIO DE CONVERSA

1. Que sensação você tem ao olhar para esta imagem? O que as pessoas retratadas na imagem parecem estar sentindo? Explique o que levou você a pensar nisso.
2. O que você acha que causou a destruição das construções?
3. O que você acha que fez o mar invadir a cidade?
4. Você já ouviu falar em terremotos e vulcões? Conte onde eles aconteceram e o que ouviu.
5. Tragédias como a retratada na imagem podem acontecer nos dias de hoje? Explique.

ALBUM/AKG/NORTH WIND PICTURES/ARCHIVES/ALBUM/FOTOARENA

Constituição da Terra

Não é apenas a ação humana que causa alterações no ambiente. Eventos naturais, como terremotos e vulcanismos, também podem modificar drasticamente a paisagem. A imagem das páginas de abertura retrata a cidade de Lisboa no dia 1º de novembro de 1755, quando foi atingida por um terremoto, seguido de um *tsunami*. A cidade portuguesa foi quase que totalmente destruída, e cerca de 25% da população morreu.

Tragédias como essa continuam acontecendo nos dias de hoje e afetam a população de vários países. Com a diferença de que, atualmente, há tecnologias capazes de prever com certa antecedência os fenômenos que causam esses acidentes e, assim, minimizar o número de mortes e outros prejuízos.

KYODO NEWS/GETTY IMAGES

Parte de templo destruído por terremoto que atingiu o Japão em junho de 2018.

Para entender como os terremotos e as erupções vulcânicas acontecem, é preciso recordar como é a estrutura interna da Terra.

Documentos antigos indicam que as ideias e explicações sobre o interior do planeta, embora considerassem fenômenos concretos, como as erupções vulcânicas, tinham cunho religioso e místico. Somente a partir do século XVIII, com o surgimento da ciência moderna, dados mais empíricos começaram a ser considerados.

A Geologia – ramo da ciência que estuda a origem, a história, a vida e a estrutura da Terra – progrediu muito nos últimos tempos. Entre 1906 e 1936, o modelo da Terra foi estabelecido, contando com o trabalho de cientistas como o geólogo britânico Richard Oldham e dos sismólogos (cientistas especializados no estudo dos tremores de terra) Andrija Mohorovičić, croata, e Inge Lehmann, dinamarquesa.

De acordo com esse modelo, o planeta Terra é formado por crosta, manto e núcleo. Cada uma dessas camadas tem composição e dinâmica diferentes.

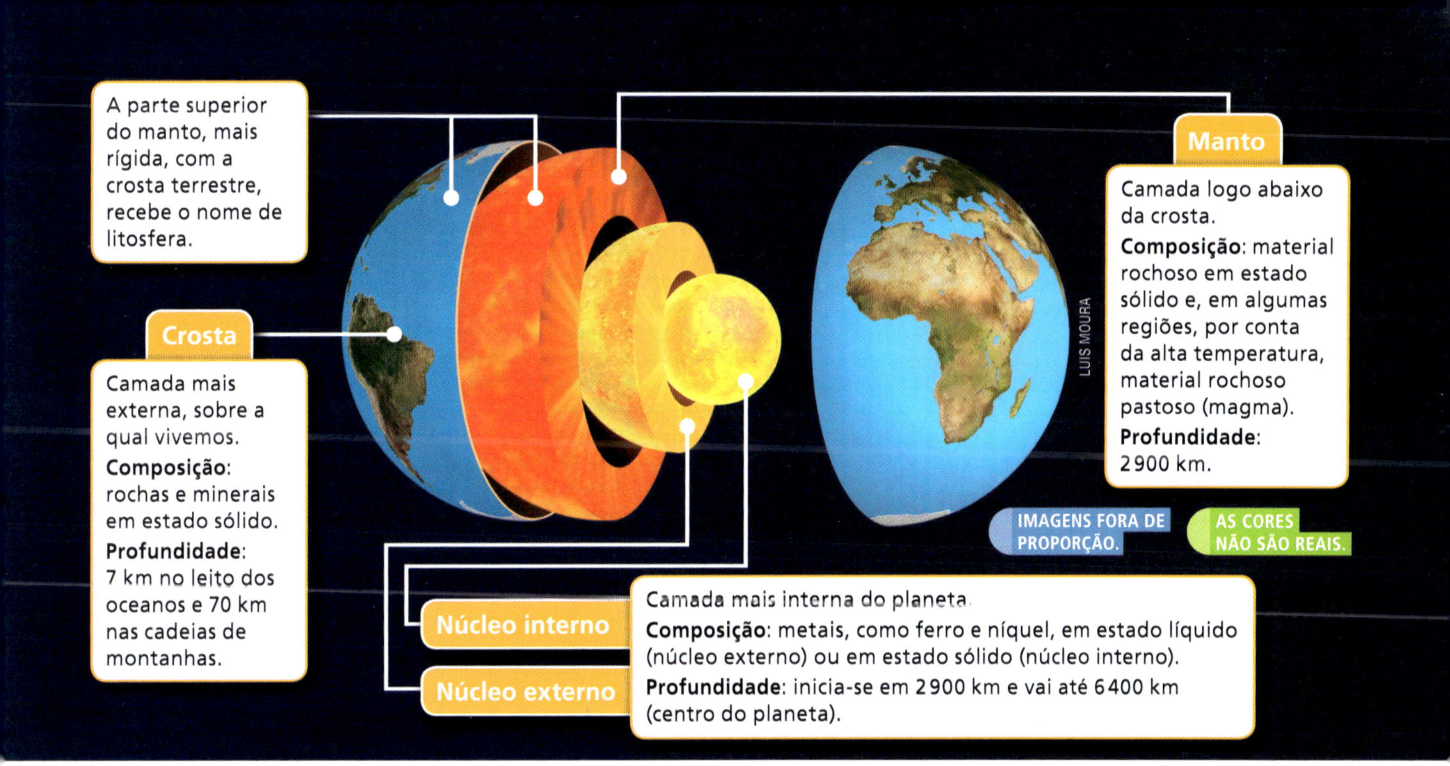

Representação esquemática do planeta Terra em camadas, evidenciando a crosta, o manto e o núcleo.

Elaborado com base em: TEIXEIRA, W. et al. **Decifrando a Terra**. São Paulo: Companhia Editora Nacional, 2009. p. 51.

A escavação mais profunda já realizada foi feita na Rússia e alcançou pouco mais de 12 km de profundidade, um valor insignificante para um planeta que tem cerca de 6 400 km de raio. Então, você pode estar se perguntando como os cientistas sabem como é o interior do planeta, já que obter informações por métodos diretos é muito difícil.

Muitas informações foram obtidas por métodos indiretos, como cálculos da densidade média da Terra, medidas de temperatura no interior de minas e túneis subterrâneos e análise do material extravasado de erupções vulcânicas.

MORLEY READ/GETTY IMAGES

Erupção vulcânica no Equador, 2015. A análise do material que extravasa dos vulcões fornece informações sobre o interior do planeta.

ATIVIDADES

NÃO ESCREVA NO LIVRO.

1. Os ambientes da Terra são modificados apenas pelas ações humanas? Justifique sua resposta.

2. Considerando a Terra como um todo, a crosta terrestre é uma camada fina ou espessa? Explique.

A Terra é dinâmica

O calor do Sol influencia inúmeros fenômenos que acontecem na superfície do planeta, como a formação das chuvas, a floração e os ventos, por exemplo. Porém, seus efeitos sobre a temperatura são desprezíveis a poucos metros de profundidade. Assim, os cientistas deduziram que o aumento da temperatura observado ao descer no interior de uma mina, por exemplo, era decorrente do calor interno do planeta. Medições feitas no interior de minas e túneis subterrâneos indicam que a temperatura aumenta com a profundidade: a cada 30 metros, há aumento médio de cerca de 1 °C.

Esse calor do interior do planeta é transportado, principalmente, por condução e convecção. A **condução** é um processo mais lento, com transferência de energia entre os materiais, no qual a transferência de energia ocorre de uma partícula que compõe o material para as partículas vizinhas. A **convecção** é um processo mais rápido, pelo qual se formam correntes circulares – correntes de convecção –, as quais são determinadas pela diferença de densidade entre o fluido mais quente e o mais frio. Para entender melhor o que é condução e convecção, tome como exemplo o que acontece ao colocar água em uma panela para ferver, como mostrado na figura a seguir.

Na convecção, o líquido próximo à chama se aquece mais, torna-se menos denso e sobe, enquanto o líquido que está na parte de cima, mais denso, desce. Esse sobe e desce forma as correntes de convecção, distribuindo o calor por todo o líquido. Na condução, a energia das partículas que formam o líquido de dentro da panela vai sendo transferida para as partículas que formam o cabo da panela; assim, a região do cabo mais próxima do líquido é a primeira a se aquecer, enquanto a região mais afastada do cabo é a última a ser aquecida. As formas de propagação do calor serão estudadas com mais detalhes em momentos posteriores do ensino. No momento, é suficiente saber que, por meio da condução e da convecção, o calor do interior do planeta é propagado para as camadas superiores.

Assim, o material no interior do planeta está em constante movimento. A Terra é um planeta dinâmico, em contínua transformação, resultado de processos que envolvem crosta e manto.

IMAGENS FORA DE PROPORÇÃO.

AS CORES NÃO SÃO REAIS.

A condução e a convecção são formas de transporte de calor. Essas formas atuam no interior do planeta.

Elaborado com base em: TEIXEIRA, W. et al. **Decifrando a Terra**. São Paulo: Companhia Editora Nacional, 2009. p. 53.

Se a Terra tivesse sido fotografada do espaço a cada mil anos desde o início da sua formação, veríamos a superfície do planeta em constante mudança, com os continentes se deslocando, colidindo e se fragmentando, cadeias montanhosas se elevando e sendo destruídas e mares avançando e recuando dos continentes. Mas isso é só uma ideia e claro que não foi feito, já que a humanidade surgiu muito tempo depois da formação do planeta. Porém, desde as primeiras civilizações, a vontade de conhecer mais o planeta toma conta do imaginário de muitas pessoas.

Já em 1620, o filósofo inglês Francis Bacon, observando os primeiros mapas dos continentes, percebeu que o contorno da costa leste da América do Sul e o da costa oeste da África pareciam se encaixar, como peças de um quebra-cabeça, e sugeriu que esses continentes estivessem unidos no passado. Ao longo da história, essa ideia foi retomada diversas vezes e abandonada outras tantas, por falta de argumentos científicos.

BIBLIOTECA ESTADUAL DE NEW SOUTH WALES, SYDNEY

Mapa-múndi, feito em 1630 por Henricus Hondius (1597-1651), já incluía a Austrália e outros continentes descobertos durante as grandes navegações.

SCIENCE SOURCE/FOTOARENA

Alfred Wegener (1880-1930) foi um meteorologista que participou de diversas expedições ao redor do mundo, buscando conhecer mais a Terra.

A deriva continental

No início do século XX, Alfred Wegener, meteorologista alemão, instigado pela observação do encaixe entre a costa da América do Sul e da África, tentou explicar as coincidências geológicas entre os continentes.

Wegener supôs que todos os continentes poderiam ter estado juntos no passado, formando um grande bloco que ele denominou Pangeia (do latim *pan*, todo; *gea*, terra), cercado por um grande oceano chamado Pantalassa.

Ele apoiou suas ideias em evidências, como a existência de fósseis e grupos de vegetação semelhantes em áreas separadas por oceanos inteiros e a constituição geológica semelhante entre continentes diferentes.

Distribuição de fósseis pelo supercontinente

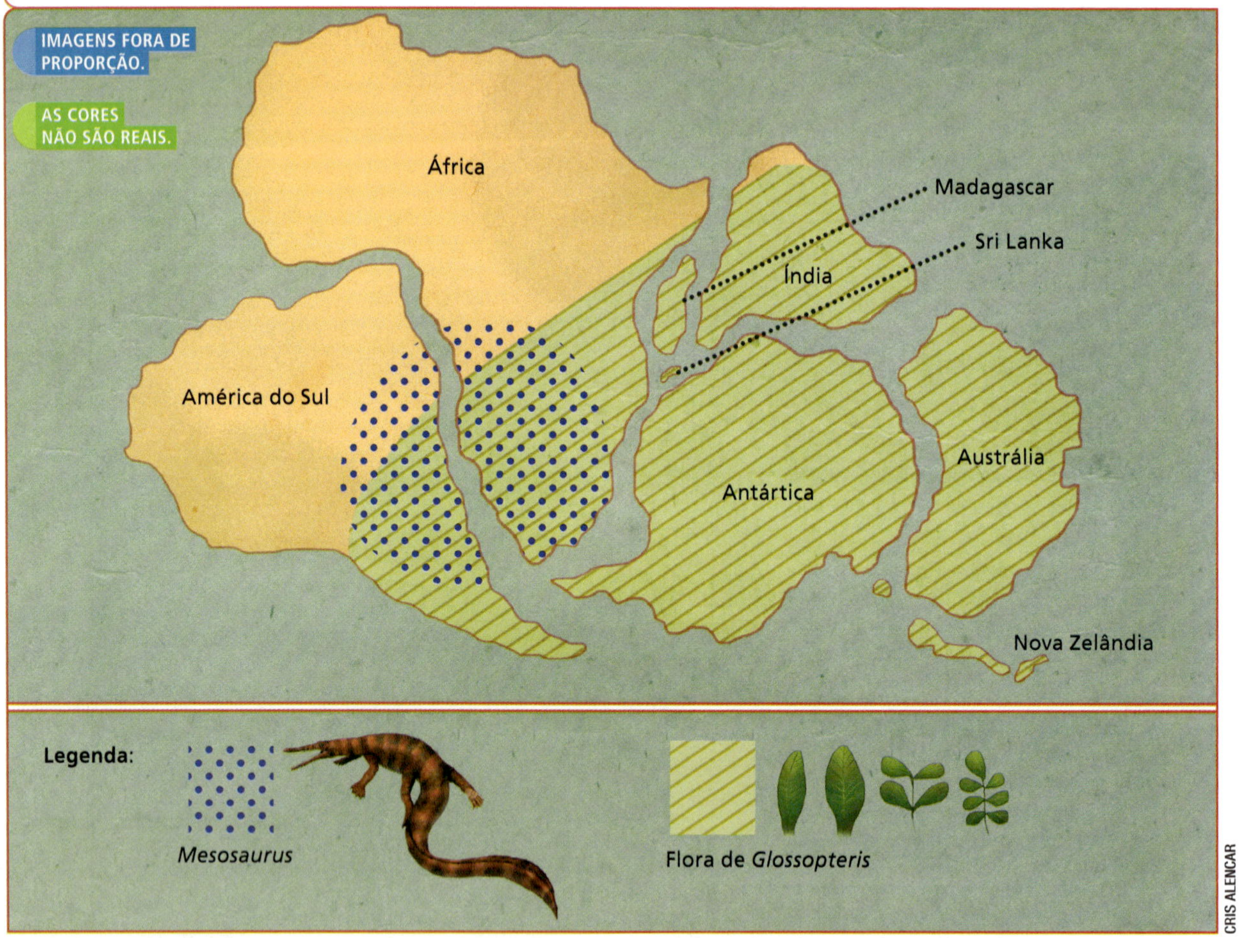

Distribuição de fósseis pelo supercontinente.

Fonte: TEIXEIRA, W. et al. **Decifrando a Terra**. São Paulo: Companhia Editora Nacional, 2009. p. 53.

Em 1915, Wegener publicou suas ideias no livro **A origem dos continentes e oceanos**. Segundo ele, posteriormente, a Pangeia teria se fragmentado dando origem aos diversos continentes e oceanos atuais. Surgia, assim, **a teoria da Deriva Continental**, de acordo com a qual os continentes se movimentam, uns se aproximando, outros se afastando.

Embora as ideias de Wegener estivessem apoiadas em evidências, ele não conseguiu explicar como os continentes se moviam. Então, sua teoria não foi aceita pela sociedade da época, que desconhecia as propriedades plásticas da crosta e do manto. Wegener faleceu em 1930, e sua teoria caiu no esquecimento.

ATIVIDADES

NÃO ESCREVA NO LIVRO.

1. De acordo com o livro de ficção **Viagem ao centro da Terra**, de Júlio Verne, um geólogo e seu sobrinho encontram um pergaminho, escrito por um cientista islandês, dizendo ser possível chegar ao centro do planeta, descendo pela chaminé de um vulcão. Eles partem numa aventura e conseguem chegar ao centro da Terra, encontrando lá um mundo cheio de vida.

- Você acha que essa viagem seria possível na vida real? Justifique sua resposta.

2. Agrupe as informações a seguir, de acordo com a camada da Terra a que cada uma se refere.

a) Camada mais interna da Terra.

b) Composta principalmente por rochas e metais no estado sólido.

c) Camada mais externa da Terra.

d) Camada onde pisamos e construímos nossas casas.

e) Composta principalmente por rochas no estado sólido e rochas derretidas.

f) Composta principalmente por metais, como níquel e ferro.

g) Camada intermediária.

3. O que é litosfera?

4. Sobre a deriva continental, responda.

a) Quais eram as evidências que Wegener usou para apoiar a sua ideia?

b) Por que a teoria formulada por Wegener não foi aceita pela sociedade da época?

c) Busque no dicionário o significado da palavra **deriva** e explique a razão de a teoria de Wegener ser chamada de Teoria da Deriva Continental.

5. Ao longo da história, o ser humano aprendeu a extrair e usar diversos recursos naturais. Muitos minérios são extraídos de minas subterrâneas, e um dos cuidados para permitir o trabalho dos mineradores é manter esses ambientes refrigerados. Explique a necessidade desse cuidado.

IURII/SHUTTERSTOCK.COM

Trabalhador extraindo minérios de uma mina subterrânea.

A tectônica de placas

Após a Segunda Guerra Mundial (1939-1945), com o desenvolvimento de equipamentos e tecnologias mais avançados, como os sonares, foi possível conhecer o fundo dos oceanos e surgiram novas evidências de que os continentes realmente se moviam. Duas dessas evidências foram a observação da cadeia de montanhas submarinas, denominadas dorsais ou cadeias meso-oceânicas, que poderiam representar a ruptura produzida durante a separação dos continentes, e a datação das rochas que compunham essa cadeia montanhosa submarina.

Os cientistas comprovaram, então, que a crosta terrestre e a parte superior do manto formam a **litosfera** e ela não é contínua, mas composta por placas, as chamadas **placas litosféricas** (ou **placas tectônicas**). Na década de 1960, descobriu-se que essas placas se movimentam, embora muito lentamente.

Atualmente, há consenso entre os cientistas de que a crosta terrestre é formada por cerca de 12 grandes placas litosféricas, mas há placas menores, e o número total de placas ainda não está definido. Essas placas se separam ou se chocam como resposta aos processos atuantes no interior do planeta. A corrente de convecção é um desses processos, como veremos a seguir.

Placas litosféricas

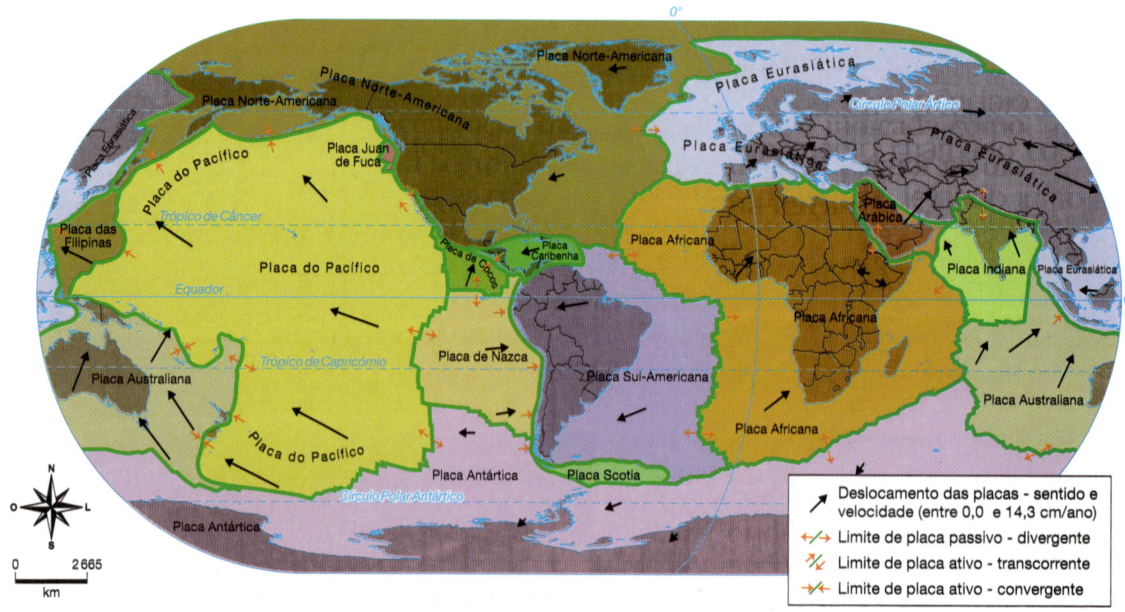

VESPÚCIO CARTOGRAFIA

Os continentes e os oceanos ficam sobre as placas litosféricas. Observe que as placas não correspondem aos limites dos continentes. As setas pretas indicam os movimentos das placas.

Fonte: IBGE. **Atlas geográfico escolar**. Rio de Janeiro, 2009.

A porção do magma mais próxima ao núcleo da Terra se aquece mais, sua densidade diminui e esse material tende a subir em direção à superfície. Ao mesmo tempo, a porção do magma mais próxima à crosta terrestre é mais fria, mais densa, e esse material tende a descer. Este ciclo forma as correntes de convecção e se repete há bilhões de anos. As correntes de convecção, associadas a outros processos, causam o movimento das placas litosféricas e, como os continentes fazem parte delas, eles também se movimentam.

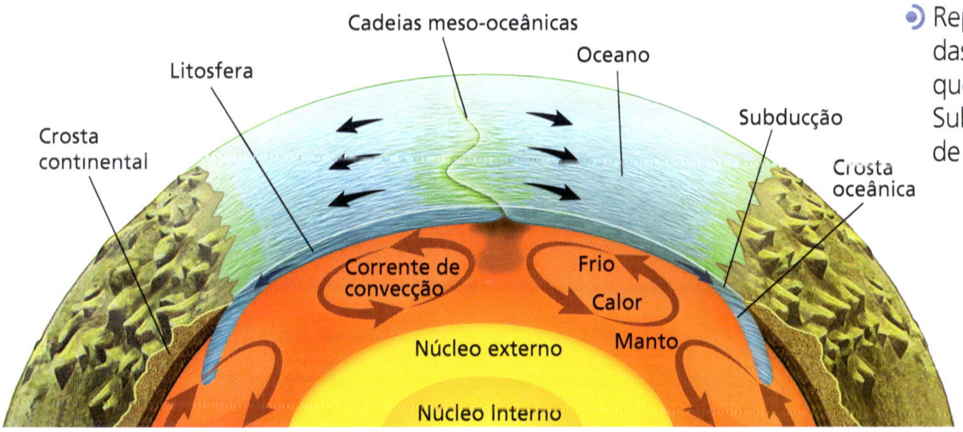

Representação esquemática das correntes de convecção que ocorrem no manto. Subducção é o afundamento de uma placa sob a outra.

AS CORES NÃO SÃO REAIS.
IMAGENS FORA DE PROPORÇÃO.

Fonte: TEIXEIRA, W. et al. **Decifrando a Terra**. São Paulo: Companhia Editora Nacional, 2009. p. 85.

Com isso, as ideias defendidas por Wegener puderam ser finalmente comprovadas e incorporadas à **Teoria da Tectônica de Placas**.

De acordo com essa teoria, a Pangeia fragmentou-se, formando dois grandes continentes: a Laurásia e a Gondwana. Em seguida, novas fragmentações aconteceram e, em alguns casos, ocorreram uniões de massas continentais, como a inclusão do território da Índia à Ásia.

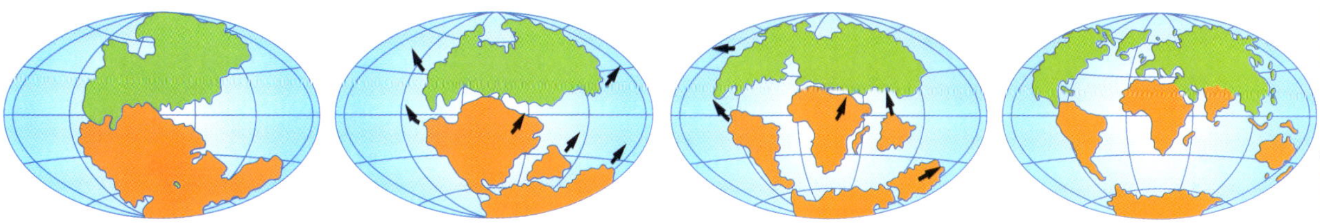

ILUSTRAÇÕES: SELMA CAPARROZ

Evolução da deriva continental ao longo de milhões de anos.

A Teoria da Tectônica de Placas também explica a ocorrência de terremotos, vulcanismo e a formação do relevo, como veremos nas páginas seguintes.

PALAVRA-CHAVE

Teoria é o conjunto de princípios fundamentais de uma arte ou de uma ciência. Em Ciências, teoria é uma explicação para vários fatos relacionados. Por exemplo, a Teoria da Tectônica de Placas explica o movimento dos continentes, a existência de fósseis semelhantes em continentes separados por oceanos, a geologia parecida de continentes diferentes, entre vários outros fatos.

A existência de teorias em Ciências, no entanto, não significa que o conhecimento científico é definitivo. Ele está sempre em construção e novas evidências e descobertas podem derrubar uma teoria, que pode ser substituída por outra.

Os movimentos das placas litosféricas

As placas litosféricas movem-se continuamente, bem devagar, a uma velocidade média de cerca de 10 cm por ano. Por isso, não percebemos seu movimento.

Há três tipos de movimento relativo entre as placas: colisão, afastamento e deslizamento.

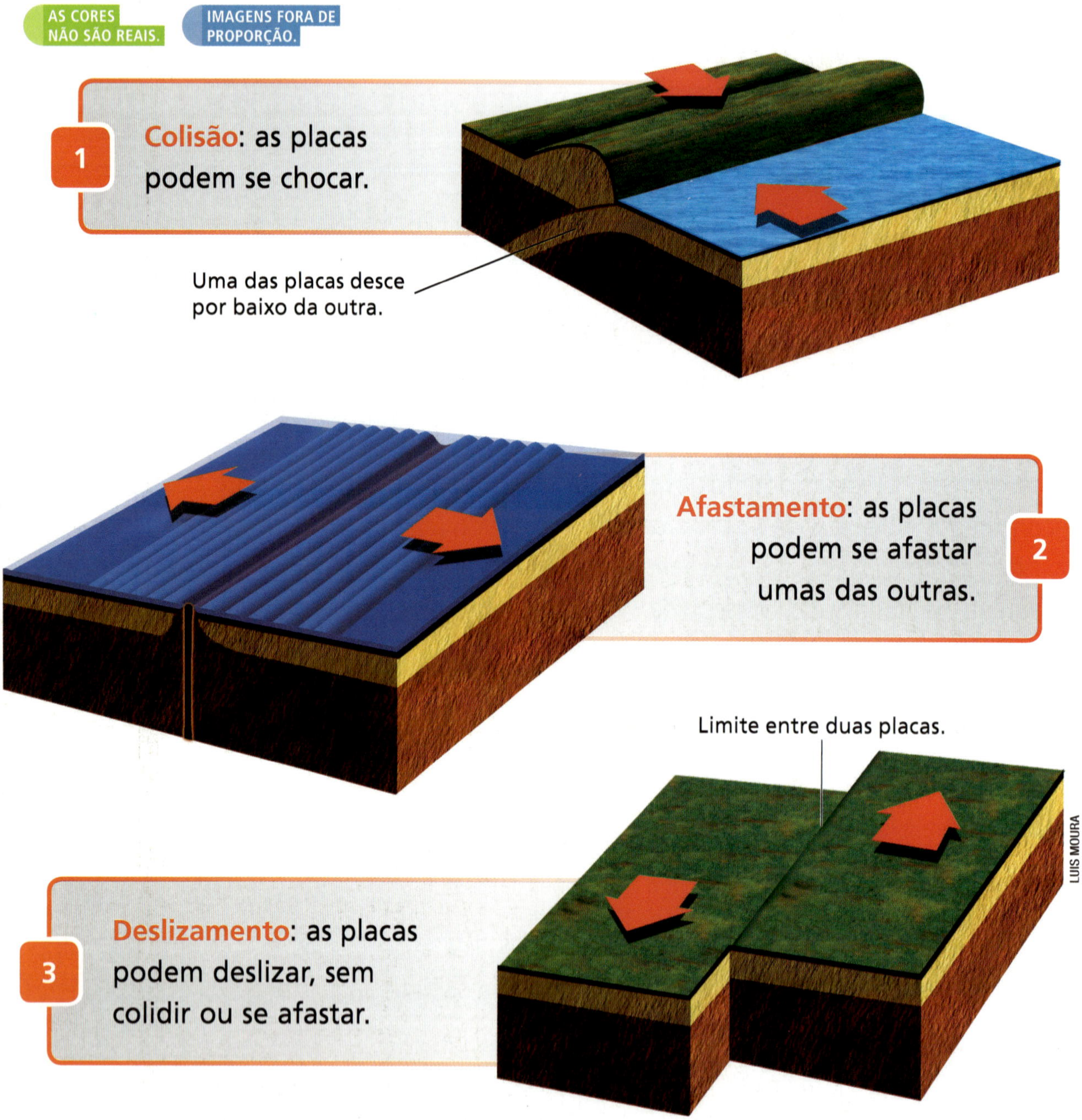

Tipos de movimento relativo entre as placas litosféricas.

Fonte: TEIXEIRA, W. et al. **Decifrando a Terra**. São Paulo: Companhia Editora Nacional, 2009. p. 87.

É nos limites entre as placas, ou seja, nos pontos de contato entre elas, que acontece intensa atividade geológica: vulcões ativos, terremotos, surgimento de cadeias montanhosas, falhas no terreno.

Terremotos

São tremores abruptos e intensos que ocorrem na superfície terrestre, no encontro entre placas litosféricas que colidem ou deslizam umas contra as outras. Nessas situações, criam-se tensões compressivas, até romper a resistência das rochas e provocar uma ruptura. O movimento repentino entre os blocos de cada lado da ruptura gera vibrações (ondas sísmicas) que se propagam em todas as direções, provocando os terremotos.

IMAGENS FORA DE PROPORÇÃO.

AS CORES NÃO SÃO REAIS.

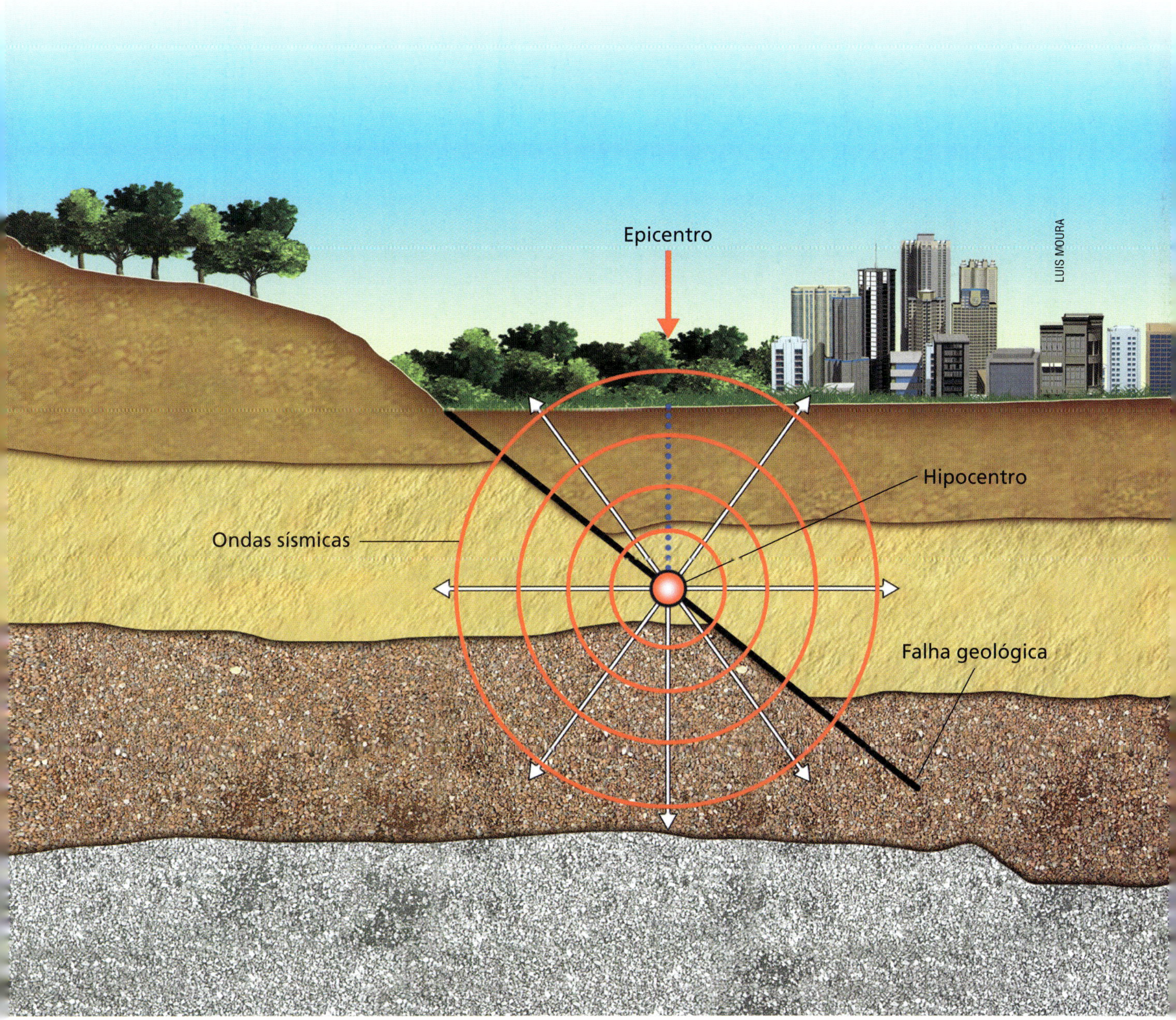

O ponto de ruptura inicial é chamado de hipocentro. A projeção desse ponto na superfície é o epicentro e o plano de rompimento é a falha geológica.

Fonte: TEIXEIRA, W. et al. **Decifrando a Terra**. São Paulo: Companhia Editora Nacional, 2009. p. 54.

Observe, no mapa a seguir, os principais pontos da Terra onde há terremotos.

Áreas sísmicas da Terra

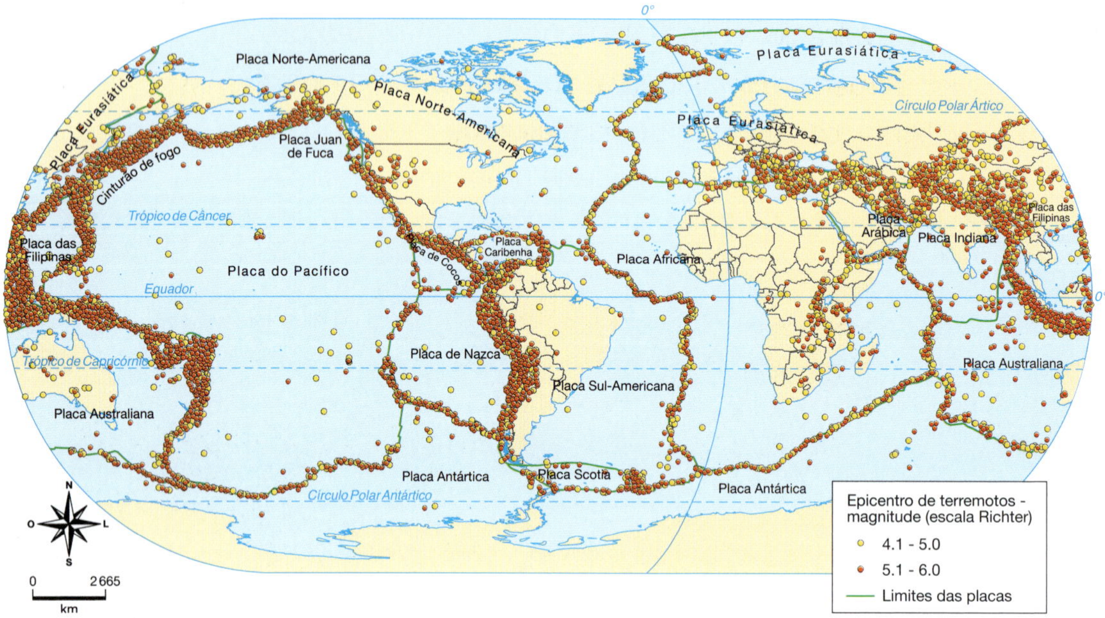

VESPÚCIO CARTOGRAFIA

Os pontos vermelhos e amarelos indicam os epicentros de terremotos. Geralmente os terremotos acontecem nas regiões de colisão ou de deslizamento entre placas.

Fonte: IBGE. **Atlas geográfico escolar**. Rio de Janeiro, 2009.

Se o epicentro de um terremoto for no leito dos oceanos, pode haver o movimento anormal do mar, com o deslocamento de uma grande quantidade de água, formando ondas gigantes. Essas ondas, chamadas *tsunamis*, percorrem grandes distâncias e podem causar mortes e grandes prejuízos em cidades litorâneas. Um dos sinais que precedem um *tsunami* é o recuo anormal do mar.

KYODO NEWS/GETTY IMAGES

Na imagem, *tsunami* ocorrido no Japão, em 2011.

Vulcanismo

Um vulcão pode ser definido como uma estrutura geológica formada a partir da abertura na crosta terrestre, pela qual extravasam magma do manto, gases e partículas quentes (como cinza vulcânica e poeira).

Os vulcões estão geralmente localizados nas bordas das placas, nas áreas onde elas se afastam ou colidem, como mostra o mapa a seguir.

Vulcões ativos e inativos

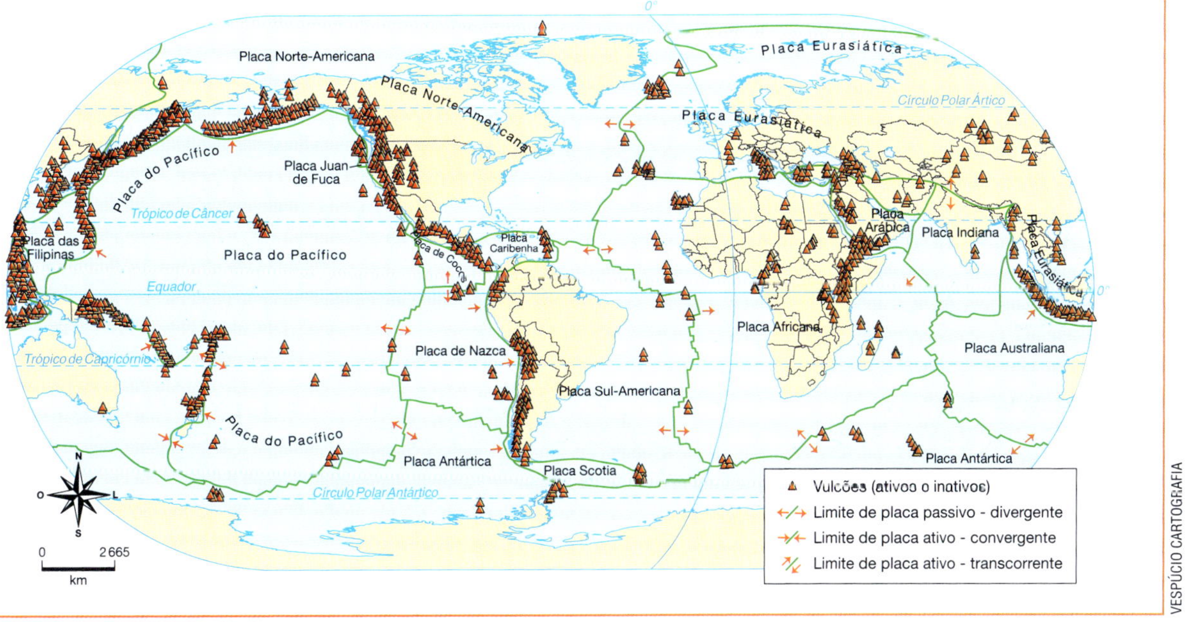

Os pontos vermelhos indicam vulcões ativos e inativos.

Fonte: IBGE. **Atlas geográfico escolar**. Rio de Janeiro, 2009.

Vulcão Etna, localizado na Sicília (Itália), em erupção em 2014.

Dependendo do tipo de placas que colidem, o vulcanismo pode ser mais ou menos expressivo.

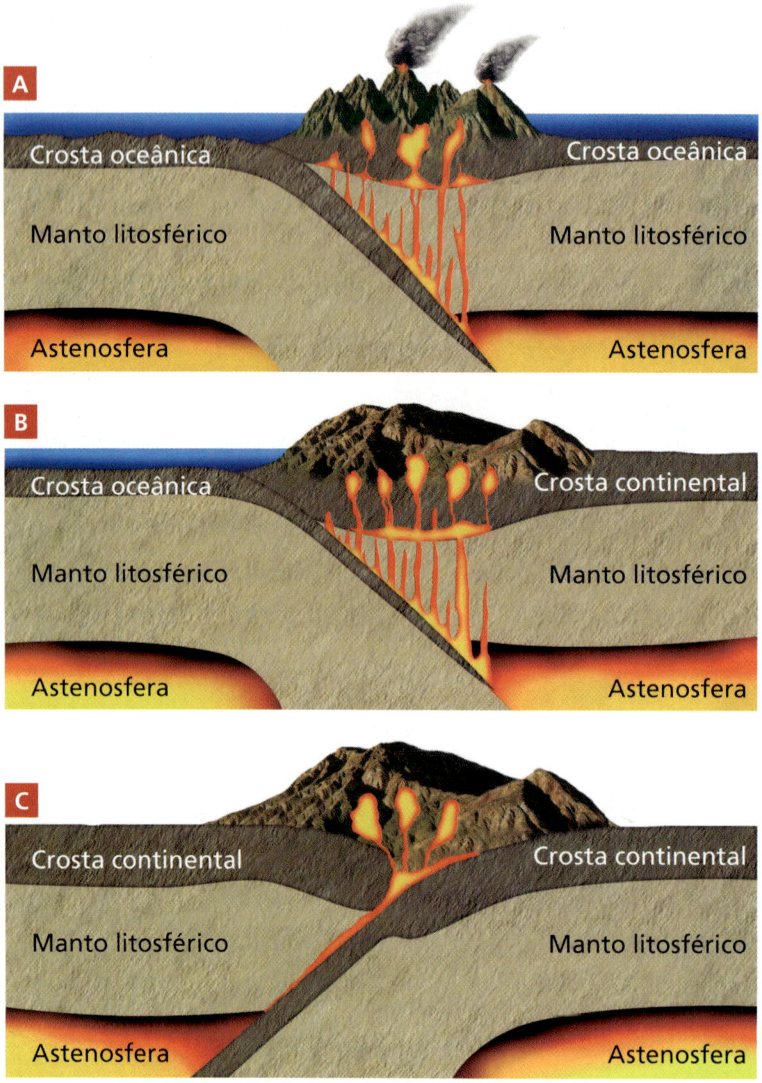

IMAGENS FORA DE PROPORÇÃO.

AS CORES NÃO SÃO REAIS.

A colisão pode ser entre duas placas oceânicas (**A**), entre as placas oceânica e continental (**B**) ou entre duas placas continentais (**C**). Astenosfera é a camada logo abaixo da litosfera.

Fonte: TEIXEIRA, W. et al. **Decifrando a Terra**. São Paulo: Companhia Editora Nacional, 2009. p. 101.

Depois de expelido pelo vulcão, o magma recebe o nome de **lava**. Ao se resfriar, a lava pode dar origem a rochas magmáticas (também chamadas de ígneas). Com o tempo, as rochas magmáticas dão origem a solos férteis, ricos em nutrientes, ideais para o desenvolvimento das plantas. Por isso, ao longo da história, apesar do risco de erupções vulcânicas, várias cidades se desenvolveram próximo de vulcões.

MARCO OSSINO/SHUTTERSTOCK.COM

Plantação de pistache em Bronte, Sicília (Itália). Provavelmente o solo vulcânico é responsável pela alta qualidade do pistache cultivado nessa região, que ganhou fama de melhor pistache do mundo.

Formação do relevo

Quando duas placas litosféricas se chocam, suas bordas podem ser comprimidas e erguidas, dando origem a cadeias montanhosas, também chamadas de **cordilheiras**. As cadeias dos Andes, por exemplo, teriam se formado pelo choque das placas Sul-Americana e de Nazca. A placa de Nazca (mais densa) afundou em direção ao magma, enquanto a placa Sul-Americana (menos densa) sofreu deformações, originando as grandes cadeias de montanhas e os vulcões.

AS CORES NÃO SÃO REAIS. IMAGENS FORA DE PROPORÇÃO.

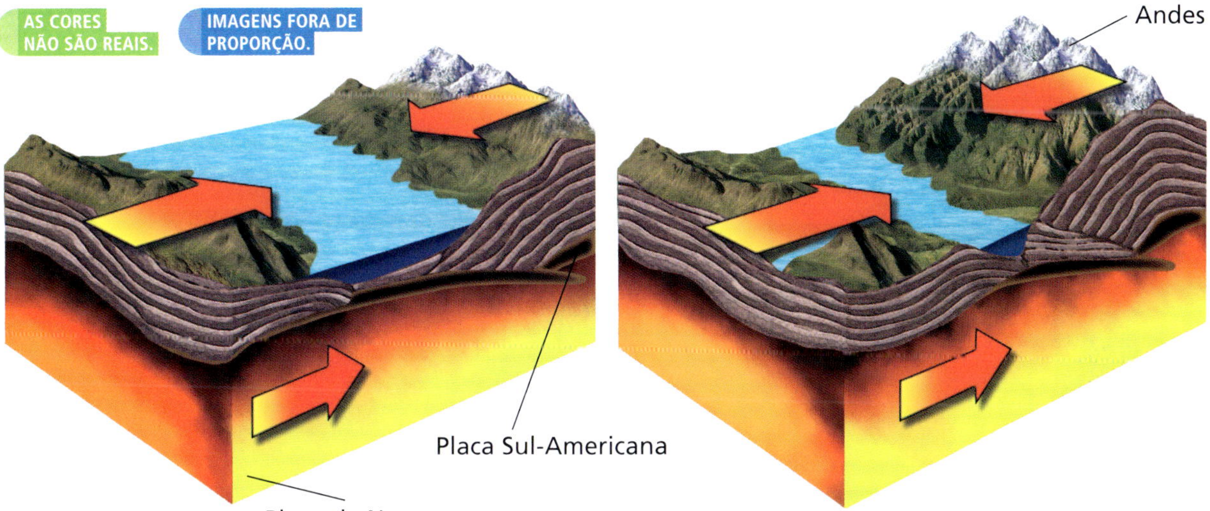

Representação esquemática da formação da cordilheira dos Andes.

O deslizamento entre placas pode originar falhas no terreno, como a Falha de San Andreas, localizada no oeste dos Estados Unidos. O afastamento entre placas permite a deposição de magma entre as placas, que, com o resfriamento, forma nova crosta oceânica, como as cadeias meso-oceânicas. Erupções vulcânicas no fundo do oceano podem originar ilhas vulcânicas.

ATIVIDADES

NÃO ESCREVA NO LIVRO.

1. Imagine que você estivesse explicando Ciências para um amigo mais novo que você. Como justificaria o fato de o contorno da costa leste da América do Sul e o da costa oeste da África parecerem se encaixar, como peças de um quebra-cabeça?

2. Pesquise o que são sismógrafos e como as populações de países onde ocorrem terremotos se preparam para minimizar os prejuízos causados por esse fenômeno natural.

3. Pesquise, em revistas, jornais, livros e na internet, o que é o Círculo de Fogo do Pacífico.

4. Com o auxílio de um mapa, localize a cordilheira do Himalaia e a dos Alpes. Depois, pesquise em livros ou na internet como essas cordilheiras foram formadas, considerando a tectônica de placas.

Brasil tem, sim, terremotos – e há registro até de tremor com "pequenos *tsunamis*"

Pouco antes das 11h da manhã de 2 de abril [2018], funcionários de prédios altos da avenida Paulista, em São Paulo, levaram um susto. As edificações começaram a balançar, a ponto de algumas terem de ser evacuadas. Era o reflexo de um terremoto [...] no sul da Bolívia.

Por certo, muita gente lembrou da ideia muita difundida de que o Brasil é um país onde esses fenômenos não ocorrem. [...]

Segundo o sismólogo Bruno Collaço, [...] a grande maioria deles não é percebida pela população. "São tremores de magnitudes baixas, [...], registrados pelos sensores espalhados pelo país e que somente são sentidos pelas pessoas quando ocorrem próximos aos centros urbanos", explica.

[...]

Um dos primeiros brasileiros a sentir e registrar um terremoto foi [...] o imperador D. Pedro 2º, que, às 15h do dia 9 de maio de 1886, percebeu a terra tremer sob seus pés [...], em Petrópolis (RJ). [...]

[...]

Esse não foi, no entanto, o primeiro nem o mais forte terremoto já ocorrido no país. Embora não tenha sido registrado por um sismógrafo, mas apenas por evidências e relatos históricos, esse posto cabe a um tremor que teria ocorrido em 1690, na Amazônia.

[...]

[...] "Esse sismo alterou significativamente a topografia do terreno e também produziu ondas parecidas a um pequeno *tsunami*, que reverteram momentaneamente a corrente do rio Urubu, inundando aldeias indígenas situadas a 5 km de sua foz no Amazonas."

[...]

O sismo mais famoso e que causou maior impacto econômico e social, no entanto, foi sem dúvida o da pequena cidade de João Câmara, no Rio Grande do Norte, com então 23 mil habitantes, registrado às 3h22 da madrugada de 30 de novembro de 1986 [...].

Cerca de 4.350 edificações foram destruídas ou danificadas, deixando milhares de desabrigados, inclusive de municípios vizinhos, com algumas famílias perdendo praticamente tudo o que possuíam. Além disso, o abalo paralisou as pequenas indústrias e o comércio locais e suspendeu as aulas nas escolas da região.

[...]

[...] o Brasil tem poucos tremores comparado com países vizinhos (Argentina, Peru, Bolívia, por exemplo), porque seu território se encontra no interior de – ou sobre – uma grande placa tectônica, distante de suas bordas – onde os terremotos são mais numerosos e mais intensos.

[...]

[...] o Brasil está inserido no centro da placa da América do Sul, em uma região classificada como sendo estável tectonicamente. Por isso, por aqui não são esperados terremotos devastadores como acontecem no Japão e Chile [...].

[...]

SILVEIRA, E. Brasil tem, sim, terremotos – e há registro até de tremor com "pequenos *tsunamis*". **BBC News Brasil**. Disponível em: <https://www.bbc.com/portuguese/geral-43671313>. Acesso em: 26 jun. 2018.

JOSENILDO TENÓRIO/AGÊNCIA ESTADO/AE

Destruição causada pelo terremoto que ocorreu em João Câmara (RN), em 30 de novembro de 1986.

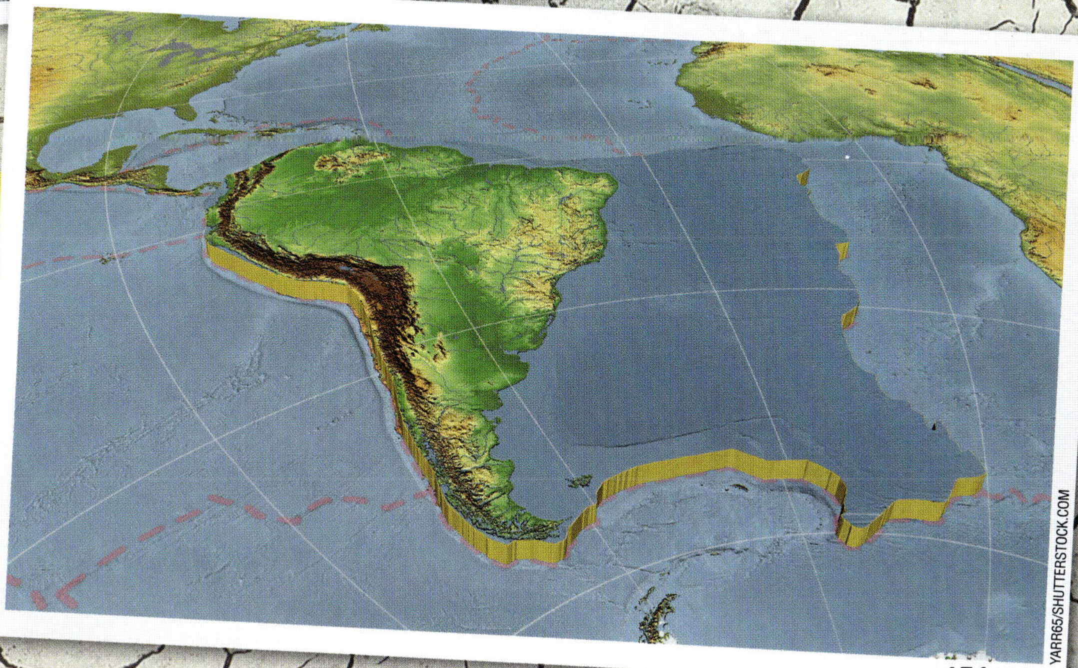

YARR65/SHUTTERSTOCK.COM

Destaque para a placa Sul-Americana. Observe na imagem que o Brasil está no centro da placa.

ATIVIDADES

1. Observe o mapa a seguir e considere o que leu no texto. É mito ou verdade que o Brasil não tem terremotos? Justifique.

Sismos no Brasil

Elaborado com base em: IBGE. **Atlas geográfico das zonas costeiras e oceânicas do Brasil**. Disponível em: <https://biblioteca.ibge.gov.br/visualizacao/livros/liv55263.pdf>. Acesso em: 26 jun. 2018.

2. O fato de o Brasil estar localizado no centro da placa Sul-Americana é justificativa suficiente para dizer que o país está livre de abalos sísmicos? Explique.

3. É certo dizer que o Brasil nunca teve prejuízos causados por terremotos? Justifique sua resposta.

4. Sobre a ocorrência de abalos sísmicos, o que é correto afirmar sobre o Brasil?

MERGULHO NO TEMA

1. Escalas Mercalli e Richter

Pesquisa

A análise das ondas sísmicas permite avaliar seus efeitos, localizar o hipocentro e o epicentro do terremoto. É uma importante ferramenta para o estudo indireto da estrutura interna do planeta.

Para medir as ondas sísmicas, há algumas escalas, como a escala Mercalli e a escala Richter.

Nesta atividade, você e seus colegas vão pesquisar para conhecer mais sobre essas escalas e também para saber como agir em caso de terremoto. Embora no Brasil não ocorram terremotos de grande intensidade com frequência, é sempre útil entender como proceder, caso vocês estejam visitando um país no qual os abalos sísmicos sejam rotineiros. Para tanto, sigam os procedimentos a seguir.

- **Procedimento**

1. Forme grupo com mais dois colegas. Juntos, pesquisem em revistas, livros e na internet sobre as escalas Mercalli e Richter.

2. Pesquisem também o que fazer durante e após um terremoto.

DANI MOTA

REFLEXÕES

1. Sobre escalas, respondam às questões a seguir.

a) Quando essas escalas foram criadas?

b) Por que elas têm esses nomes?

c) O que cada uma mede?

d) Quais são as principais diferenças entre elas?

e) Qual escala é usada para medir os terremotos atualmente?

2. Escolham uma das escalas. Depois, pesquisem e listem em uma tabela os efeitos considerando os diferentes graus na escala escolhida.

3. Listem algumas atitudes que devem ser tomadas durante e após um terremoto.

2. Os movimentos entre placas

Simulação

Nesta atividade, você e seus colegas irão simular os movimentos entre as placas litosféricas e refletir sobre quais são as consequências desses movimentos para o relevo. Lembrem-se de que essas placas podem colidir, afastar-se ou deslizar umas em relação às outras.

• Material

- papel-cartão
- massa de modelar (de diferentes cores)
- lápis
- tesoura com pontas arredondadas

• Procedimento

1. Forme grupo com dois colegas. Cada um de vocês vai representar um tipo de movimento entre as placas litosféricas.
2. Recortem seis retângulos de 10 cm × 15 cm. Vamos chamar cada retângulo de "cartão".
3. Sobre uma mesa, coloquem dois cartões, lado a lado, mas deixem cerca de 1 centímetro de distância entre eles.
4. Peguem uma bola de massa de modelar (do tamanho aproximado de uma bolinha de pingue-pongue) e coloquem-na mais ou menos na região central dos cartões. Pressionem a bola, de modo que se forme uma película circular sobre os cartões. Deixem a superfície da massa de modelar lisa.
5. O aluno que vai representar o movimento de colisão deve pressionar um cartão ao encontro do outro. Quando os dois cartões se tocarem, o aluno deve parar de empurrar. Observem o que acontece com a massa de modelar.

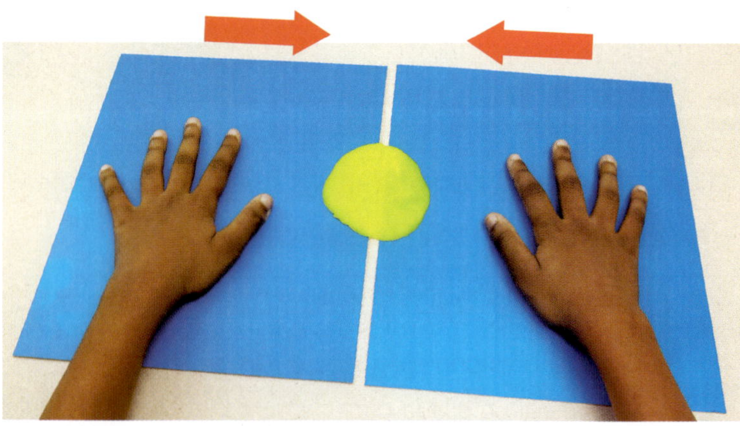
DOTTA2

6. Sobre a mesa, coloquem dois cartões lado a lado, bem próximos um do outro.

7. Peguem outra bola de massa de modelar e procedam da mesma forma, pressionando-a sobre os cartões, na região central. Deixem a superfície da massa de modelar bem lisa e desenhem linhas horizontais sobre ela com o lápis (fazendo pequenos vincos) ou coloquem tirinhas horizontais com massa de modelar de outra cor.

8. O aluno que vai representar o movimento de deslizamento deve pressionar os cartões em sentidos opostos (uma mão deve fazer força para frente e outra para trás, deslizando os cartões). Observem o que acontece com a massa de modelar.

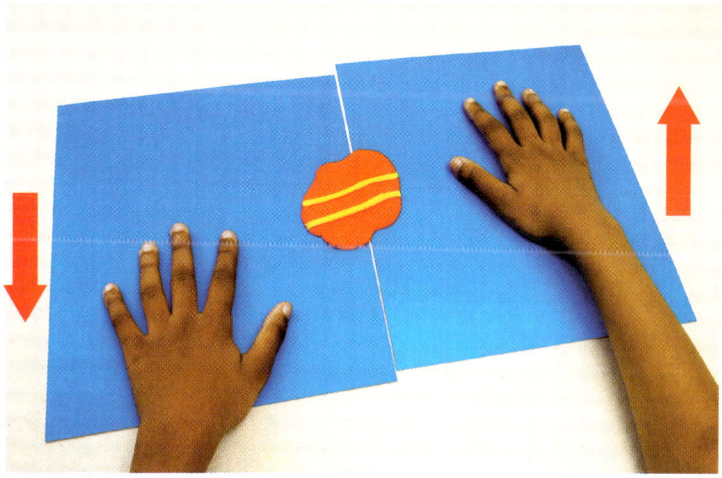

DOTTA2

9. Sobre a mesa, coloquem os dois últimos cartões, lado a lado, próximos um do outro.

10. Repitam o procedimento de pressionar uma bola de massa de modelar na região central dos cartões.

11. O aluno que vai representar o movimento de afastamento entre as placas deve puxar cada cartão para um lado, afastando-os. Observem o que acontece com a massa de modelar.

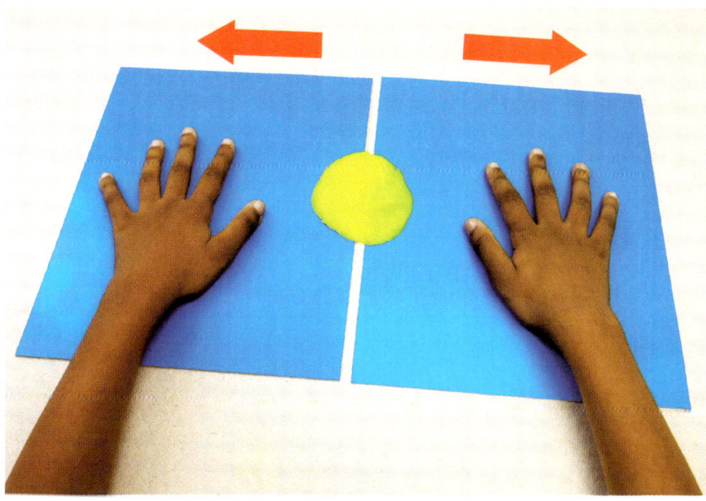

DOTTA2

REFLEXÕES

1. O que aconteceu com a superfície da massa de modelar quando foi simulada a colisão entre as placas? O que isso representa no processo real, ou seja, qual é a consequência desse movimento para o relevo?

2. O que aconteceu com a superfície da massa de modelar quando foi simulado o deslizamento entre as placas? O que isso representa no processo real?

3. O que aconteceu com a superfície da massa de modelar quando foi simulado o afastamento entre as placas? O que isso representa no processo real?

3. Áreas de terremotos e vulcões

Análise de mapas

Observe os mapas a seguir, que indicam as áreas de maior ocorrência de terremotos e de vulcanismo. Depois, faça o que se pede.

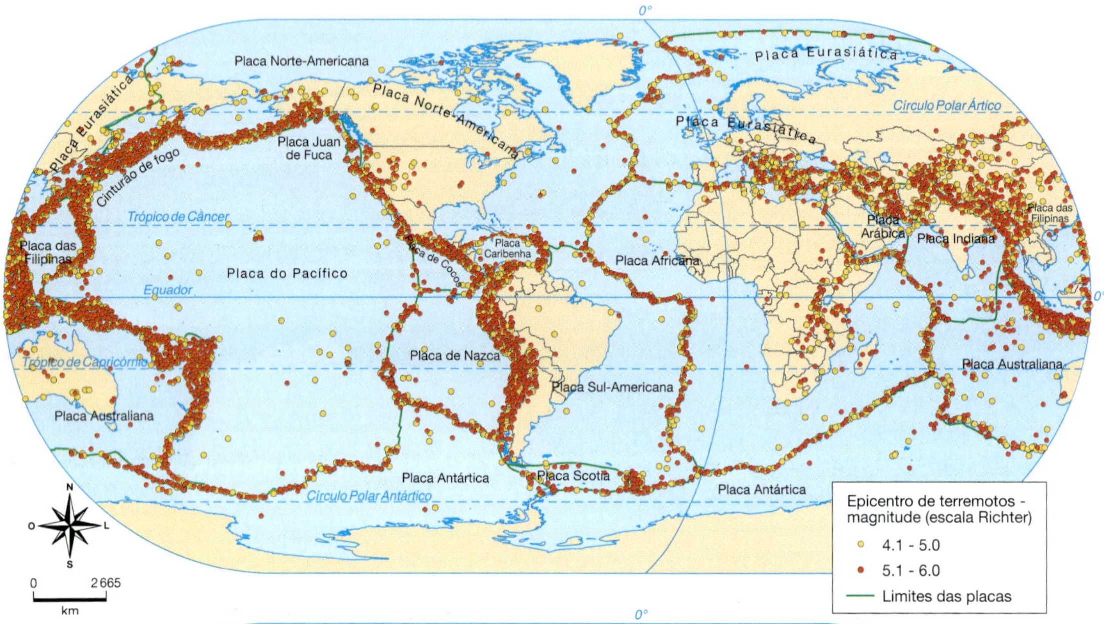

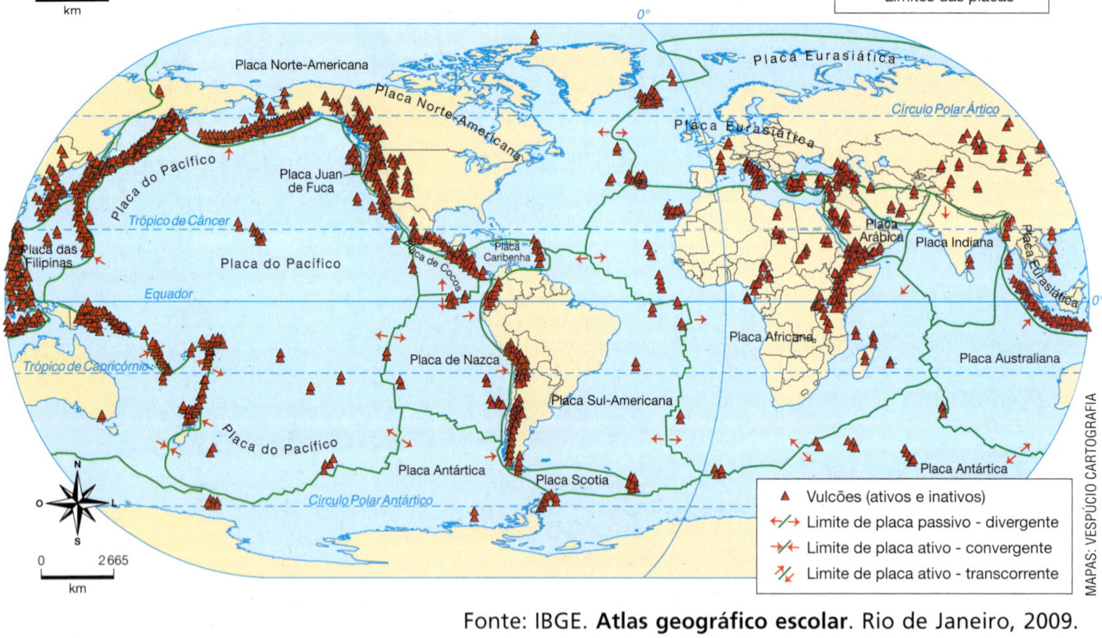

Fonte: IBGE. **Atlas geográfico escolar**. Rio de Janeiro, 2009.

REFLEXÕES

1. Comparando os dois mapas, o que é possível afirmar sobre as áreas em que ocorrem terremotos e vulcões: elas coincidem ou apresentam localizações completamente diferentes?

2. Elabore uma explicação para a resposta anterior, considerando o que aprendeu sobre placas litosféricas.

4. Quebra-cabeça de placas litosféricas

Jogo

Nesta atividade, você e seus colegas vão montar um quebra-cabeça de placas litosféricas. Para isso, sigam os procedimentos. Depois, respondam às questões propostas.

- **Procedimento**

1. Forme grupo com mais três colegas.
2. O professor vai distribuir um conjunto com as peças das placas litosféricas (já recortadas e embaralhadas) a cada grupo de alunos. Ele vai deixar um mapa das placas litosféricas afixado na lousa para que vocês possam usá-lo como modelo, caso tenham dificuldade em montar o quebra-cabeça.
3. Avaliem as peças recebidas e montem o quebra-cabeça, colando ou prendendo as peças sobre uma cartolina ou papel-cartão.
4. Comparem o quebra-cabeça montado por vocês com o mapa afixado na lousa e vejam se está correto.

LUIS MOURA

Representação de um grupo de alunos montando o quebra-cabeça.

REFLEXÕES

1. O que são placas litosféricas?
2. Qual é a relação das placas litosféricas com vulcões e terremotos?
3. Sobre qual placa litosférica o Brasil se localiza?

MAIS

LIVRO

EDITORA NOVA FRONTEIRA

- **Viagem ao centro da Terra**
  Júlio Verne. São Paulo: Nova Fronteira, 2014.

Ao decifrar o enigma de um velho pergaminho, o professor Lidenbrock e seu sobrinho, o jovem Áxel, partem para o vulcão Sneffels, na remota ilha da Islândia, onde deveria ser iniciada a expedição para o centro da Terra. Com a ajuda de um guia local, eles vivem muitas aventuras e descobrem um mundo cheio de vida no centro do planeta.

FILMES

FILME VIAGEM AO CENTRO DA TERRA. ERIC BREVIG. WARNER BROS. PICTURES. 2008.

- **Viagem ao centro da Terra – o filme**
  Direção: Eric Brevig, 2008.

Trevor Anderson é um cientista cujas teorias não são bem aceitas pela comunidade científica. Decidido a descobrir o que aconteceu com seu irmão Max, que simplesmente desapareceu, ele parte para a Islândia com seu sobrinho Sean e a guia Hannah. Entretanto, eles ficam presos em uma caverna e, na tentativa de deixar o local, alcançam o centro da Terra. Lá eles encontram um mundo desconhecido e cheio de vida.

EDITORA MULTIMÍDIA

- **Não é mágica – a ciência sem mistérios**: os vulcões
  Log On Editora Multimidia, 2002.

O documentário mostra a história de Fred, Jaime e Manu, que, a bordo de um caminhão-laboratório, partem em busca de respostas para os mistérios da geologia da Terra, em uma instigante viagem pela história geológica do planeta e pelos mistérios que rondam as placas litosféricas.

SITES

- **Terremotos**
  Infográfico interativo mostrando quais foram os maiores terremotos, como eles são medidos e os danos estimados para cada intensidade/magnitude.
  Disponível em: <http://livro.pro/aweg5p>. Acesso em: ago. 2018.
- **Vulcões**
  Infográfico sobre vulcões em que se diferenciam vulcões ativos, adormecidos e inativos.
  Disponível em: <http://livro.pro/qxf9ks>. Acesso em: ago. 2018.

FIM DE PAPO

MARCOS GUILHERME

1. Retome suas respostas às questões da abertura da Unidade.
   - Você alteraria alguma das suas respostas? Em caso afirmativo, como e por quê?
2. Usando as palavras do quadro, responda à seguinte questão:
   - Por que há vulcões e terremotos?

litosfera	placas litosféricas	manto
deriva continental		crosta terrestre

5

Como as máquinas transformam o mundo?

Linha de montagem de carros, em indústria automobilística. EUA, 1940.

UNDERWOOD ARCHIVES/GETTY IMAGES

PARA INÍCIO DE CONVERSA

1. As duas imagens mostram linhas de produção de automóveis. Que semelhanças e diferenças você nota?
2. Como você imagina o trabalho dos funcionários em cada uma dessas fábricas?
3. Você utiliza máquinas no seu cotidiano? Explique sua resposta.

Linha de montagem de carros, em indústria automobilística. China, 2017.

JENSON/SHUTTERSTOCK.COM

Força

KARIMPARD/ SHUTTERSTOCK.COM

A aplicação de uma força pode deformar um objeto.

Quando você pensa em máquinas, qual é a primeira coisa que lhe vem à mente? Existe uma boa chance de você ter pensado em algum equipamento utilizado em situações que exigem força. Embora nem todas as máquinas sejam usadas com essa finalidade, as primeiras máquinas que a humanidade construiu – e boa parte das máquinas usadas atualmente – provavelmente serviam para reduzir o esforço necessário para mover objetos. Para compreender melhor como isso funciona, precisamos estudar as forças e seus efeitos.

Existem diversas situações cotidianas em que precisamos aplicar força. Sabemos, intuitivamente, que é preciso fazer mais força para empurrar um sofá do que para empurrar um banquinho, por exemplo. Chutar uma bola, amassar uma folha de papel, pedalar a bicicleta ou pegar um objeto que estava prestes a cair no chão são mais alguns dentre os inúmeros exemplos que poderíamos listar. Em todas essas situações, é necessária a utilização de força.

Para a Ciência, força é um agente físico capaz de deformar ou alterar o movimento de um corpo. Por "alterar o movimento" entende-se colocar em movimento um corpo que estava parado, alterar a direção em que ele se move, aumentar ou diminuir sua velocidade. Essa ideia foi sistematizada pela primeira vez pelo cientista inglês Isaac Newton (1643-1727), no livro **Princípios Matemáticos da Filosofia Natural**, de 1687. Em homenagem a ele, a unidade usada para medir a intensidade da força no Sistema Internacional de Unidades (SI) chama-se **newton**, cujo símbolo é N.

A força é considerada uma grandeza vetorial. Isso quer dizer que, para definir uma força, é necessário especificar três aspectos dela: direção, sentido e intensidade. A direção é a reta sobre a qual a força atua, enquanto o sentido diz respeito à orientação dela.

Grandezas vetoriais podem ser representadas por setas. Observe o exemplo. Para lançar a bola, a menina aplica uma força sobre ela. Nesse caso, a direção é vertical e o sentido é de baixo para cima. A intensidade da força determina a altura que a bola alcançará.

IMAGENS FORA DE PROPORÇÃO.

AS CORES NÃO SÃO REAIS.

TEL COELHO/GIZ DE CERA

A seta representa a força exercida pela menina para arremessar a bola para cima.

Um corpo pode sofrer ação de mais de uma força ao mesmo tempo. Imagine a situação ilustrada a seguir, em que duas pessoas empurram um carro enguiçado. A força que cada pessoa exerce sobre o carro tem a mesma direção e o mesmo sentido e, por isso, essas duas forças se somam. Chamamos de resultante a força que pode substituir um sistema de forças, produzindo o mesmo efeito.

ILUSTRAÇÕES: TEL COELHO/GIZ DE CERA

Ao empurrar o carro, as pessoas aplicam força sobre ele. As forças que cada pessoa exerce está identificada como F_A ou F_B. A força resultante é representada pela seta F_R.

Em casos como esse, em que as forças aplicadas sobre o corpo têm a mesma direção e o mesmo sentido, a intensidade da resultante é calculada pela soma das intensidades das forças que a compõem.

Nos casos em que a direção é a mesma, mas os sentidos são opostos, a intensidade da resultante corresponde à diferença entre as forças que a compõem. Imagine, por exemplo, um grupo de pessoas brincando de cabo de guerra, como na figura a seguir.

Cada grupo exerce força na mesma direção, mas com sentido oposto. Nesse caso, a intensidade de F_A é maior que a de F_B e, portanto, a resultante F_R tem o mesmo sentido que F_A.

Os dois grupos exercem força sobre a corda, na mesma direção, mas com sentidos opostos. Se a intensidade da força aplicada pelos dois grupos fosse a mesma, a resultante seria zero, e a corda não se moveria. Como a força aplicada pelo grupo à esquerda tem maior intensidade, a resultante tem o mesmo sentido dela. Com isso, a corda se move para a esquerda.

Aceleração

Vimos que uma força é capaz de alterar o estado de movimento de um corpo. Em outras palavras, isso quer dizer que a força é capaz de produzir aceleração. A aceleração pode ser positiva, quando aumenta a velocidade de deslocamento, ou negativa, quando reduz a velocidade. Nesse último caso, podemos dizer que houve desaceleração. A aceleração positiva ocorre, por exemplo, quando um jogador de futebol toca uma bola que estava parada. Ela também ocorre quando o atleta conduz a bola em linha reta, acelerando-a constantemente para a frente. Em todos esses exemplos, o atleta aplica força sobre a bola. Se desejar parar a bola que vem em sua direção, ele também precisa aplicar uma força sobre a bola, produzindo uma desaceleração.

Uma força também pode modificar a direção em que um corpo se move. Pense, por exemplo, em um atleta que toca para o lado uma bola que vinha em sua direção. Nesses casos, podemos dizer que houve aceleração lateral. Note, portanto, que a aceleração é uma grandeza vetorial. Isso quer dizer que ela tem intensidade, direção e sentido.

TAWEESAK JAROENSIN/SHUTTERSTOCK.COM

A aplicação de uma força pode acelerar um corpo (**A**), desacelerá-lo (**B**) ou mudar a direção em que ele se move (**C**). As setas representam a força que cada atleta aplica sobre a bola para alterar seu movimento.

A aceleração que uma força produz em um corpo depende, simplificadamente, de dois fatores: a massa desse corpo e a força aplicada. Imagine a seguinte situação: você empurra um carrinho de compras vazio e imprime nele uma determinada aceleração. Agora, se esse mesmo carrinho estiver cheio, você terá de fazer mais força para proporcionar a mesma aceleração.

ILUSTRAÇÕES: TEL COELHO/GIZ DE CERA

As setas vermelhas representam forças, enquanto as setas verdes representam a aceleração produzida por elas. F_A e F_B têm a mesma intensidade, porém, como a massa do carrinho cheio é maior, a aceleração produzida por F_B é menor. Para produzir a mesma aceleração que no carrinho vazio, a força F_C tem intensidade maior que F_A.

Velocidade

A aceleração pode ser compreendida como variação de velocidade. Dizemos que corpos que se movem rapidamente têm velocidade maior que corpos lentos. A velocidade pode ser definida como a rapidez com que um corpo muda de posição. No Sistema Internacional de Unidades, essa grandeza é medida em metros por segundo (m/s). Se uma pessoa está correndo com velocidade de 4 m/s, por exemplo, ela se desloca 4 metros a cada segundo.

A aceleração é medida em metros por segundo ao quadrado (m/s²). Imagine, por exemplo, que uma atleta parte do repouso e começa a correr com aceleração de 2 m/s². Isso quer dizer que a velocidade aumenta em 2 m/s a cada segundo. No instante inicial, ela está parada (velocidade de 0 m/s). Um segundo depois, a velocidade dela é de 2 m/s; no segundo seguinte, sua velocidade passa para 4 m/s; no segundo seguinte, 6 m/s, e assim por diante, até que atinja sua velocidade máxima.

TEL COELHO/GIZ DE CERA

Tempo (s)	0	1	2	3
Velocidade (m/s)	0	2	4	6

Nesse exemplo, a menina mantém uma aceleração constante de 2 m/s².

Nos automóveis, o velocímetro indica a velocidade de deslocamento em quilômetros por hora (km/h).

ANJUE/SHUTTERSTOCK.COM

ATIVIDADES

NÃO ESCREVA NO LIVRO.

1. Que efeitos uma força pode produzir sobre um corpo?

2. Descreva a direção, o sentido e a intensidade da resultante em cada situação, supondo que as forças representadas agem sobre um mesmo ponto.

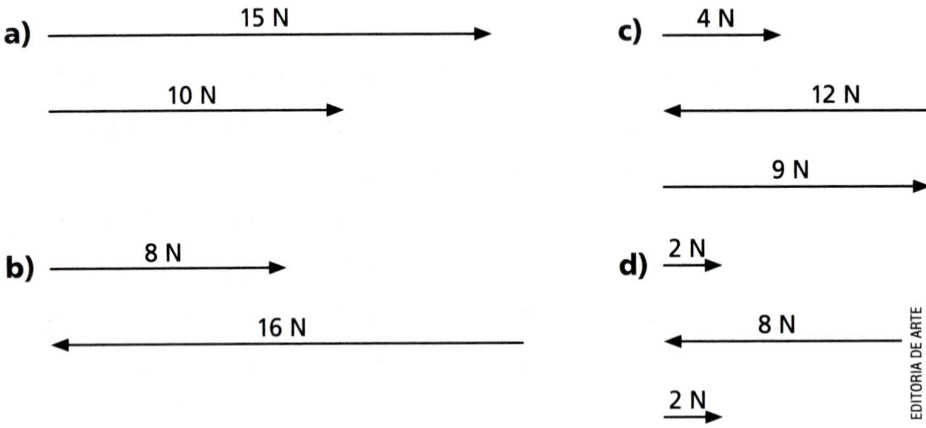

3. Desenhe as situações descritas em cada item e inclua o vetor que representa a principal força exercida.

a) Uma tenista rebate a bola para cima.

b) Um homem empurra um armário para o lado.

c) Um cavalo puxa uma carroça para a frente.

4. O que é aceleração? Qual é a relação dela com massa e força? Cite um exemplo.

5. Qual é a diferença entre velocidade e aceleração?

6. Imagine um trem que parte da estação com aceleração constante de 3 m/s². Qual será a velocidade dele após 5 segundos mantendo essa aceleração? E 10 segundos depois?

7. Em dupla, analisem o gráfico a seguir. Ele representa a posição de um veículo ao longo de uma estrada, entre 14 h e 18 h.

Deslocamento ao longo do tempo

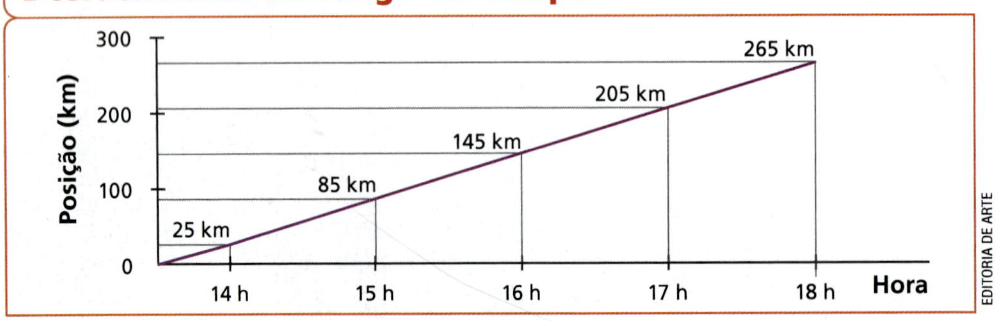

Fonte: Dados fictícios.

- A velocidade do carro aumentou, diminuiu ou se manteve igual ao longo desse período? Expliquem como chegaram à resposta.

Força peso

Isaac Newton propôs que todos os corpos no Universo se atraem mutuamente pela ação de uma força chamada **gravidade** ou **força gravitacional**. A intensidade dessa força depende de dois fatores: a massa (ou quantidade de matéria) e a distância entre os corpos. Quanto maior for a massa, ou quanto menor for a distância entre os corpos, mais intensa é a atração gravitacional. No espaço, longe o suficiente da Terra e de outros astros, a força da gravidade é praticamente inexistente.

A atração gravitacional é o que mantém os planetas do Sistema Solar orbitando o Sol. Da mesma maneira, a atração gravitacional exercida pela Terra mantém objetos, pessoas, oceanos, atmosfera e tudo o mais "presos" à superfície do planeta.

Chamamos de **força peso** a atração gravitacional que existe entre a Terra (ou outro astro) e os corpos que estão sobre ela. Na linguagem cotidiana, a palavra peso é frequentemente utilizada para se referir à massa. Em Ciências, porém, é importante saber diferenciar essas duas grandezas. A massa diz respeito à quantidade de matéria que compõe um corpo, e é medida em gramas ou quilogramas, por exemplo. O peso refere-se à força de atração gravitacional e, portanto, é medido em newtons.

Para entender melhor, imagine o seguinte exemplo: uma pessoa tem massa de 60 kg. Na superfície da Terra, o peso dela equivale a 600 N, aproximadamente. Já na superfície do planeta Mercúrio, onde a atração gravitacional é menos intensa, o peso dessa mesma pessoa seria de aproximadamente 226 N. Em ambos os casos, a massa da pessoa não varia (continua sendo 60 kg), mas apenas o peso.

Em diversas tarefas cotidianas, precisamos mover objetos de um local para outro. Nessas situações, temos que exercer uma força suficiente para "vencer" a força peso exercida por esses objetos. É aí que as máquinas simples podem nos ajudar.

IMAGENS FORA DE PROPORÇÃO.

AS CORES NÃO SÃO REAIS.

A massa da pessoa é a mesma tanto na Terra quanto em Mercúrio, mas a intensidade do peso é menor neste último.

ILUSTRAÇÕES: ARTUR FUJITA

Aceleração da gravidade

IMAGENS FORA DE PROPORÇÃO. AS CORES NÃO SÃO REAIS.

A queda dos objetos é causada pela ação da força peso. Lembre-se que uma força é capaz de produzir aceleração em um corpo, e a queda livre é exatamente isso.

Imagine que você está segurando uma borracha acima da mesa e, em um dado momento, a solta. Você sabe muito bem o que aconteceria nessa situação: a borracha cai sobre a mesa. Essa aceleração da borracha para baixo é provocada pela força peso, isto é, a atração gravitacional entre a Terra e a borracha.

No planeta Terra, ao nível do mar, a aceleração da gravidade é de aproximadamente 10 m/s^2. De maneira simplificada, podemos dizer que todos os objetos caem com a mesma aceleração, aumentando sua velocidade em 10 m/s a cada segundo que permanecem em queda. Veja o exemplo dado.

Como a força peso depende da massa dos corpos envolvidos, a aceleração da gravidade não é a mesma em diferentes astros. Enquanto na Terra a aceleração da gravidade é de aproximadamente 10 m/s^2, na Lua, que tem massa bem menor, os objetos caem com aceleração de 1,6 m/s^2.

A velocidade de um objeto em queda livre aumenta em função da aceleração da gravidade.

ATIVIDADES

NÃO ESCREVA NO LIVRO.

1. Identifique as afirmações incorretas e corrija-as no caderno.

a) A atração gravitacional entre dois corpos aumenta com a distância entre eles.

b) A atração gravitacional é menor em Mercúrio porque a massa desse planeta é menor que a da Terra.

c) Alguns corpos no universo se atraem mutuamente pela ação da gravidade.

2. Qual é a diferença entre massa e peso? Quando uma pessoa diz que tem 50 kg, ela se refere à massa ou ao peso?

3. Leia a tirinha e responda.

a) Por que a personagem afirma que não há gravidade onde ela está?

b) Como você responderia à questão do último quadro?

Máquinas simples

O desenvolvimento de diferentes ferramentas permitiu ao ser humano realizar tarefas que exigem muito mais força do que ele poderia exercer usando somente o próprio corpo. As **máquinas simples** são um exemplo disso: esses dispositivos permitem multiplicar a força aplicada ou alterar seu sentido, facilitando a realização de diferentes ações.

ELY PENNER/SHUTTERSTOCK.COM

Equipamentos mecânicos geralmente combinam diferentes tipos de máquinas simples. Isso é verdade mesmo para equipamentos complexos, como *drones*.

Máquinas simples estão entre as primeiras ferramentas desenvolvidas pelo ser humano e tiveram papel fundamental na construção de cidades e templos, no manejo de embarcações e no desenvolvimento de diferentes tecnologias. O nome "máquinas simples" deve-se ao fato de que essas máquinas são geralmente compostas de uma única peça e podem ser combinadas para compor **máquinas complexas**, como guindastes e bicicletas. Equipamentos modernos sofisticados, como *drones* e impressoras 3D, contam com máquinas simples em sua construção.

O uso tão difundido das máquinas simples se deve ao fato de elas atenderem a uma necessidade essencial do ser humano: facilitar a execução de tarefas que exijam a aplicação de força.

MARKTUCAN/SHUTTERSTOCK.COM

Machu Picchu é uma cidade construída pela extinta civilização inca provavelmente no século XV, onde hoje é o Peru. Usando máquinas simples, os construtores foram capazes de mover milhares de toneladas de pedras para construir as casas e os templos que formam a cidade. Fotografia de 2016.

● PALAVRA-CHAVE

Tecnologia é o uso de técnicas e conhecimento para aperfeiçoar ou facilitar o trabalho, a resolução de um problema ou a execução de uma tarefa específica. A tecnologia não envolve necessariamente equipamentos sofisticados e modernos e está presente desde o início das civilizações. Quando os seres humanos primitivos começaram a transformar pedras em lâminas para cortar madeira ou caçar, por exemplo, eles já estavam fazendo uso da tecnologia e realizando avanços tecnológicos.

Ciência e tecnologia têm uma ligação estreita. Pelo estudo de fenômenos e materiais, cientistas ajudam a identificar necessidades e a produzir soluções para elas. Atualmente, um dos principais desafios científico-tecnológicos diz respeito a reduzir os impactos ambientais causados pelas atividades humanas.

FUART/SHUTTERSTOCK.COM

Alavanca

A alavanca é uma máquina simples muito versátil, presente em diversos dispositivos do nosso cotidiano, como martelos, tesouras, pinças e abridores de lata. Ela é constituída geralmente por uma barra rígida e um ponto de apoio, também chamado apoio. A força que aplicamos na alavanca é chamada força potente, e a força exercida pelo corpo que queremos mover é chamada força resistente, ou simplesmente resistência.

Dependendo da posição relativa entre o apoio, a força potente (F_P) e a força resistente (F_R), uma alavanca pode ser classificada em três categorias: interfixa, inter-resistente ou interpotente.

Nas **alavancas interfixas**, o apoio fica entre a força potente e a força resistente. É o caso de tesouras e gangorras, por exemplo.

IMAGENS FORA DE PROPORÇÃO. AS CORES NÃO SÃO REAIS.

ILUSTRAÇÕES: ALEX SILVA

Exemplos de alavancas interfixas. Barra, tesoura, martelo e gangorra.

No caso das **alavancas inter-resistentes**, a força resistente fica entre o apoio e a força potente. É o que ocorre em abridores de garrafa e carrinhos de mão, por exemplo.

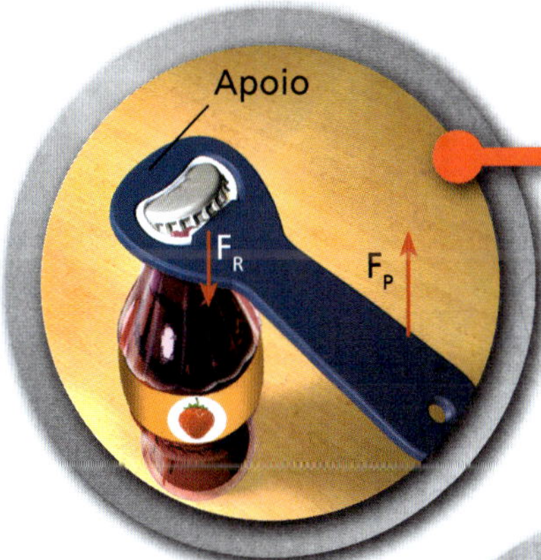

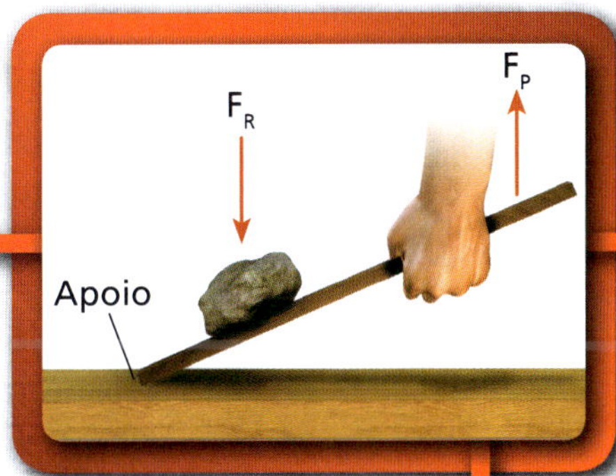

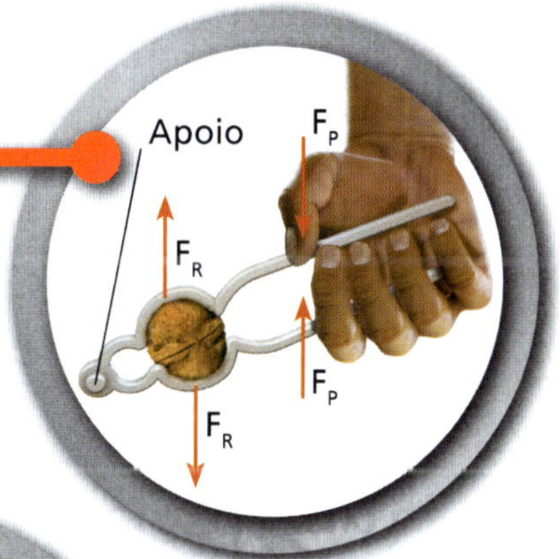

IMAGENS FORA DE PROPORÇÃO.

AS CORES NÃO SÃO REAIS.

ILUSTRAÇÕES: ALEX SILVA

Exemplos de alavancas inter-resistentes. Barra, carrinho de mão, abridor de garrafas e quebra-nozes.

Nas **alavancas interpotentes**, a força potente fica entre o apoio e a força resistente. Isso acontece nas pinças e vassouras, por exemplo.

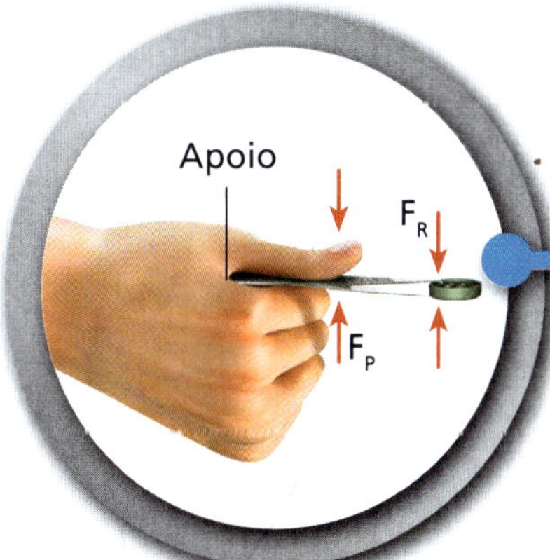

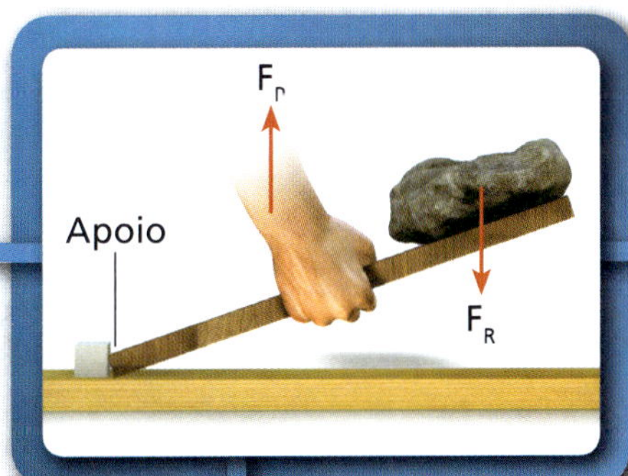

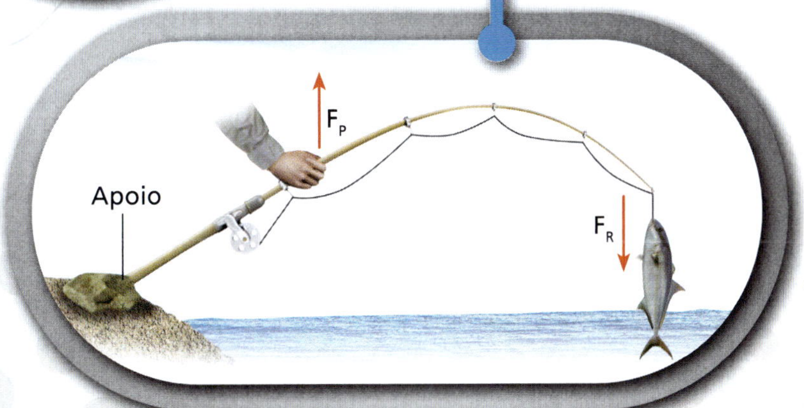

Exemplos de alavancas interpotentes. Barra, vassoura, vara de pesca e pinça.

Arquimedes e a lei da alavanca

Arquimedes (287 a.C.-212 a.C.) nasceu e viveu em Siracusa, região atualmente localizada na Itália, mas que pertencia à Grécia na época. Estudou em Alexandria, no Egito, e deixou um grande legado de conhecimento.

Um de seus trabalhos é a chamada lei da alavanca, que estabelece uma relação entre a intensidade das forças potente e resistente e a distância delas até o apoio. Podemos dizer, simplificadamente, que Arquimedes concluiu que uma força potente afastada do apoio pode equilibrar uma força resistente de intensidade muito maior. Essa característica das alavancas faz com que elas facilitem o trabalho de mover objetos muito pesados.

PINACOTECA DOS MESTRES ANTIGOS, ALEMANHA.

FETTI, D. **Arquimedes pensativo**. 1620. Óleo sobre tela. Pinacoteca dos Mestres Antigos. Alemanha.

IMAGENS FORA DE PROPORÇÃO. AS CORES NÃO SÃO REAIS.

Em linguagem matemática, a lei da alavanca pode ser expressa da seguinte maneira:

$$F_P \cdot d_P = F_R \cdot d_R$$

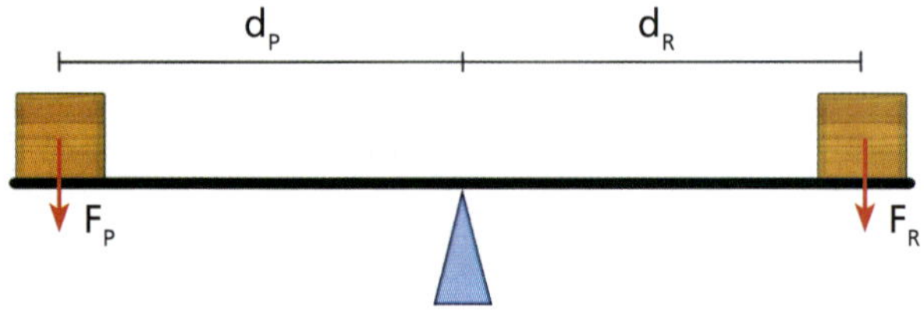

F_P representa a força potente, e F_R, a força resistente. A distância entre o apoio e as forças potente e resistente é representada por d_P e d_R, respectivamente.

Segundo essa equação, uma força potente de pequena intensidade pode equilibrar uma força resistente muito mais intensa se a força potente estiver muito mais afastada do apoio que a força resistente. Essa constatação teria levado Arquimedes a proferir uma frase que ficou famosa: "Dê-me uma alavanca e um ponto de apoio, e eu moverei o mundo!".

A

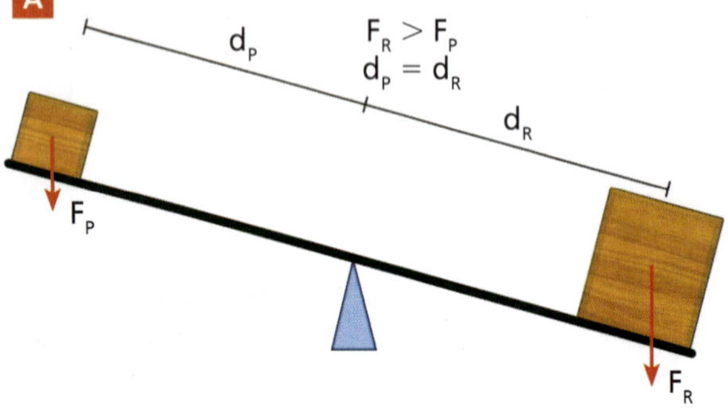

B

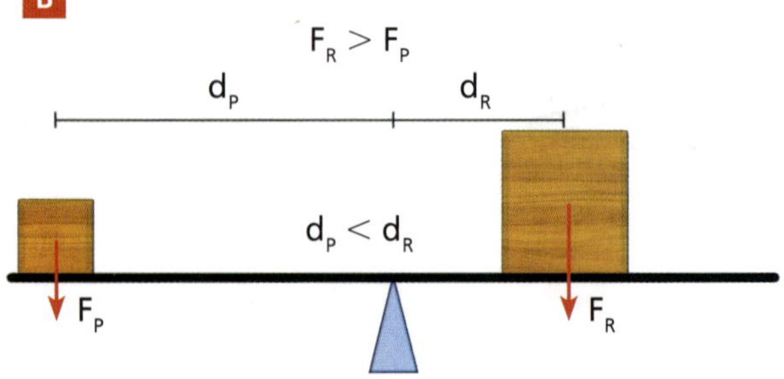

ILUSTRAÇÕES: LUIS MOURA

Em (**A**), a F_P não é suficiente para equilibrar a F_R. F_R é maior que F_P, e as distâncias d_P e d_R são iguais. Em (**B**), embora a F_P seja menor que a F_R, elas se equilibram porque d_R é menor do que d_P.

ATIVIDADES

NÃO ESCREVA NO LIVRO.

1. A grua é um tipo de guindaste utilizado principalmente na construção civil. Em uma extremidade o objeto é erguido e carregado; na extremidade oposta, fica um contrapeso.

- A grua corresponde a que tipo de alavanca? Qual é a função do contrapeso?

ARNDALE/SHUTTERSTOCK.COM

Grua sobre plataforma no mar.

2. Para mover um objeto pesado com uma alavanca interfixa, é melhor colocar o ponto de apoio próximo do objeto, no meio da barra ou próximo do local onde aplicamos a força? Explique sua resposta.

3. Identifique o tipo de alavanca mostrado nas imagens.

IMAGENS FORA DE PROPORÇÃO. AS CORES NÃO SÃO REAIS.

ILUSTRAÇÕES: LUIS MOURA

4. As gangorras a seguir estão em equilíbrio. Calcule a informação que falta em cada caso.

a)

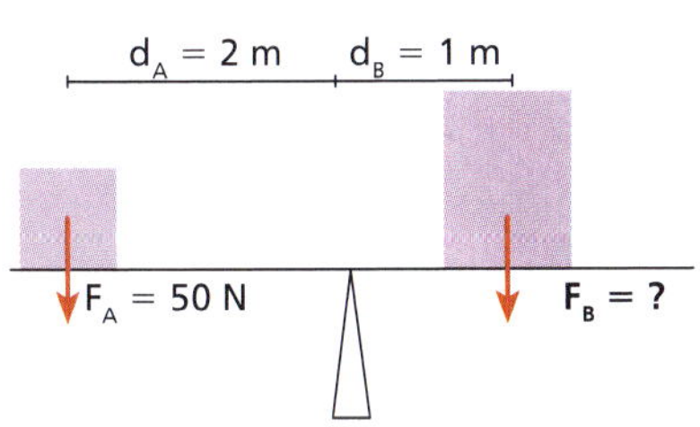

b)

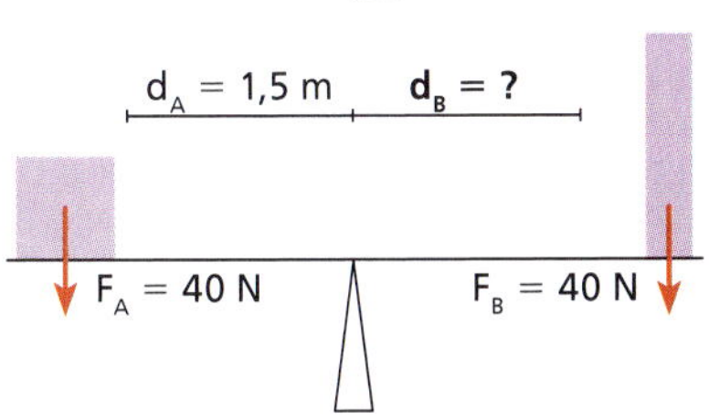

c)

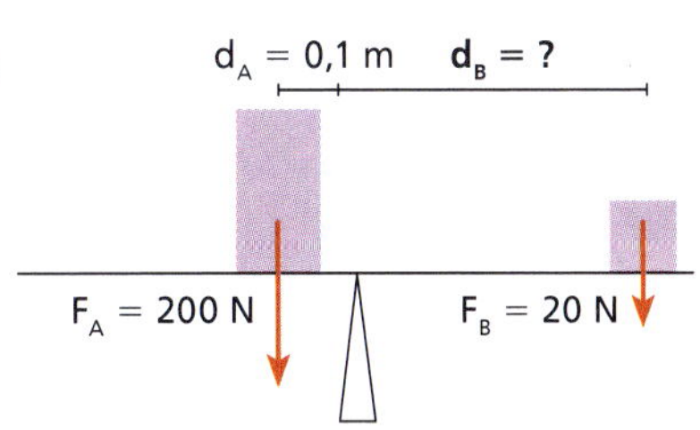

EDITORIA DE ARTE

5. A balança de pratos funciona como uma alavanca interfixa. Como é possível saber a massa de um objeto usando essa balança?

BOXYRAY/SHUTTERSTOCK.COM

Plano inclinado

Outra máquina simples usada para mover objetos para cima ou para baixo é o plano inclinado, como uma rampa. Esse dispositivo reduz a intensidade da força necessária para erguer um corpo, embora aumente a distância percorrida. Quanto menor for a inclinação da rampa, menor é o esforço necessário; por outro lado, maior é a distância percorrida. O plano inclinado está presente em diversas situações cotidianas.

IMAGENS FORA DE PROPORÇÃO.

AS CORES NÃO SÃO REAIS.

SELMA CAPARROZ

Rampas são utilizadas em diversas situações em que é preciso mover um objeto pesado para um ponto mais alto ou baixo.

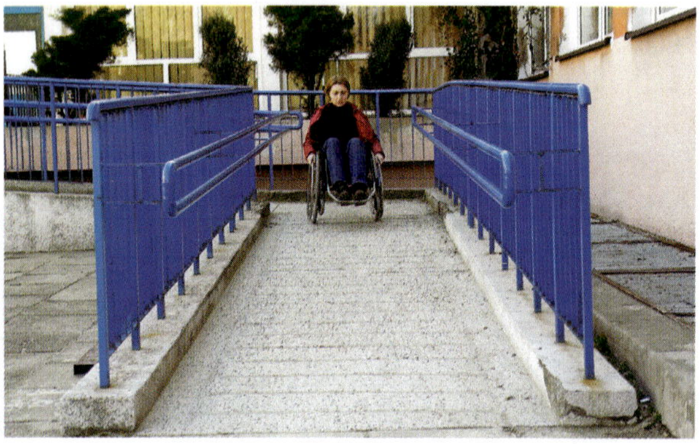

PRYZMAT/SHUTTERSTOCK.COM

As rampas de acesso são recursos importantes para facilitar o acesso de pessoas que têm mobilidade reduzida.

TALES AZZI/PULSAR IMAGENS

Estrada que sobe a Serra do Rio do Rastro (SC), 2017. As estradas que contornam a encosta das montanhas são planos inclinados.

Cunha

Objetos cortantes, como facas, tesouras e machados, geralmente contam com uma cunha, que é formada por dois planos inclinados. Com o uso dessa máquina simples, uma força pode ser aplicada para cortar ou partir um material.

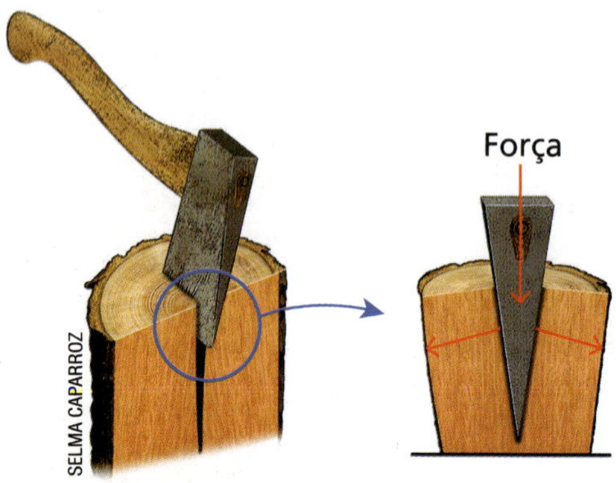

SELMA CAPARROZ

A cabeça do machado age como uma cunha. Ela altera a direção da força aplicada e consegue partir a madeira.

Parafuso

O parafuso é um plano inclinado disposto em hélice na superfície de um cilindro. Ele pode ser utilizado para fixar duas peças ou em associação a engrenagens para transmitir movimentos.

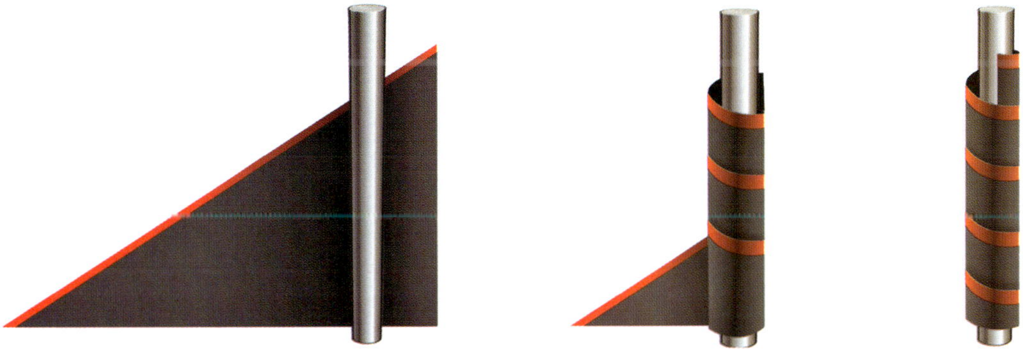

ILUSTRAÇÕES: SELMA CAPARROZ

Enrole um triângulo de papel, que representa um plano inclinado, ao redor de um cilindro. Você notará que se forma um tipo de parafuso.

PAVLII OLEG/SHUTTERSTOCK.COM

Parafuso para madeira.

O parafuso de Arquimedes é um dispositivo utilizado para transportar água (ou outros materiais) de um plano para outro, mais elevado. Nesse equipamento, o parafuso fica dentro de uma calha ou tubo. À medida que o parafuso gira, vai movendo porções do material.

SELMA CAPARROZ

Representação simplificada de um parafuso de Arquimedes.

CLEMENT PHILIPPE/ALAMY/FOTOARENA

Parafuso de Arquimedes usado para drenar água. Holanda, 2011.

Polias

Representação simplificada de uma polia.

Polias, também chamadas de **roldanas**, são constituídas por uma roda que gira em torno de seu centro e possui um sulco, pelo qual passa uma corda. As polias são muito utilizadas para mover verticalmente corpos pesados, como levar material de construção aos andares superiores de um prédio ou descer móveis pesados durante uma mudança. Em veleiros, as polias são utilizadas para facilitar o controle das velas.

As polias podem ser fixas ou móveis. Na **polia fixa**, o eixo fica preso a um suporte e não se desloca quando a corda é puxada. Nesse tipo de polia, diferentemente do que ocorre com as alavancas, não há uma multiplicação da força potente. Assim, para equilibrar um objeto, é necessário aplicar uma força potente de intensidade igual ao peso dele. Para levantar um objeto pesado, portanto, é preciso fazer bastante esforço. Mesmo assim, a polia fixa fornece vantagens, pois permite que a força seja exercida em direções e sentidos mais confortáveis para a pessoa. Observe na ilustração a seguir.

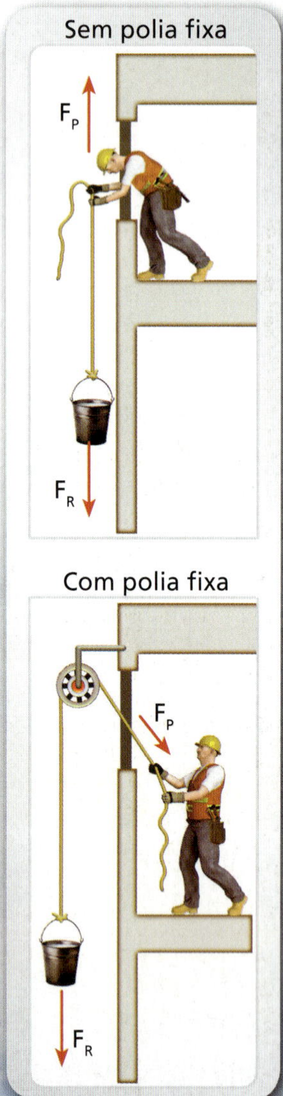

ILUSTRAÇÕES: LUIS MOURA

A polia fixa não reduz a intensidade da força potente necessária para erguer o balde, mas torna a tarefa mais fácil.

APIWUT SOOKKASAME/ SHUTTERSTOCK.COM

Guindastes contam com sistemas de polias (indicados pelas setas) para permitir o içamento de cargas pesadas.

No caso da **polia móvel**, o eixo está conectado ao objeto que se pretende mover. Esse tipo de arranjo diminui a intensidade da força potente necessária para equilibrar uma força resistente, ou seja, reduz o esforço necessário para erguer um objeto. Uma roldana móvel reduz pela metade a força potente necessária para mover um corpo. Em compensação, é necessário puxar o dobro de corda.

Polias móveis são geralmente usadas em conjunto com polias fixas, formando uma **associação de polias**. Observe na ilustração.

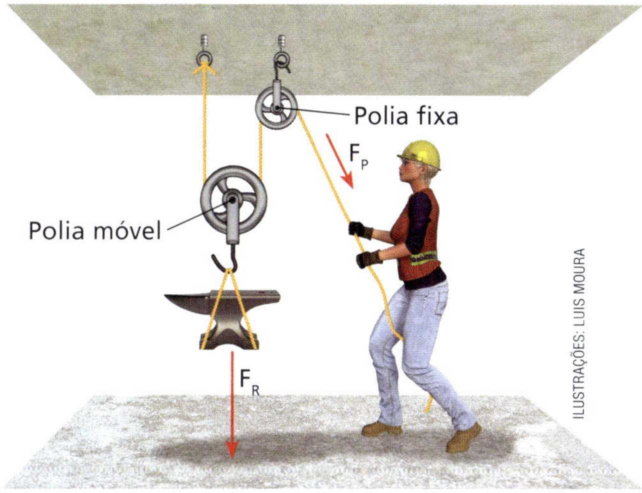

Uma polia móvel reduz pela metade a força necessária para equilibrar a força resistente.

Engrenagens

O movimento circular de uma roda pode ser transmitido a outras. Isso pode ser feito basicamente por contato direto ou com o uso de uma correia ou corrente.

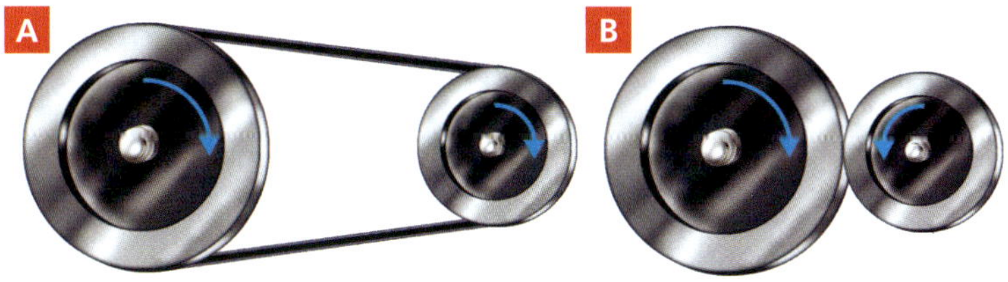

A rotação pode ser transferida de uma roda para outra com uso de uma polia (**A**) ou por contato direto (**B**). Repare que o sentido da rotação não é transferido da mesma forma nos dois casos.

As engrenagens são rodas dentadas usadas para transmitir o movimento circular. Elas podem estar em contato direto ou conectadas por meio de uma corrente, e os dentes evitam que as engrenagens girem em falso, isto é, que uma engrenagem escorregue na outra.

Um parafuso pode ser usado em conjunto com uma engrenagem para transferir movimento.

OR KHUNTONG/SHUTTERSTOCK.COM

Detalhes das engrenagens de um motor.

Um exemplo comum de uso das engrenagens é a bicicleta. Uma engrenagem fixa aos pedais se conecta por uma corrente a outra engrenagem presa à roda traseira. Ao aplicar força nos pedais, ela é transferida para a roda traseira, fazendo a bicicleta se mover.

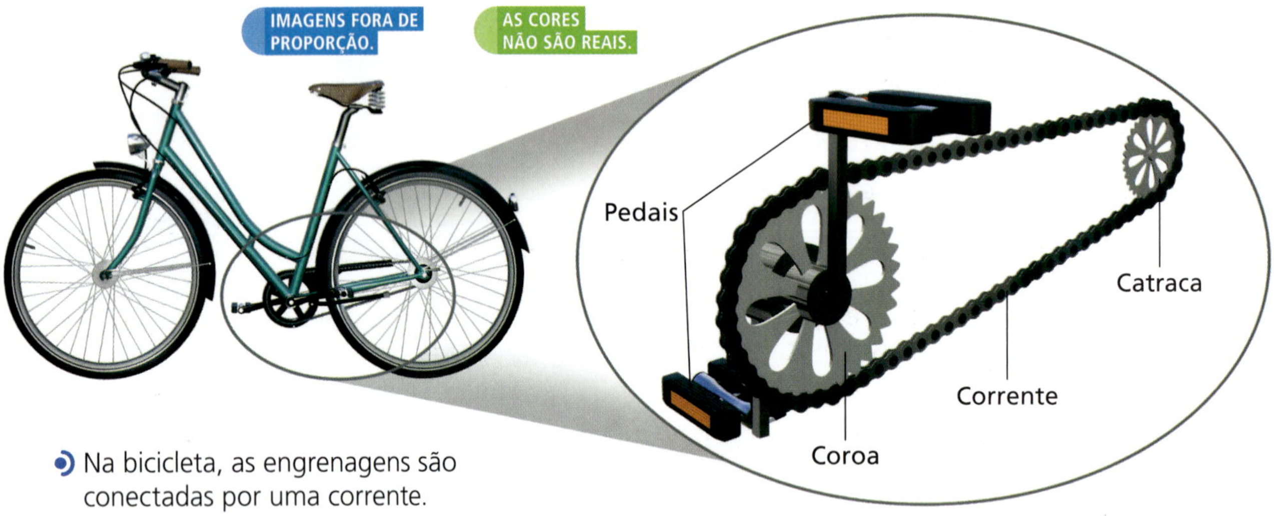

Na bicicleta, as engrenagens são conectadas por uma corrente.

As engrenagens podem ser utilizadas para alterar a velocidade de rotação que é transmitida. Observe as bicicletas a seguir.

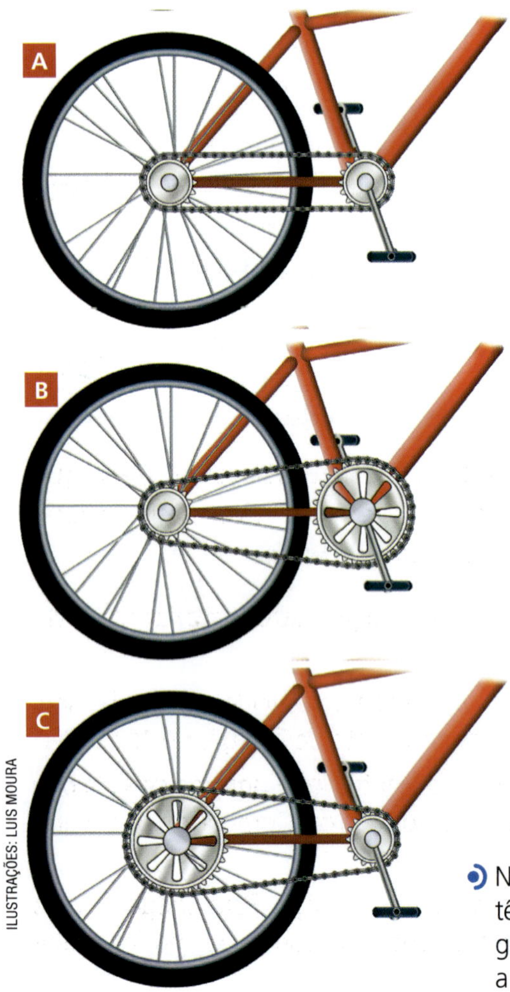

ILUSTRAÇÕES: LUIS MOURA

Na bicicleta **A**, as duas engrenagens têm o mesmo número de dentes. Dessa forma, cada volta no pedal corresponderá a uma volta completa da roda traseira.

Na bicicleta **B**, o número de dentes das duas engrenagens não é igual. Suponha que a engrenagem da roda tenha a metade do número de dentes da engrenagem do pedal. Com isso, a cada volta completa que o pedal fizer, a roda traseira completará duas voltas.

Na bicicleta **C** ocorre o contrário. Como o número de dentes na engrenagem da roda é maior que na engrenagem do pedal, é preciso pedalar mais vezes para completar uma volta. Suponha que a engrenagem da roda tenha o dobro de dentes da engrenagem do pedal. Dessa maneira, para que a roda complete uma volta, é necessário que o pedal dê dois giros.

Na bicicleta (**A**), a engrenagem do pedal e a da roda têm o mesmo tamanho. Na bicicleta (**B**), a engrenagem da roda é menor que a do pedal. Na bicicleta (**C**), a engrenagem do pedal é menor que a da roda.

ATIVIDADES

NÃO ESCREVA NO LIVRO.

1. Identifique as afirmações incorretas e corrija-as no caderno.

a) O plano inclinado aumenta a distância pela qual o objeto é movido.

b) A inclinação de um plano inclinado não influencia a vantagem que ele oferece.

c) Tesouras são uma combinação de alavanca e cunha.

d) Parafusos são um tipo de roldana.

2. Que vantagem uma polia fixa oferece? E uma polia móvel?

3. Nas situações dadas, a força potente (F_P) equilibra a força resistente (F_R). Indique se a intensidade da força potente é menor, igual ou maior à força resistente em cada caso.

IMAGENS FORA DE PROPORÇÃO.

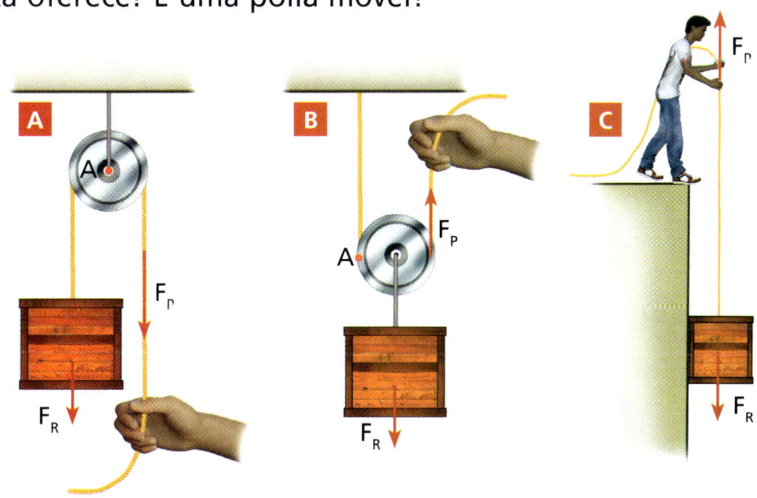

4. Analise o seguinte sistema de engrenagens.

Número de dentes de cada engrenagem:
A = 40; B = 20; C = 10.

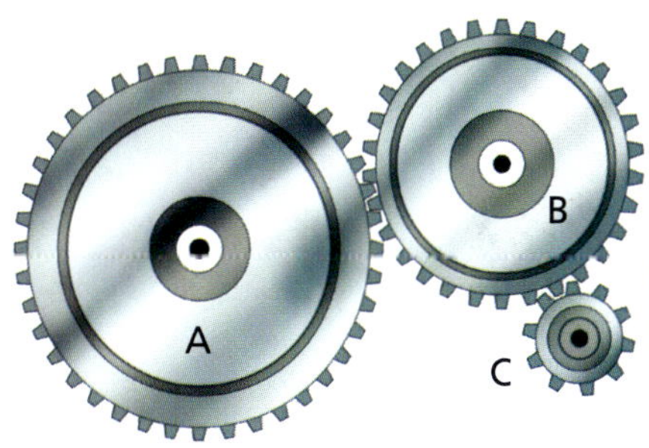

ILUSTRAÇÕES: LUIS MOURA

a) Se a engrenagem A girar no sentido horário, em que sentido as outras girarão?

b) Para cada volta que A completar, quantas voltas as outras engrenagens completarão?

5. Um ciclista pedala em uma estrada plana, em uma bicicleta com marchas. Para que ele se mova mais rápido sem ter de pedalar em uma frequência maior, deve utilizar uma engrenagem da roda maior ou menor? Explique sua resposta.

6. Para cada uma das situações a seguir, proponha uma solução que empregue uma ou mais máquinas simples.

a) Thiago comprou um sofá para sua sala. O móvel, porém, não cabe no elevador do prédio nem passa pelas escadas. Como fazer para levar o sofá até o apartamento de Thiago, no 15º andar?

b) Janaína estava pendurando quadros no seu quarto, quando notou que um dos pregos que ela já havia fixado na parede ficou desalinhado em relação aos outros. Como ela pode retirar esse prego da parede?

c) Leila estava levando sua avó, que é cadeirante, para visitar uma amiga. Para chegar à casa dessa amiga, porém, é necessário subir um lance de três degraus. Como elas podem subir com a cadeira de rodas?

Máquinas e industrialização

As máquinas simples estenderam as capacidades do ser humano, tornando possível a realização de tarefas que exigiriam muita força. As primeiras máquinas eram movidas somente com a força humana. Com o tempo, foram desenvolvidas maneiras de explorar outras fontes de força **motriz**, como animais, cursos de água e combustíveis.

As primeiras máquinas movidas a **força animal** que se conhecem tinham uso rural. Elas eram empregadas para mover água para locais elevados, permitindo a irrigação. Moinhos usados para o processamento de grãos também utilizavam força animal. Os animais – bois ou cavalos, geralmente – eram fixados a um eixo e se moviam em círculos, fazendo o eixo girar.

Motriz: que gera movimento.

OPIS ZAGREB/SHUTTERSTOCK.COM

Moinho movido a força animal, utilizado para extrair azeite de dendê. Mianmar, 2013.

FABIO EUGENIO

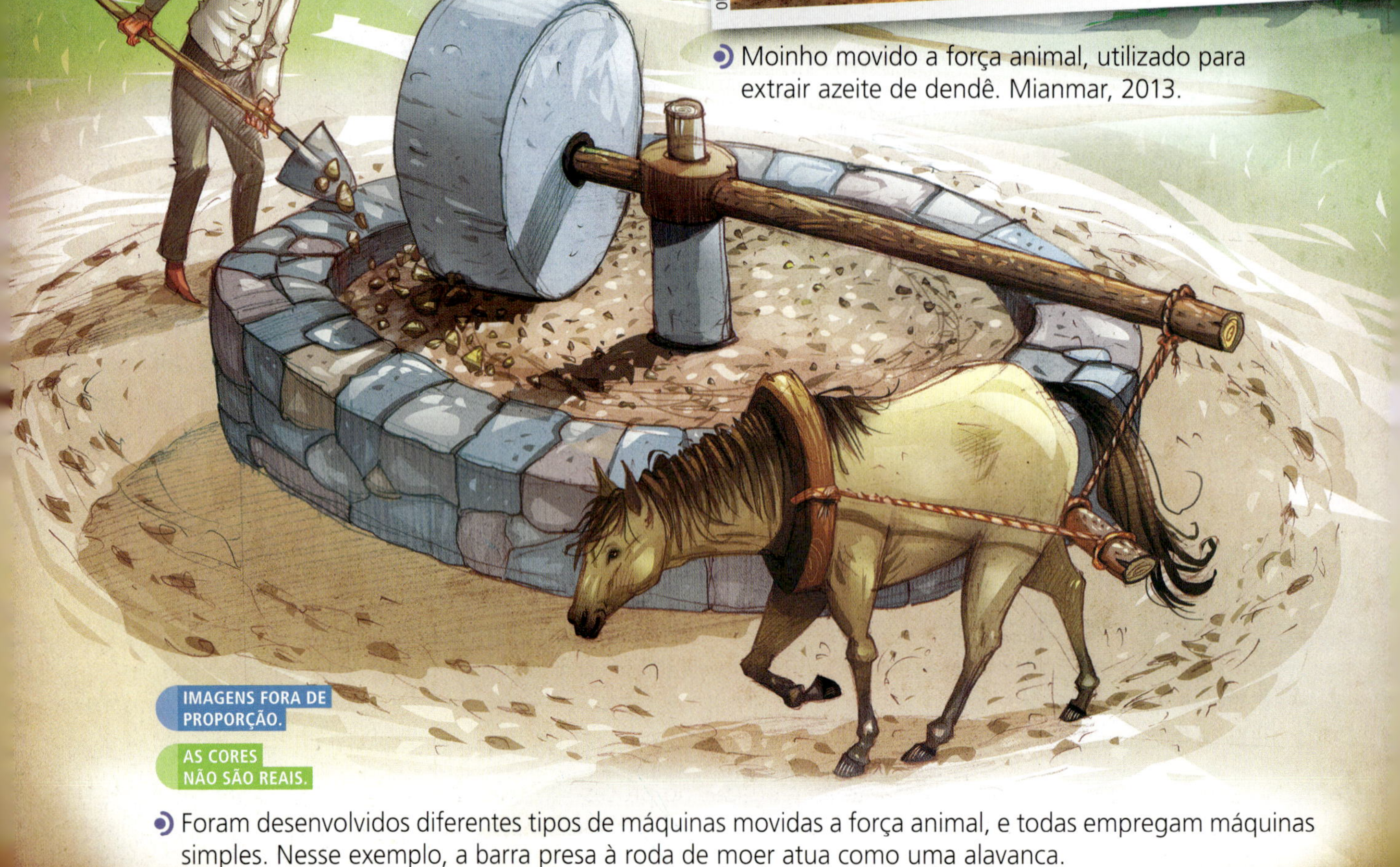

IMAGENS FORA DE PROPORÇÃO.

AS CORES NÃO SÃO REAIS.

Foram desenvolvidos diferentes tipos de máquinas movidas a força animal, e todas empregam máquinas simples. Nesse exemplo, a barra presa à roda de moer atua como uma alavanca.

O primeiro equipamento a usar força que não fosse humana ou animal foi, provavelmente, a **roda-d'água**, ainda no século I. Esse equipamento consiste em uma roda com diversas pás em seu perímetro. Ao ser posicionada sob uma queda-d'água ou sobre uma corredeira, o movimento da água é transferido para a roda. Por meio de engrenagens ou correias, o movimento do eixo da roda é transferido para as outras partes do equipamento — como uma pedra de moinho.

As rodas-d'água se popularizaram na Europa, onde eram usadas principalmente no campo, tanto na moagem de grãos quanto na irrigação. Pelo fato de facilitarem o trabalho e permitirem ganhos de produção, cada vez mais agricultores passaram a empregar as rodas-d'água. Por volta do século XVI, esses equipamentos eram a principal fonte de força motriz no continente.

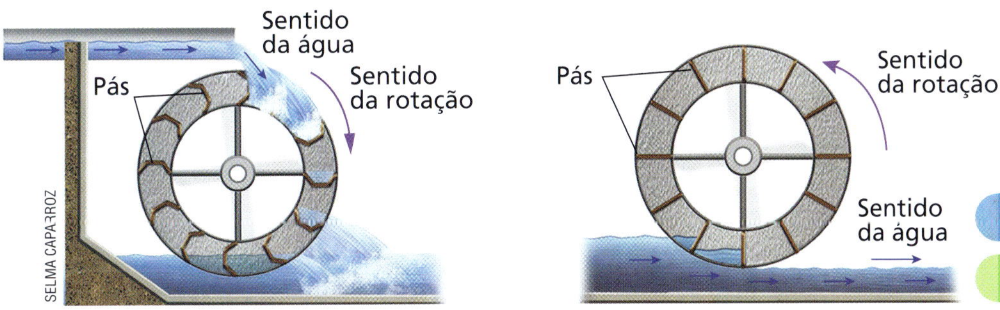

SELMA CAPARROZ

IMAGENS FORA DE PROPORÇÃO.

AS CORES NÃO SÃO REAIS.

Existem diferentes tipos de roda-d'água. O movimento da água é transferido à roda e ao eixo. Por meio de engrenagens ou parafusos, esse movimento é transferido para outras partes da máquina, como uma pedra de moer, por exemplo.

COLEÇÃO PARTICULAR

Nos séculos XVIII e XIX, era fácil avistar um moinho ao caminhar pela Inglaterra. Alguns pintores da época captaram isso em algumas de suas obras. CONSTABLE, J. **Parham Mühle, Gillingham**. 1826. Óleo sobre tela. Coleção particular.

LUIZ ANTONIO DEL TEDESCO/FOLHAPRESS

No Brasil, rodas-d'água foram bastante empregadas no processamento da cana-de-açúcar para a produção de farinha, açúcar e álcool, por exemplo. Parati (RJ), 2004.

Ao longo do tempo, foram desenvolvidas técnicas para captar e canalizar a água. Dessa forma, as rodas-d'água não precisavam mais ser instaladas em corredeiras ou quedas-d'água. A utilização das rodas-d'água, então, se expandiu ainda mais, e ela passou a ser empregada também na mineração, produção de papel, preparo da lã e outras atividades. Nos dias atuais, elas ainda são utilizadas, especialmente para a geração de energia. Rodas-d'água acopladas a geradores são usadas em diferentes escalas, desde geradores rurais de baixa potência até usinas hidrelétricas.

BRIDGEMAN/FOTOARENA

Roda-d'água utilizada em mineração. AGRICOLA, G. **De Re Metallica**. 1556. Xilogravura.

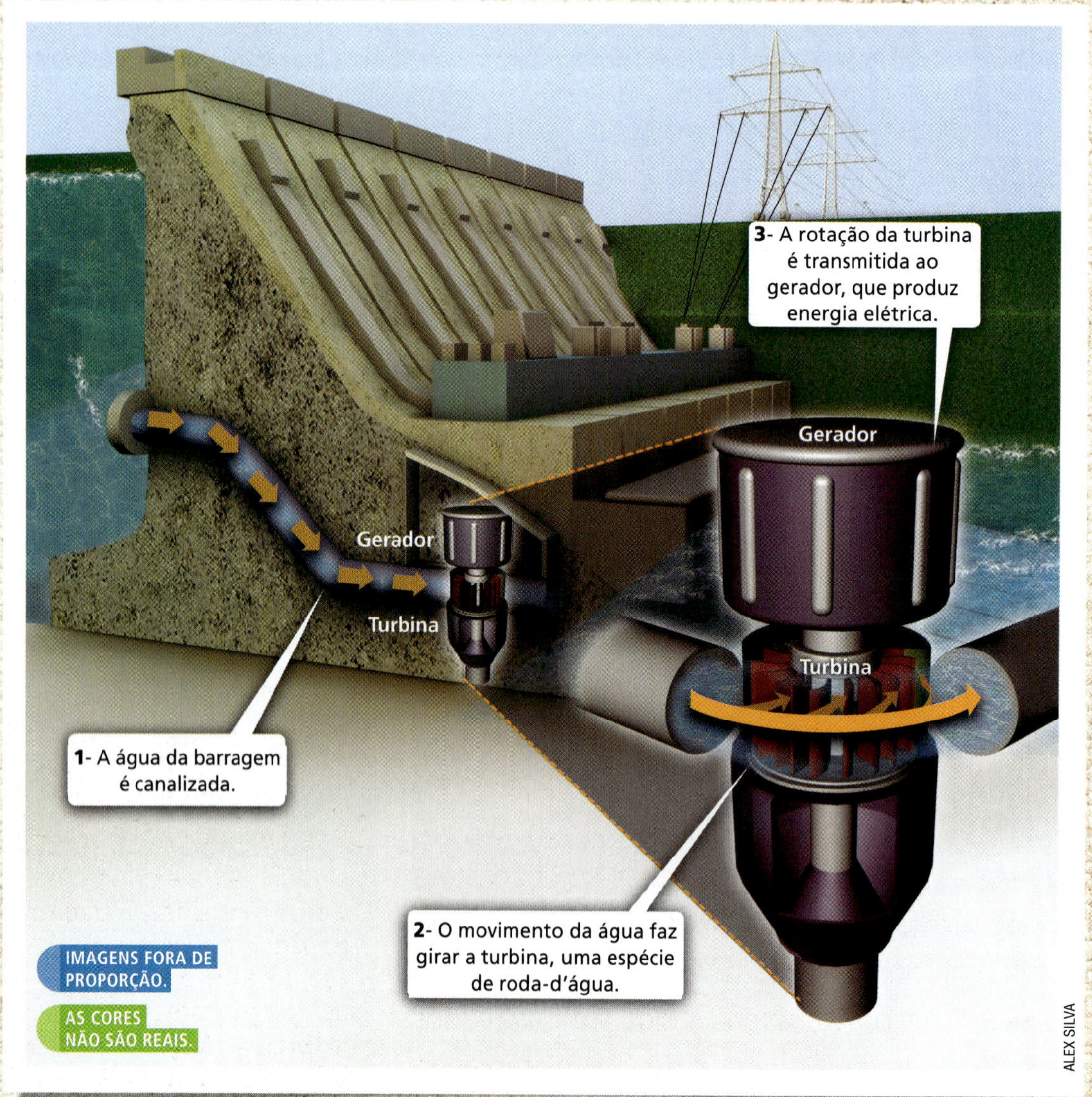

ALEX SILVA

VOLODYMYRSANYCH/SHUTTERSTOCK.COM

Usinas hidrelétricas empregam o mesmo princípio de funcionamento das rodas-d'água.

A partir da segunda metade do século XVIII, com a Revolução Industrial em curso, a roda-d'água começou a ser substituída pelo **motor a vapor**. O rápido crescimento de cidades, acompanhado do aumento populacional e, consequentemente, da demanda por produtos como alimentos e roupas, expandiu a busca por maneiras de se produzir cada vez em quantidades maiores e mais rapidamente. Em 1769, o inventor escocês James Watt (1736-1819) apresenta uma versão aperfeiçoada do motor a vapor, aumentando ainda mais a velocidade e a precisão da produção.

ALBUM/AKG-IMAGES/ALBUM/FOTOARENA

No processo artesanal, o artesão tem autonomia e controle sobre todas as etapas, desde a compra de materiais até a venda. VOGEL, G. **O alfaiate**. 1788. Gravura.

BRIDGEMAN/FOTOARENA

Réplica de motor a vapor construído por James Watt.

As indústrias estabeleceram a maquinofatura, em que a força de trabalho humana é substituída por máquinas. Nesse período, teve início o processo de **automação** da produção, no qual as máquinas passaram a realizar diversas etapas da produção, que antes eram executadas por funcionários.

Os trabalhadores deixaram de ser produtores e tornaram-se operadores de máquinas. Esse processo foi acompanhado por profundas transformações nas relações de trabalho. Ao contrário dos artesãos, os funcionários das fábricas não tinham autonomia sobre seu trabalho e dominavam apenas uma etapa da produção, e não todo o processo. A produção passou a ser orientada pelo ritmo das máquinas. Com isso, foram moldados parâmetros como o controle das horas trabalhadas e a relação entre funcionários e patrões.

LANMAS/ALAMY/FOTOARENA

O estabelecimento da produção industrializada fez os trabalhadores passarem a operar máquinas. Com isso, o controle do tempo pelo uso do relógio tornou-se importante. REGALT, A. **Seção de fios da fábrica Sert and Sola Brothers**. 1888. Ilustração.

A industrialização e o ambiente

No período da Revolução Industrial, predominava a ideia de que os recursos naturais eram muito abundantes, o suficiente para serem considerados praticamente infinitos. Não estava claro naquela época que as ações humanas podem poluir o ambiente de maneira a prejudicar tanto outras espécies quanto as próprias pessoas e suas gerações futuras.

Essa mentalidade, aliada à busca pela expansão da produção e dos lucros, acarretou impactos ambientais profundos, especialmente nas regiões onde a Revolução Industrial foi mais intensa, como na Inglaterra e na França.

BRIDGEMAN IMAGES/FOTOARENA

Muitos barcos a vapor usavam a lenha como combustível. Em alguns lugares, para obter a madeira, a mata nas margens dos rios era derrubada. Ao longo do tempo, com o crescimento do transporte pluvial, o desmatamento se aprofundou. **American South**: barco a vapor. 1875. Gravura.

A expansão das linhas férreas gerava demanda pela extração de ferro, bem como pela obtenção de combustíveis — lenha ou carvão mineral, especialmente. Ao mesmo tempo, o desenvolvimento do transporte sobre trilhos possibilitou a expansão da atividade mineradora, pois facilitou muito o transporte de minérios das minas até indústrias ou portos. Essas circunstâncias intensificaram ainda mais o desmatamento.

A popularização dos motores a vapor, como os usados em barcos a vapor, e, posteriormente, dos **motores a combustão interna** trouxe sérios problemas de poluição ambiental, especialmente quanto à poluição atmosférica. Um exemplo bastante conhecido é o das borboletas da espécie *Biston betularia*, na cidade de Manchester (Inglaterra). A população dessas borboletas era formada, em sua maioria, por indivíduos de cor branca, que conseguiam se camuflar em troncos de árvores cobertos por liquens. A proliferação de fábricas na região e o consequente aumento da poluição atmosférica reduziram drasticamente a ocorrência de liquens nos troncos das árvores. Com isso, as borboletas brancas perderam a possibilidade de se camuflar e tornaram-se alvos fáceis para predadores, o que levou ao declínio dessa população. Borboletas da mesma espécie, mas de coloração escura, foram favorecidas por essa mudança ambiental e tornaram-se maioria na população de borboletas.

IANREDDING/SHUTTERSTOCK.COM

Indivíduos da espécie *Biston betularia* sobre tronco.

Esse modelo de desenvolvimento, que ignora os impactos ambientais, é bastante criticado nos dias atuais. A publicação de estudos e a pressão de ambientalistas têm levado à criação, em todo o mundo, de leis que visam reduzir os impactos da produção industrial e da exploração dos recursos ambientais. Atualmente, muitos pesquisadores trabalham em indústrias, procurando desenvolver novos materiais e tecnologias que prejudiquem menos o ambiente.

ATIVIDADES

NÃO ESCREVA NO LIVRO.

1. Que vantagens o uso de força animal apresenta em relação ao uso da força humana? E a roda-d'água, que vantagens apresenta em relação a essas forças?

2. Imagine que uma roda-d'água instalada em um sítio, sob uma queda de água, gira a uma frequência constante de 50 rotações por minuto. A dona do sítio quer ligar essa roda a um eixo, de modo que ele gire a 10 rotações por minuto. Que máquina simples pode ajudá-la nesse objetivo? Como ela poderia fazer isso?

3. Em dupla, analisem as tirinhas a seguir e respondam.

FRANK & ERNEST, BOB THAVES © 1996 THAVES/DIST. BY ANDREWS MCMEEL SYNDICATION

GILMAR

a) As tirinhas tratam de um assunto em comum? Expliquem.

b) Qual característica da produção industrial é evidenciada na primeira tirinha?

c) Na segunda tirinha, que papéis as personagens representam? Qual era a intenção do homem de terno?

d) Vocês consideram que essas tirinhas fazem uma crítica às situações que representam? Expliquem suas respostas.

4. Liste e explique pontos positivos e negativos do desenvolvimento tecnológico que você estudou até aqui. Para elaborar essa lista, pense em todos os aspectos desse desenvolvimento: social, econômico, ambiental e outros.

5. A palavra "progresso" é um dos termos empregados para falar do desenvolvimento tecnológico. Pesquise o significado dela no dicionário e responda: existe algum problema em utilizar essa palavra para falar do desenvolvimento de tecnologias? Explique sua resposta.

Transportes e comunicação

Entre as principais transformações que o desenvolvimento tecnológico causou na sociedade, as mudanças nos meios de transporte e de comunicação merecem destaque. Vamos conhecer um pouco mais sobre isso.

Revolução nos transportes

Além da produção industrial, o motor a vapor produziu outra revolução: o transporte de pessoas e mercadorias. Trens e barcos a vapor "encurtaram" as distâncias entre as pessoas, facilitando também a circulação de informações e mercadorias entre locais distantes. Essas transformações aceleraram ainda mais o ritmo das mudanças pelas quais as sociedades já estavam passando, especialmente na Europa.

COLEÇÃO PARTICULAR

CURRIER, N.; IVES, J. M. **Trem expresso**. 1870. Litografia.

Uma das primeiras locomotivas a vapor sobre trilhos foi inaugurada em 1804 pelo inglês Richard Trevithick (1771-1833). Ela era capaz de puxar cinco vagões a uma velocidade máxima de aproximadamente 8 quilômetros por hora. Com o tempo, as locomotivas aumentaram a capacidade de carga e a velocidade; em 1830, já existiam máquinas capazes de atingir 30 quilômetros por hora. O contínuo desenvolvimento tecnológico alimentou a expansão das ferrovias, especialmente em países como Inglaterra, França, Alemanha e Estados Unidos. Isso facilitou o transporte de matérias-primas e demais produtos, alimentando o crescimento econômico dessas nações.

A criação dos motores de combustão interna, no final do século XIX, aprofundou ainda mais a revolução nos transportes. Esses equipamentos permitiram a construção de locomotivas e barcos ainda mais potentes e possibilitaram a criação dos automóveis.

No início do século XX, fábricas de automóveis passaram a produzir em série, o que reduziu preços e deu início à popularização desses veículos. A quantidade de vias para a circulação de carros e caminhões foi aumentando continuamente nas cidades, e, ao longo do tempo, esse se tornou o meio de transporte dominante nas regiões urbanizadas.

MEUNIERD/SHUTTERSTOCK.COM

Em 1908, o industrial americano Henry Ford lançou o modelo T, que marcou o início da produção em série de carros.

Santos-Dumont pilotando o 14-Bis em Paris, França, 1906.

Motores a combustão interna também possibilitaram a criação do transporte aéreo. O primeiro voo registrado de um equipamento mais pesado que o ar ocorreu na França, em 1906. O brasileiro Alberto Santos-Dumont (1873-1932) foi o inventor desse avião, chamado 14-Bis. Nessa demonstração, Santos-Dumont permaneceu no ar por aproximadamente 7 segundos, tendo percorrido uma distância de 60 metros a 6 metros de altura.

O desenvolvimento da aviação foi vertiginoso. Alguns anos depois da demonstração de Santos-Dumont, os aviões já desempenhavam papel crucial na Primeira Guerra Mundial (1914-1918). Poucas décadas depois, a criação de novas tecnologias e materiais fez o transporte aéreo de cargas e pessoas se popularizar, reduzindo drasticamente o tempo necessário para se chegar a países distantes.

Avião inglês usado durante a 1ª Guerra Mundial.

Interior de um avião de passageiros, década de 1960.

Transporte nos dias de hoje

Atualmente, motores a combustão interna ainda são a principal fonte de força motriz nos meios de transporte ao redor do mundo. A busca por alternativas menos poluentes, porém, vem impulsionando o uso de carros com **motores elétricos**. Esses motores não emitem fumaça no seu funcionamento, e, portanto, motores elétricos são considerados menos poluentes.

O uso de motores elétricos não é novidade. Locomotivas elétricas já eram utilizadas em alguns locais da Europa na segunda metade do século XIX. Por não produzirem fumaça, esses veículos apresentavam vantagens especialmente nas regiões urbanas.

Com o desenvolvimento tecnológico, o uso de motores elétricos se propagou entre os veículos de transporte coletivo. É o caso de muitos trens atuais e variantes menores, como os chamados veículos leves sobre trilhos (VLTs). Buscando reduzir cada vez mais o tempo de deslocamento, países europeus e asiáticos desenvolveram trens capazes de atingir velocidades superiores a 250 quilômetros por hora.

JOA SOUZA/GETTY IMAGES

Na maioria das grandes cidades, predomina o transporte individual (carros e motos). Esses veículos dividem o espaço com *vans*, ônibus, caminhões e outros. Salvador (BA), 2016.

EQROY/SHUTTERSTOCK.COM

Trem de alta velocidade, também chamado "trem-bala", em operação na China, 2017. Esse veículo é capaz de atingir velocidades superiores a 350 km/h.

PAVEL L/SHUTTERSTOCK.COM

Carro elétrico sendo recarregado. Diversos países vêm adotando medidas para incentivar a produção e o uso de veículos elétricos, com o intuito de reduzir o impacto ambiental produzido pelo transporte. Moscou, Rússia, 2012.

THI SOARES/SHUTTERSTOCK.COM

No Brasil, a maioria dos trens de transporte de passageiros é movida a motores elétricos. São Paulo (SP), 2018.

Revolução nos meios de comunicação

Alguns historiadores afirmam que um dos principais marcos na história da civilização foi a invenção da **imprensa com tipos móveis**, por volta do ano 1450. O ferreiro alemão Johannes Gutenberg (1394-1468) desenvolveu uma máquina que facilitava muito a replicação de textos impressos. Essa máquina contava com moldes das letras do alfabeto, chamados tipos, que eram organizados de modo que formassem o texto. Esses moldes eram embebidos em tinta e prensados sobre o papel, como um carimbo, o que possibilitava criar inúmeras cópias do texto original. Antes dessa invenção, os livros eram copiados à mão.

BCHRISTOPHER/ALAMY/FOTOARENA

Réplica da prensa de Gutenberg.

Esse invento barateou muito a produção de livros, tornando-os acessíveis a um número cada vez maior de pessoas. Além disso, possibilitou a criação de jornais, folhetins, revistas e outros tipos de periódicos e produtos impressos. Esses meios de comunicação permitiram a transmissão de informações e de fatos considerados relevantes.

Nesse período, desenvolviam-se também na Europa os serviços de **correio**, por meio dos quais as pessoas podiam enviar cartas e pacotes para outras regiões. O desenvolvimento dos correios, porém, é atrelado ao desenvolvimento dos meios de transporte. Por conta disso, esse serviço se desenvolveu muito no período da Revolução Industrial, com o surgimento dos trens e barcos a vapor.

No Brasil, o serviço de correio foi criado oficialmente em 1663, com a fundação do Correio-mor do Mar, por D. João VI. As correspondências eram inicialmente transportadas a pé, por barcos ou a cavalo e, posteriormente, por ferrovias.

Na década de 1830, os inventores americanos Joseph Henry (1797-1878) e Samuel Morse (1791-1872) desenvolveram o **telégrafo**. Esse equipamento transmitia mensagens por meio de sinais elétricos, usando um sistema de códigos que ficou conhecido como código Morse. Esse sistema combina sinais elétricos curtos e longos para representar as letras do alfabeto e era geralmente usado para a transmissão de mensagens curtas.

ALEKS49/SHUTTERSTOCK.COM

Telégrafo utilizado em 1953.

O **telefone** foi criado pelo italiano Antonio Meucci (1808-1889) em 1860 e aperfeiçoado pelo americano Alexander Graham Bell (1847-1922). Esse equipamento possibilita transmitir sons por meio de sinais elétricos. Com isso, a comunicação se torna muito mais fácil e rápida em comparação ao telégrafo. O desenvolvimento da telefonia se deu rapidamente, e, em 1883, o Brasil já possuía cinco centrais telefônicas, que permitiam a comunicação instantânea entre as cidades do Rio de Janeiro e Petrópolis.

AGE FOTOSTOCK/EASYPIX

Gravura representando a inauguração da linha telefônica entre as cidades americanas de Nova York e Chicago, em 18 de outubro de 1892.

A primeira metade do século XX é marcada pela proliferação dos meios de comunicação que exploravam a transmissão via ondas eletromagnéticas: o **rádio** e, posteriormente, a **televisão**. Essa tecnologia possibilitava enviar mensagens para um grande número de pessoas ao mesmo tempo, dando origem aos chamados **meios de comunicação em massa**. Na segunda metade do século XX, a criação de **satélites** possibilitou a comunicação instantânea com praticamente qualquer lugar da superfície terrestre.

EVERETT HISTORICAL/SHUTTERSTOCK.COM

Antes da televisão, as famílias se reuniam para ouvir notícias, músicas e novelas pelo rádio. 1925.

ALEKS49/SHUTTERSTOCK.COM

O primeiro satélite artificial foi o Sputnik, lançado pela União Soviética em 1957. Museu do Espaço, Moscou, Rússia, 2015.

TV-YESTERDAY/INTERFOTO/FOTOARENA

Primeiro de computador portátil, EUA, 1981. Tinha cerca de 10 kg e tela monocromática de 5 polegadas.

O desenvolvimento dos computadores impulsionou ainda mais as possibilidades de comunicação. A rede mundial de computadores, que hoje chamamos de internet, foi criada em 1969 nos Estados Unidos, com o nome de Arpanet. Seu uso era exclusivo para fins militares e de pesquisa; somente em 1987 foi liberado o uso comercial.

Nos primórdios da internet, a comunicação era limitada pela capacidade de captação e de transmissão de informações. As primeiras mensagens eram compostas apenas de texto, algo parecido com o que ocorria na época do telégrafo. Com o contínuo desenvolvimento tecnológico, tornou-se possível transmitir imagens estáticas e, posteriormente, áudios e vídeos.

Atualmente, computadores portáteis, como *smartphones* e *tablets*, permitem a realização de videoconferências com interlocutores em qualquer lugar do planeta, em tempo real. Além disso, os usuários da rede têm à sua disposição, a qualquer momento, uma quantidade imensurável de informações: livros, revistas, notícias, trabalhos acadêmicos, filmes, músicas e outros.

SILVERKBLACKSTOCK/SHUTTERSTOCK.COM

Com conexão sem fio à internet, os *smartphones* modernos permitem comunicação em tempo real usando vídeo e áudio.

ASSIM SE FAZ CIÊNCIA

A Ciência e a Guerra Fria

Era março de 1946. O mundo ainda se recuperava da Segunda Guerra Mundial. Winston Churchill, recém-saído do cargo de primeiro-ministro britânico, discursava em Fulton, Estados Unidos: "Desceu uma cortina de ferro que corta o nosso continente". Com virulência, Churchill atacava o comunismo em resposta a outro discurso, o de Stalin, que por sua vez considerava o capitalismo uma ameaça à paz mundial. Estava deflagrada uma guerra jamais declarada oficialmente, mas que, durante quase cinquenta anos, dividiria o mundo em dois blocos e que em vários momentos ameaçou exterminar a humanidade: a Guerra Fria.

Mas essa mesma tensão gerada pela queda de braço entre capitalistas e comunistas também impulsionaria a ciência e a tecnologia de um modo jamais visto durante toda a história humana. Testemunhas da importância do conhecimento científico na Segunda Guerra, Estados Unidos e União Soviética sabiam que não poderiam prescindir desse poder que auxiliou a máquina de guerra nazista e que foi fundamental na criação da bomba atômica. Entretanto, não só a indústria bélica foi beneficiada. O computador que você tem agora à sua frente; a Internet, rede em que esta reportagem foi publicada; o seu relógio digital e até a viagem do homem à Lua são, de certa forma, frutos dessa Guerra. Tecnologias das mais variadas áreas foram influenciadas por ela.

Sem a ameaça do bloco adversário, o desenvolvimento de satélites e foguetes se daria em outro ritmo. [...]

[...]

Os embates deram-se como numa partida de xadrez, em que cada movimento de um dos lados era seguido de uma resposta, quase que imediata, do oponente. O primeiro lance foi dos Estados Unidos, que já em 1946 fez um teste nuclear no Atol de Bikini, no Pacífico. A repercussão mundial levou o estilista francês Jaques Heim a batizar seu maiô de duas peças com o nome do atol. A URSS recebeu o recado e, em 1949, já testava o seu primeiro artefato nuclear.

Na década de [19]50, a disputa ganha o espaço sideral com os soviéticos saindo na frente. Em agosto de 1957, eles lançam seu primeiro míssil balístico intercontinental, o R7. Provavam assim que poderiam atingir os Estados Unidos sem decolar um único avião nem deslocar tropas de seu país. Com a mesma tecnologia já eram capazes de

Teste americano de bomba nuclear no Atol de Bikini, 1946.

colocar um objeto em órbita e foi o que fizeram dois meses depois. Em outubro daquele ano, o mesmo foguete levou o Sputnik, uma esfera pouco maior que uma bola de basquete que entrou em órbita espalhando um sinal intermitente pelo espaço, tornando-se o primeiro satélite artificial do mundo. [...]

[...]

COMCIÊNCIA. **A corrida tecnológica – como a Guerra Fria impulsionou a ciência.** Disponível em: <www.comciencia.br/dossies-1-72/reportagens/guerra/guerra07.htm>. Acesso em: ago. 2018.

ATIVIDADES

1. Qual foi o impacto da Guerra Fria sobre a Ciência e a tecnologia? Por que isso ocorreu?

2. Em dupla, avaliem a seguinte afirmação:

A ciência é imparcial, isto é, ela não toma partido e não se envolve em política.

- Vocês concordam com essa afirmação? Expliquem sua resposta.

3. Em duplas, pesquisem sobre outras tecnologias que surgiram impulsionadas pela Guerra Fria. Anotem informações sobre elas e apresentem para a turma.

ATIVIDADES

NÃO ESCREVA NO LIVRO.

1. Em sua opinião, quais foram as principais transformações que o desenvolvimento dos meios de transporte trouxe para a sociedade?

2. Que avanço tecnológico possibilitou a criação e a popularização dos automóveis?

3. Observe as imagens a seguir, utilizadas em uma campanha pelo uso de transporte coletivo ou alternativo.

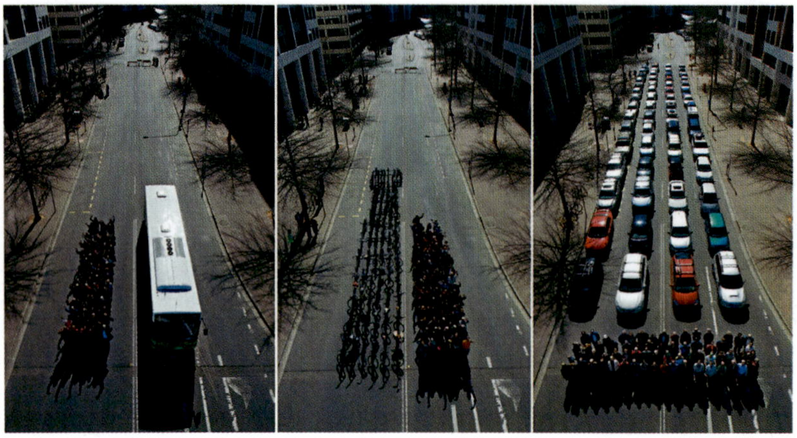

WE RIDE AUSTRALIA

Campanha pelo transporte coletivo ou alternativo comparando os espaços ocupados por ônibus, bicicletas e carros.

a) Qual é a mensagem que as imagens passam?

b) Que vantagens o transporte coletivo oferece em relação ao individual? E que desvantagens?

4. Entreviste uma pessoa idosa da sua família para obter informações sobre os meios de comunicação na época em que ela era mais jovem. Procure saber:

- como as pessoas faziam para se comunicar com quem estava longe?
- como eram os aparelhos de tevê e de rádio?
- como era o telefone? Era um meio de comunicação popular?

Anote as respostas e apresente-as para a turma. Em seguida, comparem as situações descritas com os meios de comunicação atuais. Que diferenças existem?

5. Em grupos, pesquisem sobre os meios de transporte no município em que vivem. Procurem descobrir:

- que meios de transporte estão disponíveis?
- quais são os mais utilizados?
- qual dos meios de transporte utilizados atualmente é o mais antigo na região? E o mais recente?

Essas informações podem ser pesquisadas em livros, na internet ou na Secretaria de Transporte do município. Conversem entre si e apontem quais desses meios de transporte vocês mais utilizam. Reflitam sobre as vantagens e desvantagens desses meios de transporte e apresentem suas conclusões para a turma. Ouçam as conclusões dos outros grupos e, ao final, avaliem se a oferta de transportes no município é adequada, na opinião de vocês.

MERGULHO NO TEMA

1. Medindo forças

Construção de modelo

Os dinamômetros são aparelhos empregados para medir a intensidade de uma força. Vamos construir um tipo de dinamômetro simplificado e investigar algumas de suas características.

- **Material**
  - 1 elástico de látex
  - 50 cm de barbante
  - 1 copo plástico
  - 30 moedas iguais
  - 1 régua de 30 cm
  - 1 palito de dentes

- **Procedimento**

Reúnam-se em grupos de acordo com as orientações do professor.

1. Com cuidado, façam 3 furos na borda do copo e passem o barbante, formando um cestinho.
2. Abram o elástico e amarrem uma das pontas nos barbantes do cestinho. Nesse mesmo ponto, fixem o palito de dentes na horizontal, como na figura.
3. Com fita adesiva, prendam a outra ponta do elástico em uma quina de cadeira ou carteira, próximo a uma das pernas do móvel.
4. Alinhem a ponta do palito com a marca 0 cm e fixem a régua.
5. Coloquem 10 moedas no cestinho e anotem o valor indicado na régua. Repitam usando 20 e 30 moedas.

IMAGENS FORA DE PROPORÇÃO.
AS CORES NÃO SÃO REAIS.

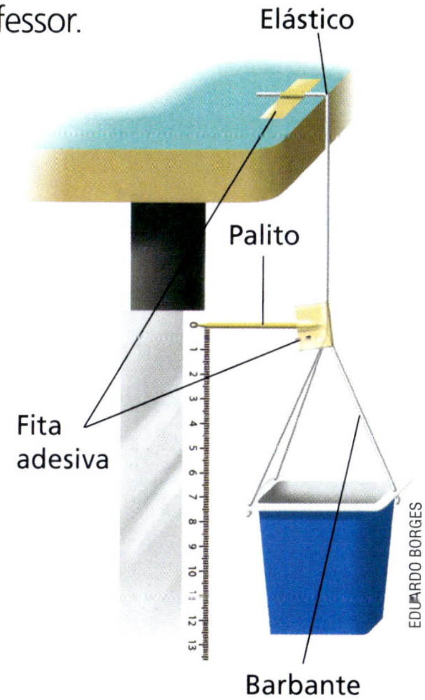

Representação de dinamômetro simplificado.

REFLEXÕES

1. Usando os valores anotados, elaborem um gráfico que mostre a relação entre o número de moedas no cestinho e a deformação do elástico. Converse com os colegas e o professor sobre a construção desse gráfico.
2. Analisando o gráfico, verifiquem se é possível prever qual será a deformação do elástico para 5, 15 e 25 moedas.
3. Após estimar esses valores, testem suas previsões e verifiquem se chegaram próximo.

2. Em busca do equilíbrio

Jogo

Vamos construir um tipo de balança de pratos e criar um jogo que vai desafiar suas noções de peso e equilíbrio e também as de seus colegas.

- **Material**

  - 1 régua rígida
  - 1 metro de barbante (aproximadamente)
  - 1 rolo de fita adesiva
  - 2 copinhos plásticos idênticos
  - 2 clipes de papel idênticos
  - 10 moedas iguais

- **Procedimento**

1. Amarre o barbante no centro da régua e erga-a pelo fio. Verifique se ela permanece equilibrada na horizontal. Se não for o caso, mova o barbante para os lados até achar a posição ideal. Em seguida, fixe o barbante na posição com a fita adesiva. Prenda a outra extremidade do barbante em uma carteira ou cadeira.
2. Com cuidado, fure a borda dos copinhos e passe o barbante através dos furos para construir dois cestinhos. Amarre um clipe na ponta de cada barbante, formando um gancho.
3. Pendure os copinhos nas extremidades da régua, à mesma distância do ponto de apoio, e verifique se eles se equilibram. Se isso não ocorrer, prenda mais barbante ou fita adesiva ao copinho mais leve, até que o equilíbrio seja alcançado.

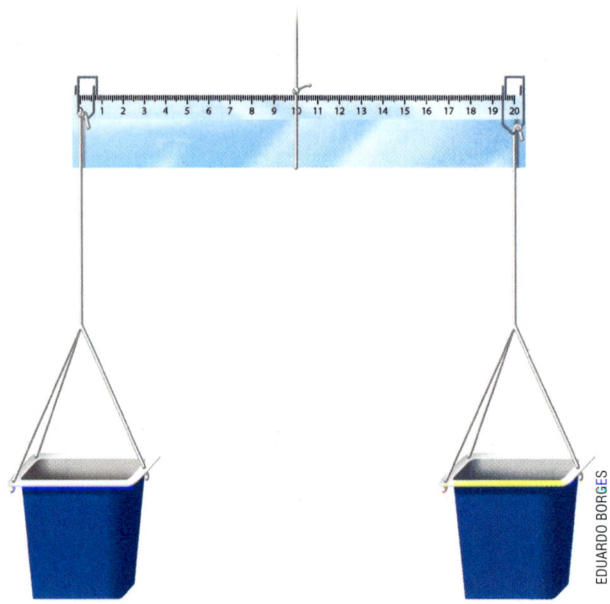

Representação de um tipo de balança de pratos.

IMAGENS FORA DE PROPORÇÃO.

AS CORES NÃO SÃO REAIS.

Regras do jogo

1. Formem duplas; neste jogo, uma dupla desafia outra.
2. A primeira (dupla A) vai escolher:
   - um número de moedas para colocar em um cestinho;
   - a posição na régua em que esse cestinho deverá ser pendurado (qualquer ponto da escala numerada).

   Atenção: não pendurem o cestinho ainda.

3. A outra dupla (dupla B) deve colocar todas as moedas restantes no outro cestinho e calcular a posição que ele deve ser pendurado para equilibrar a régua. Essa dupla pode também concluir que não é possível atingir o equilíbrio.
4. Pendurem os cestinhos na régua, nas posições indicadas pelas duplas, e avaliem o que ocorre. A dupla B tem direito a duas tentativas para acertar.

   - A régua se equilibra na primeira tentativa: **3 pontos** para a dupla B.
   - A régua se equilibra na segunda tentativa: **1 ponto** para a dupla B.
   - Se a dupla B não conseguiu atingir o equilíbrio mesmo na segunda tentativa, a dupla A faz **3 pontos**.
   - Se a dupla B concluiu que não é possível atingir o equilíbrio, a dupla A deve testar se isso é verdade. Se for, a dupla B faz **3 pontos**; se não, a dupla A faz **3 pontos**.

5. Na próxima rodada, invertem-se os papéis: a dupla B coloca as moedas no primeiro potinho, e a dupla A deve fazer os cálculos.
6. Após 10 rodadas (5 de cada lado), somem a pontuação. A dupla com mais pontos vence!

REFLEXÕES

1. A gangorra funciona como qual tipo de máquina simples?
2. Que raciocínio sua dupla usou para calcular a posição em que deve pendurar o cestinho?

3. Parafuso de Arquimedes

Construção de modelo

Vimos que o parafuso de Arquimedes é empregado para transportar água ou outros materiais para um local mais elevado. Vamos construir um equipamento que utiliza o mesmo princípio e testar seu funcionamento.

- **Material**

  - 1 trecho de cabo de vassoura com 70 cm de comprimento
  - 1 trecho de cabo de vassoura com 10 cm de comprimento
  - 1 ripa fina de madeira com 10 cm de comprimento
  - mangueira transparente com 2 metros de comprimento
  - 50 cm de barbante (aproximadamente)
  - 2 potes plásticos

- **Procedimento**

Reúnam-se em grupos de acordo com as orientações do professor.

1. Com as peças de madeira, o professor vai montar uma manivela como a da ilustração.

Representação da manivela que será feita na atividade.

2. Enrolem a mangueira em espiral ao redor do segmento maior da manivela, partindo da ponta oposta à da manivela. Cortem o excedente de mangueira, se houver.

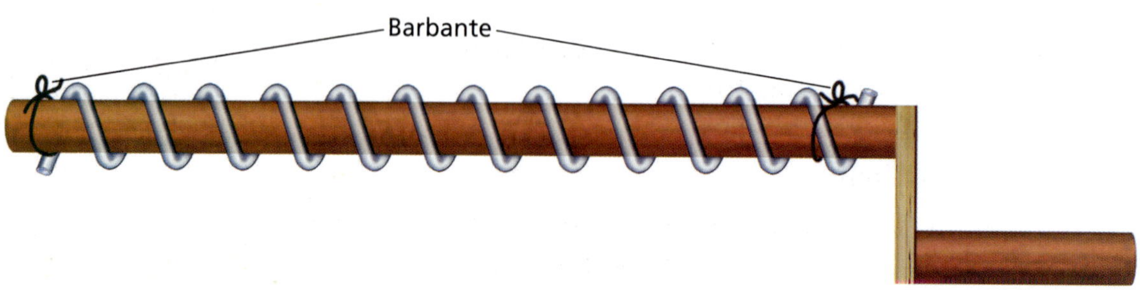

ILUSTRAÇÕES: SELMA CAPARROZ

Representação do modelo de parafuso de Arquimedes.

3. Para fixar a mangueira na manivela, amarrem com o barbante. O parafuso de Arquimedes está pronto.

4. Coloquem água em um dos potes plásticos. Posicionem o outro pote em um ponto mais elevado, mas próximo do primeiro.

5. Baseando-se no que aprenderam sobre o parafuso de Arquimedes, descubram o que é necessário fazer para mover a água do pote de baixo para o pote de cima.

IMAGENS FORA DE PROPORÇÃO.

AS CORES NÃO SÃO REAIS.

Representação de situação em que será necessário mudar a água para um local mais alto.

SELMA CAPARROZ

REFLEXÕES

1. O que é necessário fazer para mover a água para um local mais alto usando o parafuso de Arquimedes? É possível fazer o transporte no sentido contrário também?

2. Conversem sobre o funcionamento dessa máquina. Discutam os seguintes pontos:
   - A máquina funcionou adequadamente?
   - A construção poderia ter sido diferente para melhorar algum aspecto?
   - O que poderia ser feito para aumentar a eficiência dessa máquina?

   Ao final da conversa, escrevam um resumo das conclusões do grupo e apresentem para a turma.

TEL COELHO/GIZ DE CERA

4. Máquinas no dia a dia

Exposição

Nesta Unidade, vocês estudaram que as máquinas fazem parte do nosso cotidiano – desde as mais simples, até as mais sofisticadas. Nesta atividade, você e seus colegas vão montar uma exposição de fotos sobre as máquinas que utilizam no dia a dia.

- **Material**
  - máquina fotográfica, celular ou outro dispositivo com essa função
- **Procedimento**

1. Ao realizar suas atividades diárias, repare na presença de máquinas simples e máquinas complexas.
2. Escolha uma máquina simples e uma complexa presentes no seu cotidiano para serem fotografadas.
3. Ao capturar a foto da máquina simples, procure enquadrar o equipamento de modo a deixar claro para um observador do que se trata. Por exemplo, se for fotografar uma alavanca, procure mostrar o apoio e os pontos de aplicação das forças potente e resistente.
4. Escreva um pequeno texto para acompanhar cada uma dessas imagens na exposição, explicando ao observador do que se trata. Inclua informações como o nome do objeto, sua função e modo de funcionamento.
5. No dia combinado, leve a fotografia e o texto para a sala de aula. Vocês podem fazer uma exposição virtual, criando uma galeria de imagens, ou imprimir as fotografias e fazer uma exposição presencial.
6. Explique a seus colegas as máquinas que você registrou. Observe também as imagens produzidas por eles.

REFLEXÕES

1. Quais imagens da exposição mais chamaram a sua atenção? Por quê?
2. Em sua opinião, a exposição conseguiu retratar a importância das máquinas na nossa vida? Explique sua resposta.

TEL COELHO/GIZ DE CERA

5. Benefícios e prejuízos do desenvolvimento

Leitura e interpretação

A dependência tecnológica no mundo do trabalho é cada vez maior. Para o economista e diretor técnico do Departamento Intersindical de Estatística e Estudos Socioeconômicos (Dieese), Clemente Ganz Lúcio, as transformações sociais geradas por essa dependência trouxeram benefícios e prejuízos ao trabalhador. "Em algumas atividades penosas, como o corte da cana-de-açúcar, o uso de máquinas é positivo porque auxilia o ser humano, mas em outras substitui o trabalhador, o que significa um prejuízo para a sociedade porque gera desemprego", afirmou Lúcio.

Outro aspecto importante da inserção das novas tecnologias no trabalho é a sua interferência na vida do trabalhador. Para o diretor do Dieese, a máquina é utilizada para aumentar a produção e não para melhorar a qualidade de vida no trabalho. [...]

"A tecnologia gera crescimento, produtividade, produtos mais baratos e amplia o mercado, o que gera mais empregos, mas ela é perversa quando tem a intenção de substituir o trabalho e o objetivo é puramente aumentar o lucro e excluir o trabalho do processo", explicou.

Para a presidente da Associação Brasileira de Recursos Humanos, Leyla Nascimento, o predomínio do uso de tecnologias no trabalho exige que os profissionais de todas as áreas estejam permanentemente atualizados para o mercado. "Dominar o conhecimento tecnológico é fundamental, seja em obras ou em consultórios médicos, a tecnologia está presente em todos os ambientes profissionais. A flexibilidade e a capacidade de mudança fazem parte do DNA do profissional moderno", lembrou.

[...]

WANDSCHEER, L. Avanço tecnológico trouxe benefícios e prejuízos ao trabalhador. **EBC/Agência Brasil**. Disponível em: <http://memoria.ebc.com.br/agenciabrasil/noticia/2010-05-01/avanco-tecnologico-trouxe-beneficios-e-prejuizos-ao-trabalhador>. Acesso em: ago. 2018.

REFLEXÕES

1. Segundo o entrevistado, quais são as vantagens do avanço tecnológico?
2. Ainda segundo ele, quais seriam os prejuízos desse fenômeno?
3. De acordo com a entrevistada, como deve ser a postura do trabalhador perante a tecnologia?
4. Você concorda com a opinião dos entrevistados? Em grupos, discutam a opinião de vocês sobre o texto.

6. Desenvolvimento sustentável

Leitura, interpretação e pesquisa

Avanços tecnológicos a favor do meio ambiente

Desde 1972, o Dia Mundial do Meio Ambiente é celebrado em 5 de junho. A data foi estabelecida durante a Conferência das Nações Unidas sobre o Meio Ambiente Humano, realizada em Estocolmo, capital da Suécia, e tem como objetivo reforçar os constantes problemas ambientais enfrentados por todo o planeta, assim como a importância da preservação de seus recursos.

Foi também nessa época que o conceito de desenvolvimento sustentável começou a tomar forma. [...] logo após a realização da Conferência, diversos países começaram a estruturar órgãos ambientais e legislações que tornaram o ato de poluir uma prática ilegal. Discussões sobre a racionalização do uso de energia e a busca por combustíveis mais limpos também ganharam força.

Vale lembrar que o conceito de desenvolvimento sustentável está intimamente ligado a capacidade de atender às necessidades das sociedades atuais sem comprometer as futuras gerações. “Os princípios sugerem que é preciso desenvolver uma economia que privilegie o crescimento econômico, alterando a qualidade desse crescimento para torná-lo mais equitativo e menos intensivo no uso de matérias-primas e energia, destacando o papel dos avanços científicos, tecnológicos e inovadores”, ressalta a Profa. Dra. Anapatrícia Morales Vilha, Coordenadora da Agência de Inovação da UFABC.

Passados 44 anos do evento organizado pela ONU, as dificuldades na área de preservação ambiental ainda são muitas. De acordo com um grupo de docentes dos Cursos de Tecnologia em Saneamento Ambiental e Engenharia Ambiental da Faculdade de Tecnologia da Unicamp, a maioria dos problemas atuais está interligado aos elevados índices de consumo de recursos materiais e energéticos. A rápida elevação da temperatura média do planeta, por exemplo, é um efeito antropogênico. Ou seja, apesar de ter componentes naturais associados a eles, somos os grandes responsáveis por esse fenômeno.

Entretanto, a boa notícia é que o desenvolvimento tecnológico deixou de ser visto apenas como vilão para tornar-se um auxiliar na minimização dos efeitos negativos das atividades produtivas para o meio ambiente. Há várias inovações que favorecem a convivência mais adequada dos seres humanos com o planeta. Outro ponto positivo é que governantes, empresários e população estão assimilando a importância disso.

No entendimento dos docentes da Unicamp, os consumidores estão cada vez mais preocupados com a degradação do meio ambiente e exigem soluções menos impactantes, o que exige posicionamento e investimento das empresas. Além disso, várias universidades brasileiras têm se destacado no quesito inovação, contribuindo com soluções que trabalham pela redução do impacto ambiental.

[...]

PINELLI, N. Avanços tecnológicos a favor do meio ambiente. **Época Negócios**. Disponível em: <https://epocanegocios.globo.com/Caminhos-para-o-futuro/Desenvolvimento/noticia/2016/06/avancos-tecnologicos-favor-do-meio-ambiente.html>. Acesso em: ago. 2018.

REFLEXÕES

1. O texto apresenta um evento que ocorreu em 1972. Que evento foi esse e quais foram seus impactos?

2. Segundo o grupo de pesquisadores consultado, o que explica os principais problemas ambientais atuais?

3. Segundo o texto, como os avanços científicos e tecnológicos podem contribuir para o desenvolvimento sustentável?

4. Ainda segundo esse grupo, qual é o papel dos consumidores nesse processo?

5. Em grupos, façam uma pesquisa sobre desenvolvimento sustentável. Procurem saber o que significa a expressão "desenvolvimento sustentável", que é tão utilizada atualmente. Em seguida, pesquisem um exemplo de inovação tecnológica que, segundo a opinião do grupo, está alinhada ao desenvolvimento sustentável. Anotem informações sobre essa inovação e apresentem-na para a turma. Se possível, utilizem imagens para enriquecer a exposição.

MARCOS AMEND/PULSAR IMAGENS

Vista aérea do rio Anauá, em Caracaraí (RR), 2016.

MAIS

LIVRO

- **Revolução industrial (Coleção O cotidiano da História)**
  Francisco M. P. Teixeira. Editora Ática, 2004.

EDITORA ÁTICA

A era da Revolução Industrial foi marcada pela intensa mecanização dos meios de produção e pelo surgimento dos centros urbanos. Este livro conta um pouco como era o cotidiano de uma pessoa vivendo no meio dessas transformações, em Londres.

FILMES

BETTMANN ARCHIVE/GETTY IMAGES

- **Tempos modernos**

Esse filme, do renomado ator e diretor inglês Charles Chaplin, retrata de forma caricata e crítica a vida urbana nos Estados Unidos na década de 1930. Mostra um ponto de vista sobre as intensas transformações no modelo de produção que ocorriam na época, quando a produção industrial e a mecanização do trabalho se expandiram.

HTTPS://WWW.YOUTUBE.COM/WATCH?V=VP20472PJNS&FEATURE=YOUTUBE

- **Uma escola entre redes sociais**

O documentário, produzido por pesquisadores da Universidade Federal Fluminense, investiga o uso de redes sociais por estudantes do Ensino Médio e discute os impactos que o uso da internet traz para nossas vidas.

Disponível em: <http://livro.pro/pmnocn>. Acesso em: ago. 2018.

SITES

EQUIPE DE PROJETO: KATHY PERKINS, JOHN BLANCO, ARIEL PAUL; DESENVOLVIMENTO DE SOFTWARE: JOHN BLANCO; EQUIPE: MICHAEL DUBSON, TRISH LOEBLEIN; ARTES GRÁFICAS: JOHN BLANCO, MARIAH HERMSMEYER

- **Balançando**

Esta página traz um simulador virtual de alavancas e um jogo, com vários níveis, que vai testar sua capacidade de equilibrar pesos diferentes.

Disponível em: <http://livro.pro/9uodhe>. Acesso em: ago. 2018.

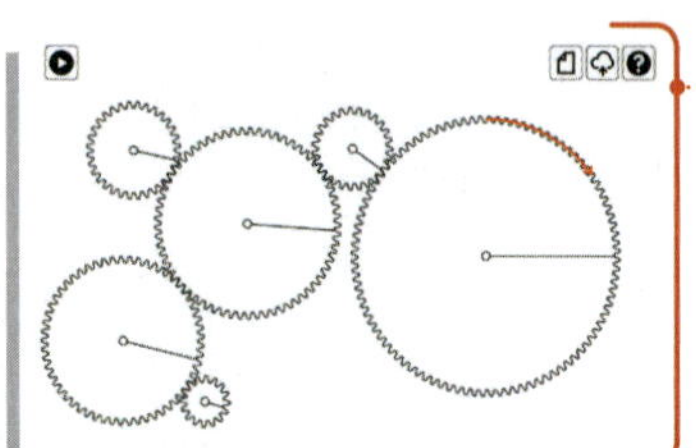

LEENAARS, FRANK; VAN JOOLINGEN, W.R.; GIJLERS, HANNIE; BOLLEN, LARS (2014) EDUCATIONAL TECHNOLOGY RESEARCH AND DEVELOPMENT, VOLUME 2014, ISSUE 62, PP. 555 - 570

- **Gear Sketch**

Este *site* permite criar inúmeras combinações de engrenagens virtuais. Basta desenhar um círculo que uma engrenagem surgirá. Arraste uma engrenagem para perto de outra para que se conectem. Depois, basta definir o sentido de rotação de uma delas e apertar o *play*. Você pode conectar quantas engrenagens quiser.

Disponível em: <http://livro.pro/8fnfmw>. Acesso em: ago. 2018.

FIM DE PAPO

MARCOS GUILHERME

1. Retome suas respostas às questões da abertura da Unidade.

- Você alteraria alguma das suas respostas? Se sim, como e por quê?

2. Usando as palavras do quadro, responda à seguinte questão: Como as máquinas transformam o mundo?

força	máquinas simples	desenvolvimento	tecnologia
indústria	transporte	comunicação	

6 Do que o calor é capaz?

Pessoas ao redor de uma fogueira no inverno de 2017.

GUILHERME ARTIGAS/FOTOARENA

PARA INÍCIO DE CONVERSA

1. A que elemento(s) da imagem você associaria a palavra “calor”?
2. Como uma fogueira pode nos aquecer?
3. Por que algumas roupas nos mantêm mais aquecidos que outras?
4. O calor tem alguma relação com o funcionamento de um carro?

Energia

AS CORES NÃO SÃO REAIS.

IMAGENS FORA DE PROPORÇÃO.

EBER EVANGELISTA

Situações em que a palavra energia costuma ser usada.

As situações retratadas acima, bastante distintas, representam alguns dos contextos em que a palavra energia é geralmente empregada. A energia é, de fato, um dos conceitos mais abrangentes da Ciência, além de ser uma ideia bastante familiar para nós. Apesar disso, é muito difícil defini-la com exatidão.

KAKTEEN/SHUTTERSTOCK.COM

SPL DC/LATINSTOCK

Cultivo de plantas em ambientes internos. Equipamentos como esse empregam lâmpadas para fornecer a energia luminosa de que as plantas precisam para realizar fotossíntese e se desenvolver.

Tudo o que existe no Universo é uma combinação de matéria e energia. A matéria é constituída de partículas, possui massa e ocupa espaço. A energia não tem essas características; percebemos apenas os efeitos que ela produz sobre a matéria.

De maneira simplificada, podemos dizer que a energia é um agente capaz de produzir uma ação. A energia dos alimentos permite o funcionamento das células, a energia do Sol aquece o planeta, a energia contida em combustíveis move os carros, e assim por diante. Dependendo da ação que produz, a energia recebe diferentes nomes.

Corpos em movimento apresentam **energia cinética**, relacionada à velocidade e à massa do corpo. Quanto maior a velocidade ou a massa do corpo, mais energia cinética ele apresenta. A energia cinética é um tipo de energia mecânica, relacionada ao movimento da matéria.

A energia do Sol que aquece o planeta e é utilizada pelos seres fotossintetizantes é chamada de **energia luminosa** ou, ainda, energia radiante. Ela viaja na velocidade da luz e pode se propagar no vácuo. Além do Sol e das demais estrelas, as lâmpadas, as fogueiras e outros objetos também podem emitir energia luminosa.

CÉSAR DINIZ/PULSAR IMAGENS

Na brincadeira conhecida como taco ou bets, uma bola é arremessada contra o alvo. Quanto mais rápido a bola viaja, maior sua velocidade e, portanto, mais energia cinética ela apresenta.

Os aparelhos eletrônicos utilizam **energia elétrica** para funcionar. Nas usinas elétricas, a energia elétrica é geralmente produzida a partir da conversão de energia cinética do movimento de turbinas ou de pás pela água, pelo vento ou pelo vapor. A conversão de energia ocorre em um equipamento chamado gerador. Em pilhas e baterias, a energia elétrica é obtida por transformações que liberam a **energia química** contida nos componentes internos.

ZOONAR GMBH/ALAMY/FOTOARENA

As rodas d'água aproveitam a energia cinética da água em movimento. Quando acopladas a um gerador, a energia cinética é convertida em energia elétrica.

A **energia térmica** é uma das formas de energia que promove ações que percebemos com mais facilidade. Ela não está associada apenas às sensações de calor ou frio, mas também aos fenômenos de mudança de estado físico da matéria, dilatação e contração de corpos e funcionamento de máquinas térmicas.

No Sistema Internacional de Unidades, a energia é medida em joules (**J**). Outra unidade da medida bastante usada é a caloria (**cal**). O valor energético dos alimentos, por exemplo, é expresso em calorias na maioria dos rótulos. Uma caloria corresponde a aproximadamente 4,18 joules.

Energia térmica e calor

Pode soar bastante contraintuitivo, mas as partículas que formam a matéria não são estáticas, isto é, não permanecem paradas. Se fosse possível observar as partículas que constituem este livro agora, você notaria que elas realizam um movimento de vibração ao redor de um ponto. Podemos dizer, então, que existe energia cinética associada a essas partículas. A **energia térmica** corresponde à soma das energias cinéticas associadas a todas as partículas que compõem um corpo.

Esse movimento das partículas pode ser mais ou menos intenso, dependendo do estado físico, ou estado de agregação, em que o corpo se encontra: sólido, líquido ou gasoso.

Nos sólidos, como a página deste livro, as partículas permanecem bem aderidas entre si e apenas vibram ao redor de um ponto sem se deslocar muito. Nos líquidos, a adesão entre as partículas é fraca, e elas se movimentam com bastante liberdade pelo espaço disponível – isto é, possuem mais energia cinética. No estado gasoso, as partículas atingem a máxima liberdade de movimento. Como praticamente não existe adesão entre elas, as partículas gasosas se movimentam livremente, ocupando todo o espaço disponível.

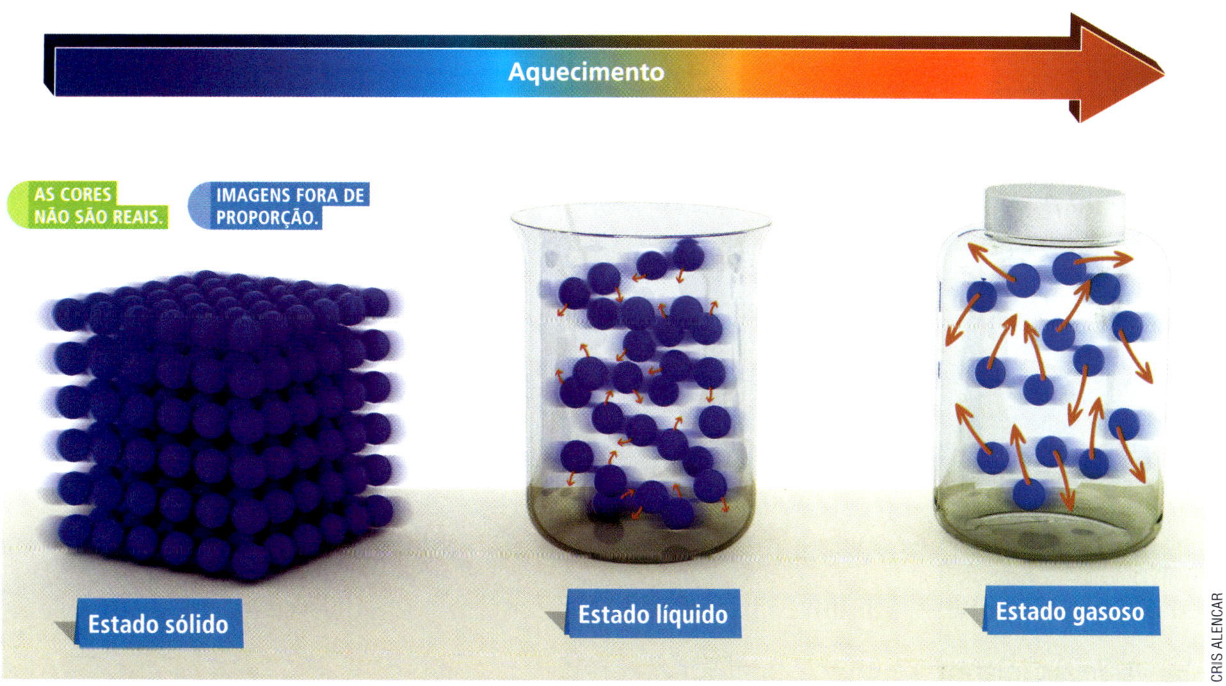

Representação simplificada do comportamento das partículas em cada estado da matéria. As bolinhas representam as partículas que formam a matéria.

A energia térmica pode ser transferida de um corpo para outro. Por exemplo, quando uma caneca de chá quente é deixada sobre a mesa, ela resfria lentamente até chegar à mesma temperatura do ambiente onde foi deixada. A transferência de energia térmica chama-se **calor**. Em outras palavras, calor é a energia térmica em trânsito. Embora essa palavra tenha outros significados no uso cotidiano, aqui ela será empregada somente em seu sentido científico.

CARMINA_PHOTOGRAPHY/SHUTTERSTOCK.COM

KORKUT KAZCIN/SHUTTERSTOCK.COM

O bolo quente transfere calor para o ambiente e, com isso, esfria até atingir o equilíbrio térmico.

A energia térmica é transferida sempre do corpo mais quente para o corpo mais frio – não existe "transferência de frio". Por exemplo, quando um bolo sai do forno, a temperatura dele é bem mais elevada que a temperatura ambiente. Ao ser deixado sobre a bancada, o bolo transfere energia para o ambiente (ar, bancada etc.) e, por isso, esfria. Ao mesmo tempo, o ambiente recebe energia térmica do bolo e é aquecido, embora não seja tão fácil notar, porque a energia se dissipa por todo o local. Essa troca energia ocorre até que seja atingido o equilíbrio térmico, isto é, até que os corpos estejam na mesma temperatura – no caso, até que o bolo atinja a temperatura ambiente.

Pense em outro exemplo comum: quando colocamos leite frio em um copo de café quente, o café transfere energia térmica para o leite e esfria, enquanto o leite é aquecido. Após alguns instantes, os dois líquidos alcançam o equilíbrio térmico.

ATIVIDADES

NÃO ESCREVA NO LIVRO.

1. O que é energia? Como podemos percebê-la?

2. Copie as frases a seguir, substituindo o (?) pelo tipo de energia correspondente.

a) A energia (?) é capaz de se propagar no vácuo.

b) A energia (?) diz respeito ao grau de agitação das partículas que constituem um corpo.

c) Quanto mais rápido um carro se move, mais energia (?) ele possui.

d) O gerador é geralmente utilizado para converter energia (?) em energia (?).

3. No caderno, crie uma tabela listando os três estados físicos da matéria. Para cada um, descreva a distância entre partículas e o grau de agitação delas.

4. O que é calor? Relate uma situação do cotidiano que envolva calor.

5. Escolha uma alternativa e explique sua resposta.

Ao sair de casa em um dia frio, nosso corpo esfria porque:

a) o frio do ambiente penetra no corpo, fazendo a temperatura baixar.

b) a energia térmica do nosso corpo é transferida para o ambiente.

6. Em duplas, pesquisem em livros ou na internet uma resposta para a seguinte questão:

- O nosso corpo sempre transfere energia para o ambiente. Apesar disso, nosso corpo se mantém em uma temperatura mais alta que o ambiente. Como isso ocorre?

Escrevam as respostas encontradas e compartilhem com a turma.

Temperatura e sensação térmica

O grau de agitação das partículas que constituem um corpo depende da quantidade de energia térmica que ele possui. Quando o corpo transfere energia para outro, o grau de agitação térmica de suas partículas diminui; quando recebe energia, essa agitação aumenta. A **temperatura** é a grandeza que indica o grau de agitação térmica das partículas que formam um corpo.

DELFIM MARTINS/PULSAR IMAGENS

A sensibilidade a temperaturas baixas ou altas varia de pessoa para pessoa. Esse fenômeno é observado, por exemplo, quando andamos na rua e vemos algumas pessoas com roupas leves e outras agasalhadas. São Paulo (SP), 2016.

No cotidiano, dizemos que um corpo está frio ou quente em função da percepção que temos sobre a temperatura dele. A **sensação térmica**, porém, não é uma maneira precisa de determinar a temperatura de um corpo, pois ela varia muito de pessoa para pessoa e de acordo com a situação. Por exemplo, você já deve ter ouvido alguém dizer que é "friorento" porque sente mais frio que os outros, ou então "calorento", caso seja o oposto.

Outra situação que mostra como nossa percepção não é precisa: ao entrar no mar ou em uma piscina, podemos ter a impressão de que a água está gelada. Porém, conforme permanecemos na água, o desconforto passa e a temperatura não incomoda mais. Nesses casos, não foi a temperatura da água que mudou, apenas a nossa percepção dela.

Para obter uma medida precisa da temperatura de um corpo, utiliza-se o **termômetro**. Existem diversos tipos de termômetro: a *laser*, eletrônico, de álcool, entre outros. Independentemente do tipo, os termômetros indicam a temperatura de acordo com uma escala termométrica.

Conhecer a temperatura exata de um corpo é importante em diversas situações, especialmente na produção industrial e na cozinha profissional. No dia a dia, o uso mais comum do termômetro é para aferir a temperatura corporal ou do ambiente. Os médicos consideram que temperaturas acima de 37,8 °C caracterizam febre. A hipotermia ocorre quando a temperatura do corpo fica abaixo de 35 °C.

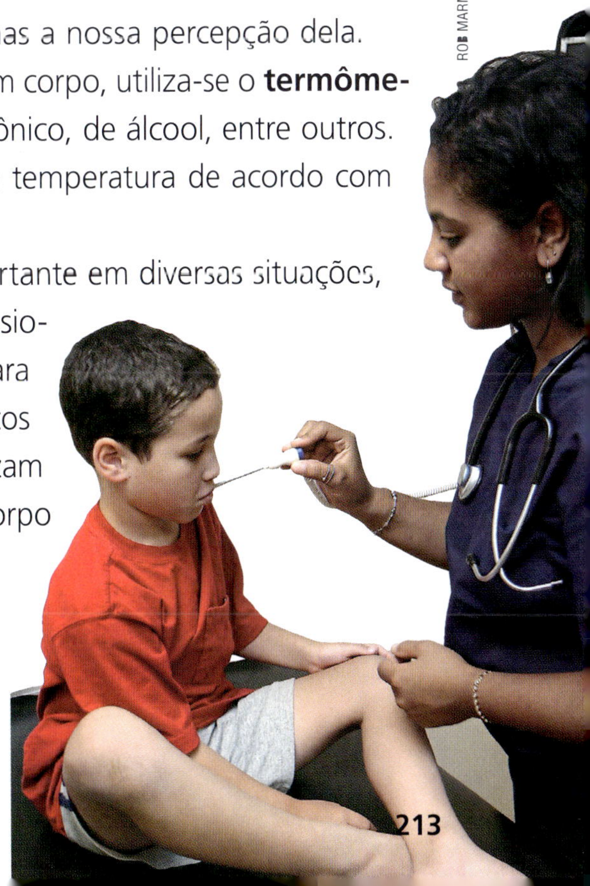

ROB MARMION/SHUTTERSTOCK.COM

Enfermeira usando termômetro clínico digital para avaliar a temperatura em paciente. Quando precisamos saber com exatidão alguma temperatura – por exemplo, para verificar se temos febre –, devemos usar um termômetro.

Escalas termométricas

ALBUM/AKG-IMAGES/ALBUM/FOTOARENA

Retrato de Anders Celsius.

UNIVERSIDADE DE TECNOLOGIA DE GDAŃSK

Retrato de Daniel Gabriel Fahrenheit.

A escala termométrica mais utilizada atualmente no mundo, inclusive no Brasil, é a **escala Celsius**, idealizada pelo físico e astrônomo sueco Anders Celsius (1701-1744). Para criar essa escala, Celsius determinou, inicialmente, dois **pontos fixos**. Para isso, escolheu dois fenômenos relacionados à temperatura que eram fáceis de serem reproduzidos: a fusão e a ebulição da água.

Em seguida, atribuiu valores arbitrários de temperatura para cada um: 0 °C para a fusão da água e 100 °C para a ebulição, ao nível do mar. O intervalo entre esses valores foi dividido em cem partes iguais, cada uma correspondendo a 1 °C.

Outra escala termométrica é a **escala Fahrenheit**, criada pelo engenheiro alemão Daniel Gabriel Fahrenheit (1686-1736). Inicialmente, os pontos fixos escolhidos por ele foram 0 °F para uma mistura de gelo, água, sal e amônia, e 96 °F para a temperatura do corpo humano. Posteriormente, percebendo a necessidade de melhorar a precisão da escala, trocou os pontos fixos, utilizando as temperaturas de fusão e ebulição da água. Na escala Fahrenheit, o ponto de fusão da água é 32 °F, e o de ebulição é 212 °F. Atualmente, essa escala está caindo em desuso, sendo utilizada por pouquíssimos países.

A

TOMAS RAGINA/SHUTTERSTOCK.COM

FABRIKASIMF/SHUTTERSTOCK.COM

B

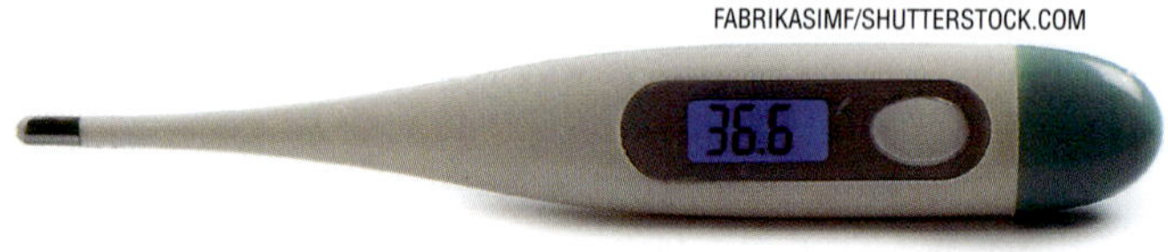

Alguns termômetros de bulbo (**A**) indicam a temperatura tanto na escala Celsius quanto Fahrenheit. Essa função também está presente em diversos termômetros digitais (**B**), bastando apertar um botão para alternar entre as escalas.

Para converter uma temperatura em graus Celsius para graus Fahrenheit, ou vice-versa, utiliza-se a seguinte equação:

$$\frac{t_c}{5} = \frac{t_f - 32}{9}$$

Sendo t_c a temperatura em graus Celsius e t_f a temperatura em graus Fahrenheit.

Como exemplo, vamos calcular a conversão de 25 °C para Fahrenheit.

$$\frac{25}{5} = \frac{t_f - 32}{9} \Rightarrow t_f = 5 \times 9 + 32 \Rightarrow t_f = 77\ °F$$

Tanto a escala Celsius quanto a Fahrenheit são elaboradas a partir de pontos fixos arbitrários e, por esse motivo, são conhecidas como escalas relativas. O físico britânico William Thomson (1824-1907), conhecido pelo título de lorde Kelvin, propôs uma escala absoluta que passou a ser denominada **escala Kelvin** e é bastante utilizada em algumas áreas da Ciência.

Nessa escala, o ponto zero (0 K) corresponde à temperatura mais baixa possível, pela teoria: quando um corpo não possui mais nenhuma energia térmica. Nessa situação, chamada zero absoluto, a movimentação das partículas cessaria completamente, isto é, elas não teriam mais energia cinética. Na escala Kelvin, a temperatura de fusão da água corresponde aproximadamente a 273 K, e a de ebulição, cerca de 373 K. Note que nessa escala não se usa o termo "grau"; não dizemos "300 graus Kelvin", apenas "300 Kelvin".

HI-STORY/ALAMY/FOTOARENA

Retrato do lorde Kelvin.

Para converter temperaturas entre Celsius e Kelvin, usa-se a seguinte equação:

$$t_k = t_c + 273$$

Sendo t_k a temperatura em Kelvin e t_c a temperatura em Celsius.

ATIVIDADES

NÃO ESCREVA NO LIVRO.

1. O que é temperatura? Qual é a relação entre temperatura e calor?

2. Analise a seguinte situação.

- Você concorda com a atitude do homem? Explique sua resposta.

TEL COELHO/GIZ DE CERA

3. Janaína e sua família vão visitar parentes que moram nos Estados Unidos. Antes de fazer as malas, eles consultaram a previsão do tempo para o destino (ao lado):

- Com base nessa previsão, a família de Janaína deve levar roupas grossas ou mais frescas? Explique sua resposta.

EDITORIA DE ARTE

4. Identifique as afirmações incorretas e corrija-as no caderno.

a) A temperatura de fusão da água é 0 °F.

b) Celsius e Fahrenheit são escalas absolutas.

c) O zero absoluto corresponde a −273 °C.

d) 300 K é uma temperatura mais elevada que 300 °F.

Contração e dilatação

Vimos que, quando um corpo recebe energia térmica, a agitação das partículas que o constituem aumenta. Um dos efeitos que isso pode produzir no corpo é a **dilatação térmica**: conforme a movimentação das partículas se torna mais intensa, a distância entre elas aumenta, ou seja, elas se afastam. Com isso, o corpo aumenta de tamanho. O inverso também é válido: quando perde energia térmica, o corpo contrai, pois suas partículas vibram com menos intensidade e se aproximam umas das outras. Esse processo é denominado **contração térmica**. Tanto a dilatação quanto a contração térmicas ocorrem em sólidos, líquidos e gases. Vamos analisar alguns exemplos.

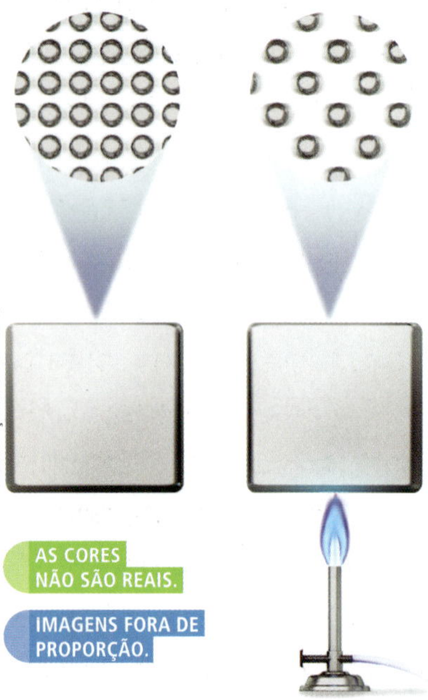

ILUSTRAÇÕES: CRIS ALENCAR

AS CORES NÃO SÃO REAIS.

IMAGENS FORA DE PROPORÇÃO.

Representação simplificada do efeito que o aquecimento exerce sobre as partículas de um corpo. Ao receber energia térmica, as partículas movem-se com mais intensidade e se afastam.

Os termômetros clínicos de álcool contam com um bulbo, que armazena uma mistura de álcool e corante, e um capilar de vidro sobre uma escala numerada. Para aferir a temperatura corporal, o bulbo é posicionado sob a axila ou na boca da pessoa e deve ser mantido nessa posição por alguns minutos. Esse tempo de espera serve para que o álcool atinja o equilíbrio térmico com o corpo da pessoa.

Representação simplificada de um termômetro de álcool.

A torre Eiffel, na França, tem 324 metros de altura. Esse valor pode variar até 18 cm em decorrência da temperatura ambiente.

IREN KEY/SHUTTERSTOCK.COM

Juntas de dilatação em ponte (**A**) e linha férrea (**B**).

EVANNOVOSTRO/SHUTTERSTOCK.COM

LEONARDO BENASSATTO/FUTURA PRESS

Conforme o álcool no bulbo do termômetro recebe energia térmica do corpo, ele se expande e começa a subir pelo capilar. Quanto maior for a temperatura do corpo da pessoa e, consequentemente, do álcool, maior será a altura que o líquido colorido alcançará no capilar. A escala numerada do termômetro é calibrada de tal modo que a distância percorrida pelo líquido indica a temperatura que ele atingiu.

Os materiais não se dilatam ou contraem da mesma forma. Metais geralmente se expandem e contraem mais do que a madeira e o vidro, por exemplo. Em função disso, a dilatação e a contração térmicas têm consequências muito sérias para a construção civil. Pontes e linhas férreas, por exemplo, precisam ser construídas levando em conta as variações de temperatura do local e os efeitos que isso provoca sobre os materiais. Caso isso não seja feito, a dilatação e a contração da estrutura podem fazer que ela se deforme. No caso dos trilhos, isso pode acarretar no descarrilamento de trens; no caso de pontes, a deformação pode prejudicar a resistência da estrutura e ocasionar graves acidentes.

Um recurso empregado para evitar esses efeitos chama-se **junta de dilatação**. Trata-se de um espaço que separa duas peças rígidas da estrutura. Esse espaço pode ser deixado vazio ou ser preenchido por um material plástico, capaz de se deformar. Com as juntas de dilatação, as peças que compõem a estrutura podem se dilatar sem exercer força uma contra as outras, evitando que se deformem ou rachem.

Um recurso semelhante é o espaçamento empregado no assentamento de azulejos. Se os azulejos fossem instalados sem nenhum espaço entre si, a dilatação térmica faria que trincassem. O rejunte é um material capaz de ser comprimido, absorvendo a força que os azulejos exercem ao se dilatar.

Outros exemplos são os cabos estendidos sobre postes. Eles são feitos de metal e, portanto, estão sujeitos a contrações e dilatações térmicas. Por esse motivo, eles são instalados com uma folga, formando uma "barriga" entre os postes. Isso impede que, ao contraírem, eles se estiquem demais.

CKP1001/SHUTTERSTOCK.COM

O espaçamento entre os azulejos permite que possam se dilatar e contrair livremente.

Densidade

A dilatação e a contração exercem influência sobre uma propriedade dos materiais chamada **densidade**, que é a relação entre a quantidade de massa do corpo e o volume que ele ocupa. Matematicamente, a densidade é expressa da seguinte maneira:

$$\text{densidade} = \frac{\text{massa}}{\text{volume}}$$

Se medirmos a massa em gramas (g) e o volume em centímetros cúbicos (cm^3), a densidade será expressa em gramas por centímetro cúbico (g/cm^3). Veja a densidade de alguns materiais do cotidiano:

Substância	Densidade (g/cm^3)
Água a 4 °C	1,00
Água a 20 °C	0,99
Gasolina	0,70
Mercúrio	13,60
Leite	1,03
Gelo a 0 °C	0,92
Alumínio	2,70
Ferro	7,80
Chumbo	11,30
Ouro	19,30

Fonte: HYPERPHYSICS. **Densities of common substances.** Disponível em: <http://hyperphysics.phy-astr.gsu.edu/hbase/Tables/density.html>. Acesso em: ago. 2018.

Quando um corpo é aquecido e sofre dilatação, sua massa não muda, mas seu volume aumenta. Com isso, sua densidade diminui. O oposto ocorre quando o corpo sofre contração: sua densidade aumenta.

A densidade de um corpo ou material determina se ele flutua ou afunda em um fluido (líquido ou gás). Quando é menos denso que o fluido, o corpo flutua; quando é mais denso, afunda. A água a 4 °C, por exemplo, tem densidade de 1 g/cm^3. O gelo, que tem densidade de 0,92 g/cm^3, flutua na água, enquanto o ferro, com densidade de 7,8 g/cm^3, afunda.

Esse fenômeno tem consequências importantes em líquidos e gases, como veremos adiante no estudo da convecção térmica.

Quando um gás é aquecido, ele também tende a se expandir. Se ele estiver contido em um recipiente rígido, isso levará a pressão que o gás exerce sobre as paredes internas a aumentar. Se estiver em um recipiente elástico, esse recipiente irá se expandir.

IZA GUEDES

Se forem armazenadas próximas a uma fonte de calor, as latas de aerossol podem explodir por causa da expansão do conteúdo.

GG-FOTOBY/SHUTTERSTOCK.COM

SIMEV/SHUTTERSTOCK.COM

Os balões de ar quente utilizam essa característica dos materiais. Eles contam com um maçarico que aquece o ar no seu interior, expandindo-o. Como esse ar quente é menos denso que o ar externo, o balão flutua. Ao controlar a intensidade da chama do maçarico, o piloto consegue variar a altitude do balão.

Maçarico sendo utilizado para encher o balão com ar quente (**A**). Esses veículos são empregados para passeios turísticos em diversas regiões do Brasil e do mundo, como em Myanmar, na Ásia (**B**).

Densidade da água

No que diz respeito à dilatação e à contração térmicas, a água tem um comportamento diferente da maioria dos líquidos. No intervalo de temperatura entre 0 °C e 4 °C, a densidade da água aumenta com a temperatura, em vez de diminuir. Acima de 4 °C, a água se comporta como a maioria dos líquidos, isto é, sua densidade diminui conforme a temperatura aumenta. Veja no gráfico a seguir.

Densidade da água em função da temperatura

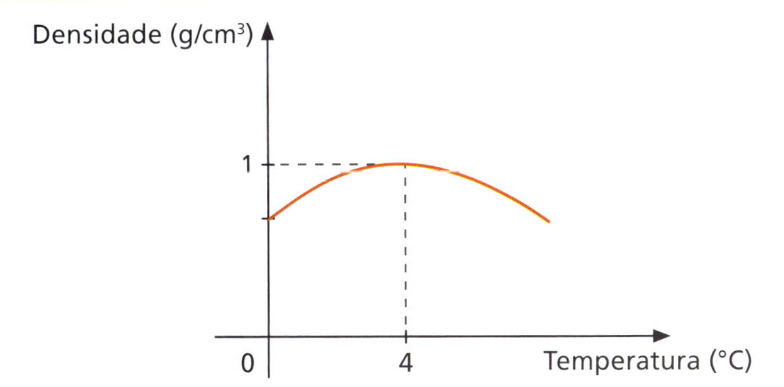

EDITORIA DE ARTE

Observe que, a 4 °C, a água apresenta sua densidade máxima igual a 1 g/cm³. No estado sólido, a 0 °C, a densidade é mais baixa, o que explica por que o gelo boia na água.

Quando está no estado sólido (gelo), a água é menos densa que no estado líquido. É fácil constatar isso observando o comportamento de cubos de gelo na água: eles boiam. Isso ocorre porque, no gelo, a distância entre as partículas é maior que no estado líquido.

Essa característica da água tem implicações importantes para os seres aquáticos que vivem em regiões muito frias, onde a água de lagos e de rios pode congelar. Como o gelo é menos denso que a água em estado líquido, ele forma uma camada superficial, que age como um isolante térmico, protegendo a água que fica abaixo dela de temperaturas mais baixas. Isso permite que os seres vivos aquáticos sobrevivam, mesmo quando a temperatura externa é muito baixa.

A camada superficial desse lago na Rússia está congelada, mas a água abaixo dela permanece líquida.

ZOONAR/V.SAGAYDASHIN/ALAMY/FOTOARENA

ATIVIDADES

NÃO ESCREVA NO LIVRO.

1. Explique o funcionamento de um termômetro clínico de álcool.

2. Para conseguir abrir um pote de vidro que estava com a tampa emperrada, Júlia aqueceu um pouco de água e jogou sobre a tampa. Com isso, conseguiu abri-la com facilidade. Explique por que isso ocorreu.

3. Analise a seguinte situação.

LEANDRO MARCONDES

- Por que a garrafa de suco quebrou?

4. O que são juntas de dilatação? Qual é a importância delas?

5. Em certas construções, especialmente casas mais antigas, é comum ouvir rangidos e estalos no começo da noite e ao longo dela, quando as temperaturas estão diminuindo.

- Em duplas, pesquisem em livros ou na internet por que isso ocorre. Anotem as respostas que encontrarem e apresentem para a turma.

Formas de propagação do calor

Para que exista transferência de energia térmica entre corpos, é necessário que, entre eles, haja diferença de temperatura, pois, como vimos, o calor sempre se propaga do corpo de maior temperatura para o de menor temperatura. Situações em que isso ocorre são constantes no nosso cotidiano: aquecer água para um chá, vestir roupas grossas em dias frios, procurar uma sombra para se proteger do Sol, soprar um alimento quente, e muitas outras.

O calor pode ser transmitido de um corpo a outro de três formas: condução, convecção e irradiação.

Condução

A **condução térmica** ocorre principalmente nos sólidos. Nesse processo, a energia térmica de uma partícula é transmitida para uma partícula próxima. Conforme recebe energia, a partícula vibra mais intensamente e transmite parte dessa vibração para as partículas vizinhas.

Pense em um prato de mingau quente: se você deixar uma colher feita de metal em contato com o mingau, a parte da colher que está mergulhada se aquece rapidamente. Com o tempo, o calor vai se propagando pelo cabo, até atingir a extremidade, que é a última parte do talher que se aquece. Nesse caso, o aquecimento da colher se deu por **condução**.

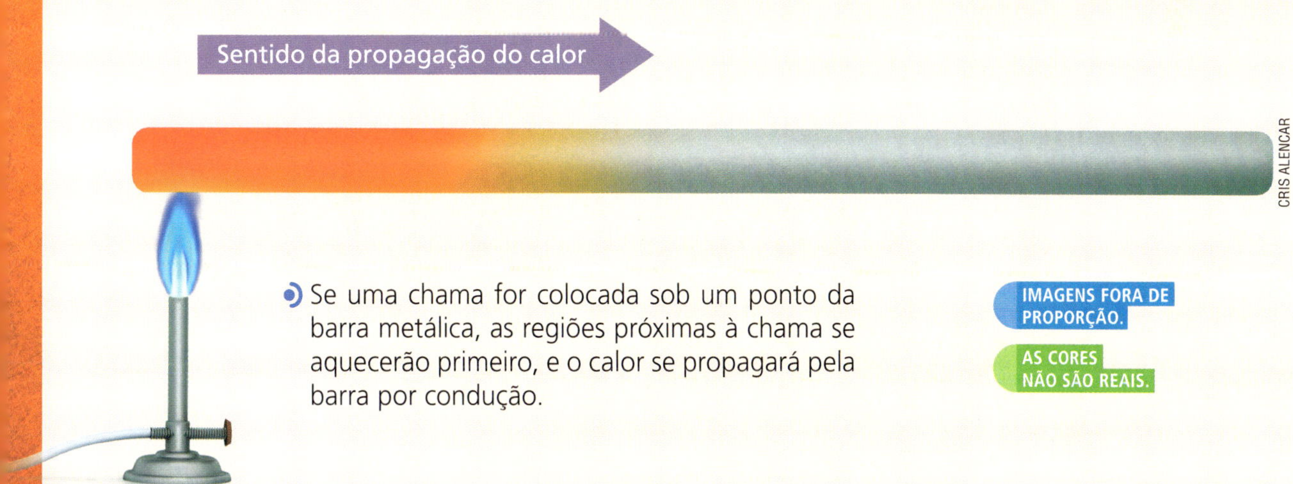

CRIS ALENCAR

Se uma chama for colocada sob um ponto da barra metálica, as regiões próximas à chama se aquecerão primeiro, e o calor se propagará pela barra por condução.

IMAGENS FORA DE PROPORÇÃO.

AS CORES NÃO SÃO REAIS.

A capacidade de conduzir calor varia de acordo com o tipo de material. Metais, por exemplo, são considerados **bons condutores** de calor. Nesses materiais, o arranjo das partículas é um dos fatores que colaboram para que a vibração de uma partícula seja rapidamente transferida para as partículas vizinhas.

ATTITUDE/SHUTTERSTOCK.COM

OLGA POPOVA/SHUTTERSTOCK.COM

O metal das panelas permite que o calor da chama seja transferido rapidamente aos alimentos, o que possibilita seu cozimento. O cabo de material isolante permite segurar a panela quente sem se queimar.

Materiais que conduzem mal o calor são denominados **isolantes térmicos**. É o caso, por exemplo, da madeira e de alguns tipos de plástico. Muitos cabos de panela são feitos com um material sintético chamado baquelite, que resiste a altas temperaturas e é isolante térmico. Isso nos permite pegar uma panela com conteúdo muito quente sem nos queimar.

O fato de materiais diferentes conduzirem o calor de várias maneiras tem muitas implicações em nossa vida cotidiana. Talvez você nunca tenha pensado nisso, mas a escolha das roupas que você utiliza em dias quentes e frios tem tudo a ver com transferência de calor.

Nos dias frios, a temperatura do ar ambiente está bem abaixo da temperatura do nosso corpo, que é de aproximadamente 37 °C. Para dificultar a transferência de calor do nosso corpo para o ambiente, usamos roupas feitas de materiais isolantes térmicos, como lã, moletom e outros. Dessa forma, a energia térmica que é naturalmente liberada pelo nosso corpo fica retida próxima a ele, mantendo-o aquecido.

A diferença na capacidade de conduzir calor produz ainda outro efeito que percebemos no cotidiano. Se você estiver andando descalço sobre um tapete e, nesse mesmo ambiente, pisar em um chão de azulejos, terá a sensação de que o azulejo está mais frio que o tapete. O tapete e o piso, porém, estão à mesma temperatura, pois estão em equilíbrio térmico com o ambiente. A diferença de percepção se deve ao fato de que o azulejo é um bom condutor de calor, enquanto o tapete é um isolante térmico. Ao pisar no azulejo, a transferência de calor do seu pé para o piso é rápida, o que provoca a sensação de frio. O mesmo não ocorre ao pisar no tapete, pois a transmissão de calor do seu pé para o tapete é muito mais lenta.

THE PICTURE ART COLLECTION/ALAMY/FOTOARENA

O explorador norueguês Roald Amundsen liderou a primeira expedição a chegar ao polo Sul geográfico, em 1911. Para se proteger das temperaturas extremamente baixas, a equipe usava roupas grossas, feitas de pele animal.

Urubus e outras aves planadoras procuram correntes de ar quente para ascender a altitudes mais elevadas (**A**). Esse princípio é utilizado em aviões planadores (**B**).

AS CORES NÃO SÃO REAIS. IMAGENS FORA DE PROPORÇÃO.

Convecção

A **convecção térmica** ocorre em líquidos e gases e se dá pela movimentação de porções do material em função da diferença de densidade. Ao cozinhar feijão, por exemplo, é possível notar o movimento dos grãos para cima e para baixo na panela enquanto a água ferve. Essa movimentação é provocada por **correntes de convecção**: a água no fundo da panela está mais próxima da chama do fogão e se aquece mais rapidamente. Com isso, ela se torna menos densa que a água no entorno e sobe; ao mesmo tempo, a porção de água que estava acima dela vai para baixo. O ciclo então se repete, criando uma movimentação constante que mistura porções mais quentes com porções mais frias da água, aquecendo o conteúdo da panela como um todo. Essa movimentação da água provoca a movimentação dos grãos de feijão que podemos notar.

Na atmosfera ocorrem fenômenos semelhantes. Por exemplo, se uma porção da superfície terrestre está mais aquecida que os arredores, o ar mais próximo a ela também se aquece. Ficando mais aquecido, ele se torna menos denso que o ar ao redor e sobe. Esse movimento cria correntes de convecção de ar. Essas correntes são utilizadas por urubus e outras aves planadoras para atingir altitudes elevadas sem muito esforço físico.

AS CORES NÃO SÃO REAIS. IMAGENS FORA DE PROPORÇÃO.

ILUSTRAÇÕES: CRIS ALENCAR

Representação simplificada das correntes de convecção que se formam em uma panela de feijão sobre o fogo.

Irradiação

O calor pode se propagar por meio de ondas eletromagnéticas (ou radiação eletromagnética) em um processo denominado **irradiação**. Ao contrário da condução e da convecção, essa forma de propagação de calor não depende de um meio material para ocorrer, isto é, a irradiação pode ocorrer no vácuo. É por esse processo que a energia luminosa do Sol chega à Terra, por exemplo.

Existem diferentes tipos de radiação eletromagnética. A luz visível é uma delas; os **raios ultravioleta**, que afetam a camada de ozônio, são outro. A radiação infravermelha, porém, é o principal tipo de radiação eletromagnética envolvido na transmissão de calor. Quando um corpo absorve radiação infravermelha, ele ganha energia térmica, ou seja, o grau de agitação de suas partículas aumenta.

Não é apenas o Sol que emite energia por irradiação; todos os corpos fazem isso, embora com intensidades diferentes. De maneira geral, quanto mais elevada a temperatura de um corpo, mais radiação infravermelha ele emite.

A capacidade de absorver radiação infravermelha pode ser alterada por diferentes características do material. De maneira geral, superfícies claras e brilhantes absorvem menos radiação infravermelha que superfícies escuras e foscas. É por esse motivo que se recomenda usar roupas claras no verão: por absorverem menos radiação infravermelha, elas se aquecem menos, diminuindo a sensação de calor.

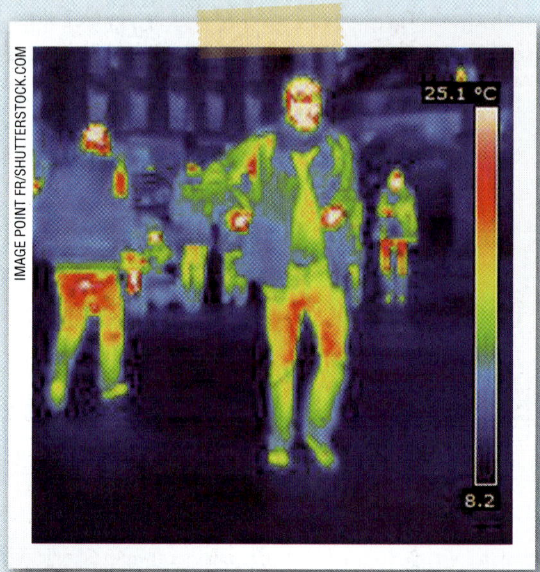

IMAGE POINT FR/SHUTTERSTOCK.COM

Câmeras especiais são capazes de captar a radiação infravermelha e gerar imagens como essa. Note que todos os corpos irradiam calor, embora em intensidades diferentes.

EPICSTOCKMEDIA/SHUTTERSTOCK.COM

O aquecimento que percebemos na pele quando estamos expostos ao sol deve-se principalmente à irradiação.

Aplicações da propagação de calor

O conhecimento sobre as formas de propagação do calor é empregado na construção de diversos equipamentos presentes no cotidiano. Vamos conhecer alguns exemplos.

A **garrafa térmica** é utilizada para manter a temperatura dos líquidos em seu interior, fazendo com que bebidas geladas demorem mais para se aquecer e bebidas quentes demorem mais para esfriar. Inicialmente denominada vaso de Dewar, ela foi criada em 1892 pelo químico escocês Sir James Dewar (1842-1923), que a empregava para conservar líquidos a temperaturas muito baixas em seu laboratório.

As garrafas térmicas atuais são, geralmente, compostas de um recipiente de vidro espelhado, com parede dupla. O ar entre as duas camadas de vidro é retirado, produzindo vácuo ou um ar muito rarefeito. Essa combinação de características confere a eficiência da garrafa térmica: o vácuo ou o ar rarefeito impedem a transferência de calor por condução e por convecção, e as paredes espelhadas refletem a radiação infravermelha, reduzindo a transferência de calor por irradiação. Além disso, o vidro e o material utilizado na tampa da garrafa são isolantes térmicos, dificultando ainda mais a troca de calor do conteúdo com o ambiente externo.

IMAGENS FORA DE PROPORÇÃO.

AS CORES NÃO SÃO REAIS.

Representação simplificada do interior de uma garrafa térmica, vista em corte.

Garrafas térmicas são úteis em diferentes situações cotidianas.

As **geladeiras** são outro exemplo. Esses equipamentos mantêm a temperatura no seu interior por volta de 4 °C, a fim de preservar os alimentos. Nelas, a convecção é a principal forma pela qual os alimentos são resfriados. Você pode notar que o congelador – ou o dispositivo de refrigeração, nos modelos mais atuais – fica geralmente na parte superior da geladeira. O ar resfriado é mais denso e desce, enquanto o ar na porção inferior é mais quente e sobe. Com isso, criam-se correntes de convecção dentro da geladeira. Nos refrigeradores em que o compartimento do congelador é separado da geladeira, há ventiladores que promovem a circulação do ar entre eles e possibilitam a convecção.

O calor é transferido dos alimentos para o ar no interior da geladeira, e dele para um gás refrigerante confinado em tubos que percorrem o interior da geladeira. Esse gás aquecido é, então, conduzido para a parte externa traseira do equipamento. Ali, uma malha de tubos metálicos facilita a transferência de calor do gás refrigerante para o ar atmosférico por condução, convecção e irradiação. É por isso que o ar na parte de trás da geladeira costuma estar sempre aquecido.

ANDREY_POPOV/SHUTTERSTOCK.COM

A tubulação na parte traseira da geladeira transfere para o ambiente o calor emitido pelos alimentos em seu interior.

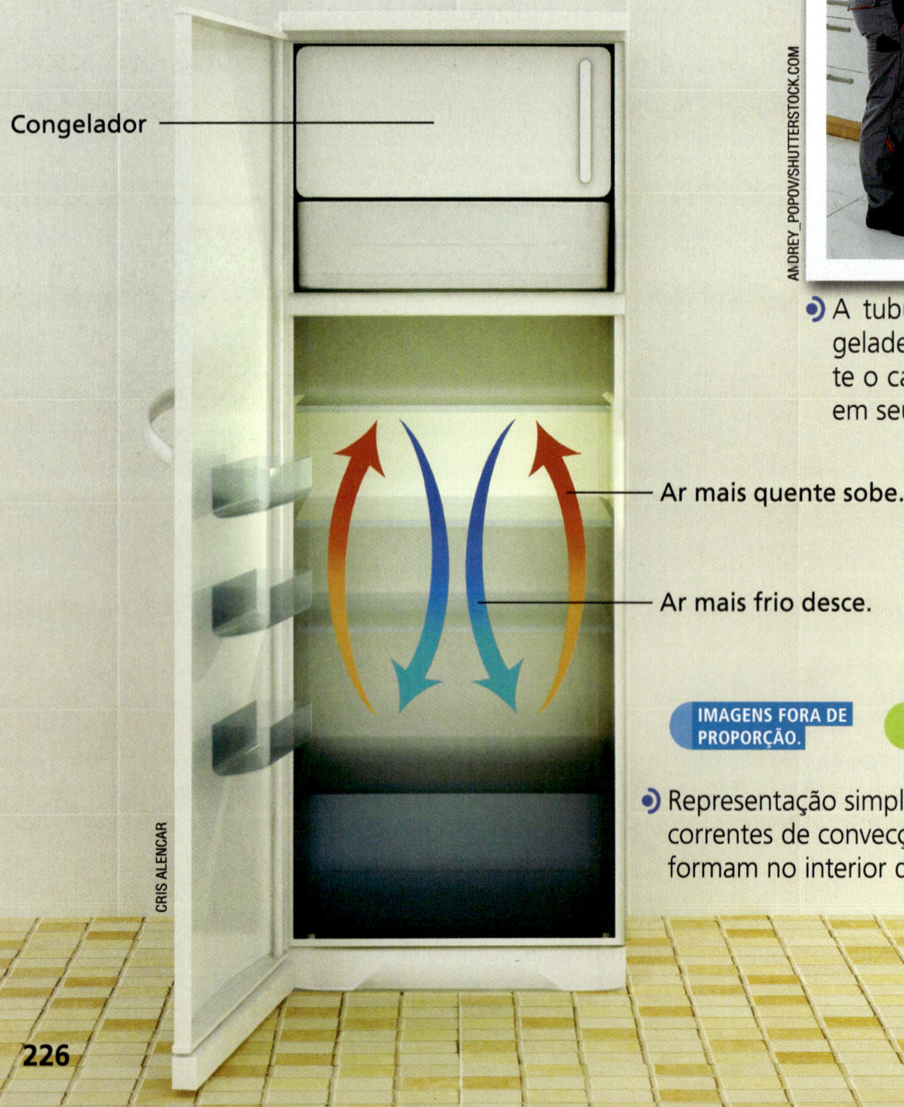

CRIS ALENCAR

IMAGENS FORA DE PROPORÇÃO. AS CORES NÃO SÃO REAIS.

Representação simplificada das correntes de convecção que se formam no interior da geladeira.

Os **aquecedores solares** combinam diferentes formas de propagação de calor para aquecer a água usando apenas energia solar. Esses equipamentos são instalados, geralmente, no telhado de residências e prédios, por exemplo, e apresentam a vantagem de não consumir energia elétrica nem combustíveis para seu funcionamento.

ROY PEDERSEN/SHUTTERSTOCK.COM

Aquecedor solar instalado em telhado residencial.

De modo simplificado, um aquecedor solar conta com placas coletoras (ou simplesmente coletores) e um reservatório térmico, denominado *boiler*. A superfície dos coletores é revestida com um material escuro, capaz de absorver boa parte da radiação infravermelha que incide sobre ela. A água passa por dentro desses coletores e é aquecida por condução. Para que esse processo seja eficiente, a água é conduzida dentro dos coletores por uma malha de tubos de cobre ou outro material que seja bom condutor térmico.

A água aquecida é armazenada no *boiler*, internamente revestido de material isolante térmico, e se mantém quente por mais tempo. O *boiler* geralmente é posicionado acima dos coletores. Assim, conforme a água é aquecida, correntes de convecção a transportam para esse compartimento.

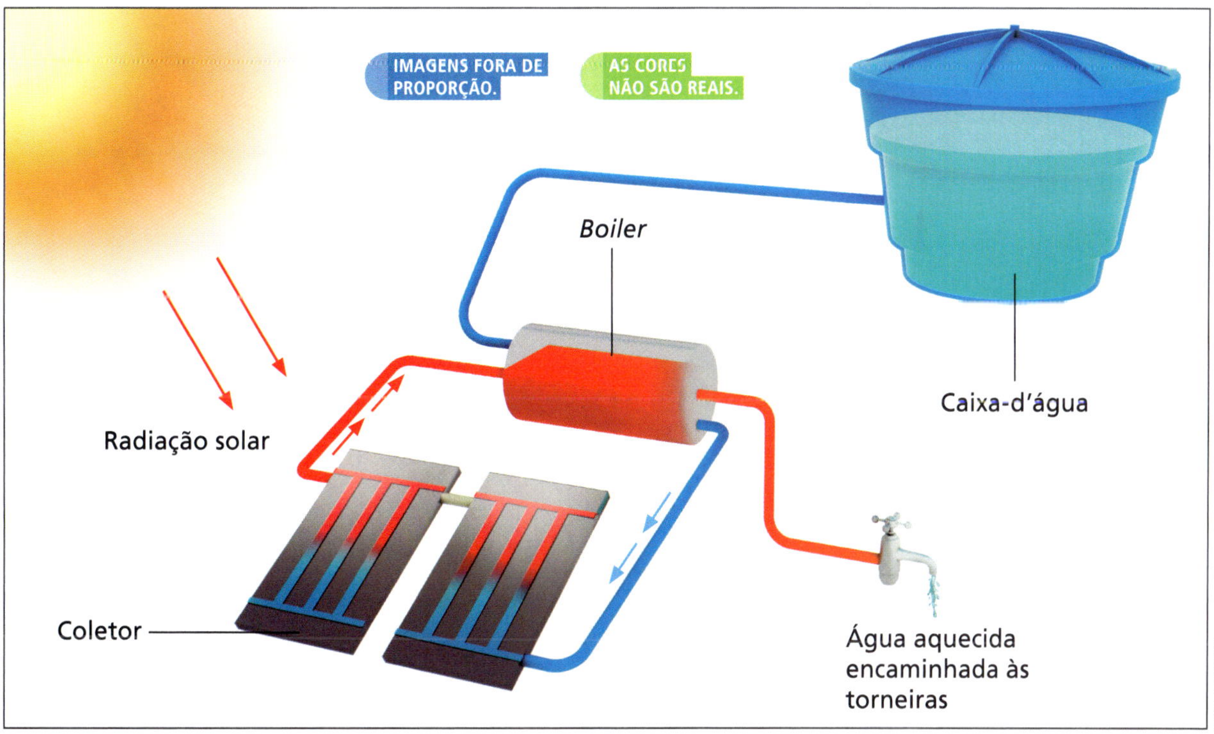

CRIS ALENCAR

Representação simplificada do funcionamento de um aquecedor solar.

ASSIM SE FAZ CIÊNCIA

O forno de micro-ondas

ALBUM / AKG-IMAGES /FOTOARENA

[...]

Empregado para produção de radares durante a II Guerra Mundial, o magnetron só foi cogitado para o cozimento em 1946, pelo engenheiro Percy Spencer. Spencer estava testando um tubo de magnetron quando descobriu que um chocolate, no seu bolso, tinha derretido.

Apesar de não ter sentido o calor, o engenheiro sabia que as micro-ondas geravam calor, então imaginou que o chocolate tivesse sido atingido pelo vazamento de radiação do tubo. Ao perceber o potencial desta válvula eletrônica, Percy Spencer resolveu testar o aparelho com milhos de pipoca, que estouraram em minutos. Em seguida, tentou preparar ovos, que não só cozinharam de dentro para fora, como também explodiram com a pressão.

Depois da realização das experiências, a empresa do engenheiro desenvolveu, então, o primeiro forno de micro-ondas comercial, intitulado Radar Range, que se assemelhava a uma geladeira, em termos de tamanho. Inicialmente, o aparelho foi mais comprado por restaurantes. Somente em 1952 foram produzidos os primeiros micro-ondas domésticos.

A corrente que chega ao transformador, via energia elétrica, alimenta o magnetron, que gera uma onda eletromagnética. Esta onda é irradiada por um ventilador de metal, refletida pelas paredes e absorvida pelas moléculas de água dos alimentos, ocasionando o aquecimento dos alimentos de fora para dentro. Com o intuito de garantir uma distribuição mais uniforme da radiação, os micro-ondas possuem um prato giratório, que roda o alimento, expondo diferentes partes do mesmo. Não só as moléculas de água vibram na presença de micro-ondas, isto também ocorre com os açúcares e as gorduras.

[...]

INVIVO – FIOCRUZ. **Como surgiu o micro-ondas?** Disponível em: <http://www.ebc.com.br/infantil/voce-sabia/2015/06/como-surgiu-o-micro-ondas>. Acesso em: 15 ago. 2018.

ATIVIDADES

1. Segundo o texto, a descoberta do princípio de funcionamento do forno de micro-ondas foi proposital? Explique.

2. Um trecho do texto afirma que "o engenheiro sabia que as micro-ondas geravam calor".

a) A que forma de propagação de calor esse trecho se refere?

b) Em sua opinião, o conhecimento sobre esse fato foi importante para o desenvolvimento do forno de micro-ondas? Explique sua resposta.

3. A II Guerra Mundial teve influência no desenvolvimento do forno de micro-ondas? Explique sua resposta.

ATIVIDADES

NÃO ESCREVA NO LIVRO.

1. Identifique a forma de propagação de calor descrita em cada item.

a) Se dá por meio de ondas eletromagnéticas e pode ocorrer no vácuo.

b) Ocorre principalmente em sólidos. A transferência de calor ocorre de uma partícula para as partículas vizinhas.

c) Ocorre em líquidos e gases, pela movimentação de porções do material.

2. Fogões solares são equipamentos que permitem preparar alimentos sem o uso de combustíveis nem energia elétrica. São constituídos de peças metálicas que formam um tipo de espelho côncavo. Essa configuração faz com que os raios solares que atingem o equipamento se concentrem em um ponto, onde a panela é colocada.

- Qual é a fonte de calor para esse tipo de fogão? Que processo de condução de calor explica seu funcionamento?

RICARDO AZOURY/PULSAR IMAGENS

TEL COELHO/GIZ DE CERA

3. Analise a situação retratada.

- Muitos *freezers* horizontais de supermercado permanecem abertos, como mostra a ilustração. Como você responderia às perguntas do menino?

AS CORES NÃO SÃO REAIS.

IMAGENS FORA DE PROPORÇÃO.

4. Analise a situação a seguir.

- As duas mãos do homem estão à mesma distância da vela. As duas recebem o calor da chama da mesma maneira? Explique sua resposta.

CRIS ALENCAR

5. Retome o que você estudou sobre o efeito estufa na Unidade 3 e explique o papel da irradiação nesse processo.

6. Em duplas, pesquisem sobre animais que vivem em ambientes frios. Procurem saber:

- Exemplos de grandes animais que vivem em regiões polares.
- Características desses animais que os auxiliam a sobreviver ao frio.

Procure relacionar as informações que descobrirem a formas de propagação de calor. Escrevam um resumo das conclusões de vocês e apresentem para a turma.

Máquinas térmicas

Vimos na Unidade anterior que as máquinas tiveram participação profunda nas transformações das sociedades humanas ao longo do tempo. As máquinas térmicas, como o motor a vapor e o motor de combustão interna, desempenharam e ainda desempenham um papel importante nessa história. Esses equipamentos são capazes de converter energia térmica em energia mecânica, que é então aproveitada para a realização de diferentes tarefas. É importante notar que essa conversão nunca tem eficiência de 100%, isto é, não é toda a energia térmica que se converte em mecânica; uma parte dela se dissipa na forma de calor.

A conversão de energia mecânica em energia térmica é bem comum e ocorre em diversas situações cotidianas. Por exemplo, se você esfregar uma mão contra a outra repetidamente, sentirá que elas se aquecem. A transformação inversa, de energia térmica em energia mecânica, não é tão simples.

O primeiro motor a vapor documentado na história é chamado de eolípila, que significa "bola de Éolo" em grego, em referência à divindade grega do vento. Esse aparato foi criado pelo engenheiro grego Heron de Alexandria, na primeira metade do século I. A eolípila possui uma caldeira, onde a água é fervida, que se conecta a uma esfera. O vapor produzido na caldeira é conduzido para a esfera e então lançado no ar, fazendo a esfera girar. Esse instrumento não tem utilidade prática, mas demonstra que o calor pode ser usado para produzir movimento.

Modelo de eolípila, construída com base no projeto de Heron de Alexandria.

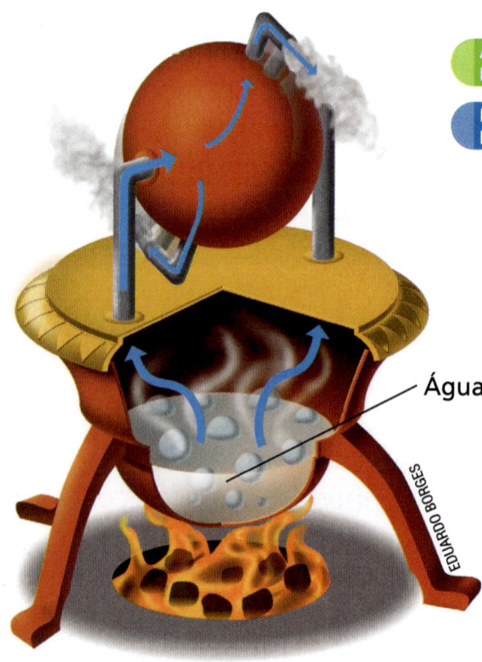

AS CORES NÃO SÃO REAIS.

IMAGENS FORA DE PROPORÇÃO.

Representação simplificada de uma eolípila em funcionamento. As setas indicam o caminho que o vapor percorre.

O grande desenvolvimento das máquinas térmicas se iniciou no período da Revolução Industrial, entre os séculos XVII e XVIII, especialmente na Inglaterra. Em 1698, o engenheiro militar inglês Thomas Savery (1650-1715) desenvolveu um mecanismo que utilizava vapor para retirar a água acumulada no fundo de minas de carvão. Esse equipamento, batizado de "amigo do mineiro", tinha um funcionamento simples e pouco eficiente, comparado a máquinas modernas. Para a época, porém, foi considerado um aparelho revolucionário, e Savery produziu dezenas de unidades.

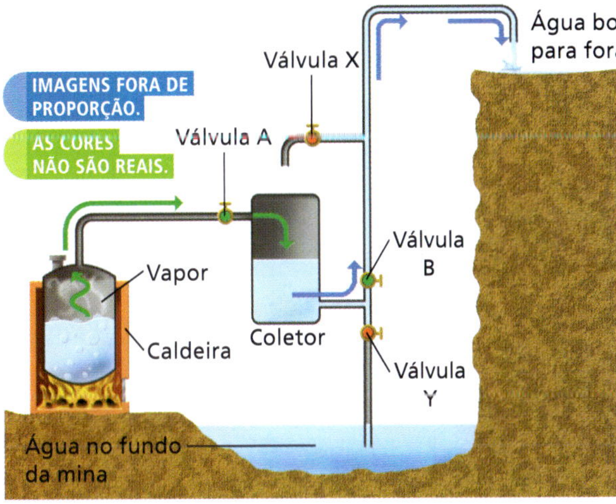

Representação simplificada e sem escala do "amigo do mineiro", inventado por Savery. As setas verdes indicam o caminho do vapor; as azuis, o caminho da água. Com as válvulas **A** e **B** abertas e as válvulas **X** e **Y** fechadas, o vapor da caldeira empurra a água do coletor para cima.

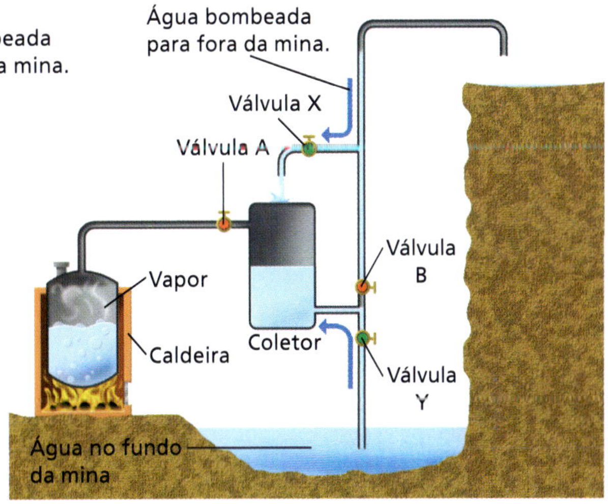

EDUARDO BORGES

Em seguida, as válvulas **A** e **B** são fechadas, e **X** e **Y** são abertas. A água que cai sobre o coletor faz que o vapor esfrie e se contraia. Com isso, a pressão no interior do coletor diminui, e a água é "puxada", enchendo novamente o coletor. O ciclo, então, se repete.

Alguns anos mais tarde, o mecânico inglês Thomas Newcomen (1663-1729) associou-se a Savery para produzir seu próprio motor a vapor, que ficou conhecido como máquina de Newcomen. Esse equipamento contava com um **pistão** e um **contrapeso** conectados entre si por uma viga horizontal, que podia balançar como uma gangorra em torno de um ponto fixo. O vapor produzido por uma caldeira empurrava o pistão, erguendo o contrapeso. Nas minas de carvão, esse contrapeso era ligado a uma bomba, que retirava a água acumulada.

ALBUM/ALBUM ART/FOTOARENA

Gravura representando a máquina inventada por Newcomen.

Em 1764, o engenheiro mecânico escocês James Watt (1736-1819) aperfeiçoou a máquina de Newcomen, introduzindo um dispositivo chamado de **condensador**. Com essa inovação, a eficiência do motor a vapor praticamente duplicou. Watt dedicou-se intensamente ao aperfeiçoamento dos motores a vapor, patenteando diversos mecanismos que aumentavam o rendimento dessa máquina. Em 1784, projetou a locomotiva a vapor e, em 1790, lançou um modelo de motor a vapor de grande eficiência, que alavancou o desenvolvimento industrial na Inglaterra e, posteriormente, em outros países.

Como vimos na Unidade anterior, o desenvolvimento dos motores a vapor transformou completamente a produção industrial, bem como o transporte de pessoas e mercadorias. Esses dispositivos, porém, eram grandes e pesados demais para serem instalados em máquinas menores, como automóveis para transporte individual. Alguns modelos de carro movidos a vapor foram produzidos, mas não chegaram a ser comercializados.

GAUTIER STEPHANE/ALAMY/FOTOARENA

Réplica de automóvel a vapor construído no século XVIII.

DAMIEN MEYER/AFP

Para construir o 14-Bis, Santos-Dummont empregou um motor de combustão interna, que era então utilizado para equipar lanchas de corrida.

A solução para o tamanho dos dispositivos veio com a criação dos **motores de combustão interna**. Nesse tipo de máquina térmica, a fonte de calor é uma reação química (combustão), que ocorre repetidamente no interior do motor. Esse processo é feito por meio de ciclos termodinâmicos, que envolvem a compressão e a expansão de gases.

PALAVRAS-CHAVE

A **Termodinâmica** é o ramo da Ciência que estuda as relações entre energia térmica e energia mecânica. Por extensão, essa palavra é usada também para descrever situações em que ocorre conversão entre essas duas formas de energia. Por exemplo, os ciclos termodinâmicos envolvidos no funcionamento do motor de combustão interna são ciclos em que ocorre conversão de energia térmica (proveniente da combustão) em energia mecânica.

A noção de equilíbrio térmico, também chamado de **equilíbrio termodinâmico**, é uma ideia fundamental para a Termodinâmica. Nós vimos isso quando estudamos as formas de transferência de calor: a energia térmica sempre é transferida, espontaneamente, do corpo de maior temperatura para o de menor temperatura, até que se atinja o equilíbrio térmico.

ALHOVIK/SHUTTERSTOCK.COM, LEANDRO PP/SHUTTERSTOCK.COM

O desenvolvimento do motor de combustão interna é fruto do trabalho de dezenas de pesquisadores em diferentes localidades. Um dos nomes mais importantes no desenvolvimento do motor de combustão interna foi o engenheiro alemão Nicolaus August Otto (1832-1891), que produziu em 1876 o primeiro motor de combustão interna movido a gasolina.

ALBUM/AKG-IMAGES/FOTOARENA

Retrato de Nicolaus August Otto.

Esse modelo apresentava uma eficiência comparável a outros modelos da época, mas tinha a vantagem de ser muito menor, o que facilitava sua instalação em veículos individuais e em máquinas industriais, por exemplo. Tratava-se de um motor de quatro tempos, isto é, o funcionamento dele contava com quatro etapas fundamentais. Apesar dos grandes avanços tecnológicos, que resultaram em ganhos expressivos de potência e eficiência, a maioria dos motores de automóveis hoje em dia ainda utiliza esse mesmo princípio.

EDUARDO BORGES

Admissão

Na fase de admissão, uma mistura de ar e combustível entra no cilindro.

Compressão

Na fase de compressão, essa mistura é comprimida.

Combustão

Na fase de combustão, uma faísca promove a queima da mistura.

Exaustão

Na fase de escape, os gases resultantes da combustão são eliminados do cilindro.

Representação simplificada do funcionamento de um motor de combustão interna de quatro tempos.

IMAGENS FORA DE PROPORÇÃO. AS CORES NÃO SÃO REAIS.

FUSIONSTUDIO/SHUTTERSTOCK.COM

O motor de combustão interna tornou-se a principal fonte de força motriz para veículos no mundo todo.

Combustíveis

A história das máquinas térmicas está intimamente ligada a outra história, que se iniciou muito antes do surgimento do primeiro motor: a história dos **combustíveis**.

GEORGE RINHART/CORBIS/ GETTY IMAGES

Mineração de carvão nos EUA, 1929.

A origem da relação do ser humano com o fogo é mais antiga que a nossa própria espécie. Vestígios indicam que ancestrais humanos já dominavam o uso do fogo há cerca de 1 milhão de anos. Por muito tempo, a **lenha** foi o principal combustível utilizado para alimentar fogueiras, que eram empregadas no preparo de alimentos, para se aquecer e afastar predadores.

Posteriormente, nossos ancestrais dominaram a técnica para produção de **carvão vegetal**. Em relação à lenha, esse combustível tem a vantagem de emitir menos fumaça e queimar a temperaturas mais elevadas. O carvão vegetal é produzido por um processo específico de queima da lenha, no qual a combustão da madeira não é completa.

Por volta de 2000 a.C., o uso de **carvão mineral** já era comum em certas regiões da Europa. Esse combustível permitia atingir temperaturas ainda mais altas que o carvão vegetal, o que foi determinante para o desenvolvimento do trabalho com metais na chamada Era do Bronze.

O carvão mineral é extraído de minas, em reservas que podem se estender por centenas de metros abaixo da superfície. Na época da Revolução Industrial, o aumento da demanda por esse combustível fez que a exploração das minas alcançasse profundidades cada vez maiores. Além dos graves problemas de segurança e saúde que isso gerava para os mineiros, as minas mais profundas acumulavam água em seu interior, dificultando a obtenção de carvão.

DELFIM MARTINS/PULSAR IMAGENS

Produção de carvão vegetal. Paragominas (PA), 2014.

A invenção de máquinas a vapor que bombeavam água para fora das minas resolveu o problema do acúmulo de água nas minas e intensificou ainda mais a extração de carvão mineral. Atualmente, diversos países utilizam o carvão mineral para a produção de energia elétrica a partir de energia térmica, nas **usinas termelétricas**. Essa forma de produção de energia é bastante criticada, por se tratar de um processo altamente poluente para a atmosfera, causando prejuízos à saúde das pessoas que vivem próximo às usinas.

A criação dos motores de combustão interna e a consequente popularização dos automóveis deram início à era dos combustíveis líquidos. O **petróleo**, que até então era utilizado principalmente para obtenção de querosene, passou a ser cobiçado por outro derivado, a **gasolina**. Esse combustível tornou-se o principal a mover carros de passeio, enquanto outro derivado do petróleo, o **diesel**, passou a ser empregado principalmente para mover veículos maiores, como caminhões, ônibus, trens e navios.

Na década de 1970, uma intensa alta nos preços internacionais do petróleo impulsionou a busca por outros combustíveis. No Brasil, foi criado o **Programa Nacional do Álcool (Pró-Álcool)**, que financiou o desenvolvimento de tecnologias para a produção de **etanol**, a partir de cana-de-açúcar, e de motores capazes de funcionar com esse combustível. Tais avanços popularizaram o uso de automóveis movidos a etanol de cana-de-açúcar, considerado menos poluente que os combustíveis fósseis.

Com o crescimento da produção de etanol, foram desenvolvidos carros capazes de usar tanto etanol quanto gasolina.

GERD-HARDER/SHUTTERSTOCK.COM

Chaminés de uma usina termelétrica a carvão mineral na Alemanha, 2017.

PATRICK T. FALLON/BLOOMBERG/GETTY IMAGES

Protótipo de carro movido a gás hidrogênio.

Como vimos na Unidade 3, o intenso consumo de combustíveis é uma das principais causas do aquecimento global. Atualmente, a crescente preocupação ambiental motiva a busca por combustíveis menos poluentes. Diversas pesquisas procuram viabilizar a substituição dos combustíveis fósseis pelos chamados **biocombustíveis**, produzidos a partir de matéria orgânica vegetal ou animal, como o etanol e o biodiesel.

Outra alternativa é o gás hidrogênio, cuja combustão produz somente vapor de água. O fato de ser um gás altamente explosivo e de não haver fornecimento em grande escala são alguns dos empecilhos que essa tecnologia enfrenta.

ATIVIDADES

NÃO ESCREVA NO LIVRO.

1. O que são máquinas térmicas? Qual foi a importância do desenvolvimento desses equipamentos?

2. Identifique as afirmações verdadeiras sobre máquinas térmicas.

a) Precisam de uma fonte de calor para funcionar.

b) Funcionam por causa da dilatação e da contração térmica de uma substância.

c) A fonte de calor deve ser externa à máquina.

d) Uma panela sobre o fogão é uma máquina térmica.

3. Analise o equipamento mostrado na figura ao lado.

a) Esse equipamento pode ser considerado uma máquina térmica? Por quê?

b) Explique o funcionamento desse aparelho.

IMAGENS FORA DE PROPORÇÃO. AS CORES NÃO SÃO REAIS.

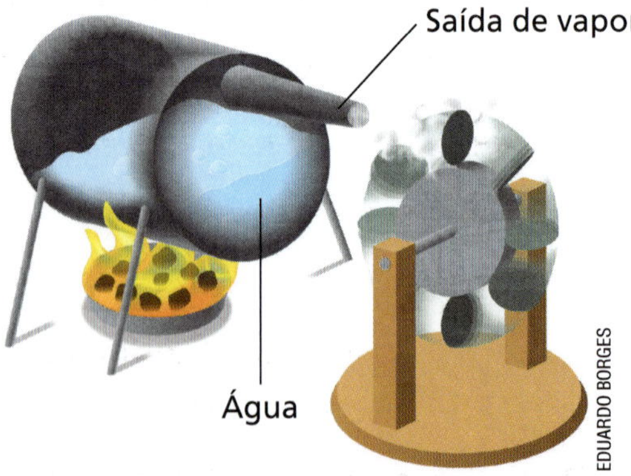

EDUARDO BORGES

4. Por que o uso intenso de combustíveis é considerado um problema ambiental grave? Esse é um problema recente?

5. Em duplas, pesquisem sobre o desenvolvimento dos motores automotivos ao longo do tempo. Procurem informações sobre, ao menos, três motores de diferentes épocas. Anotem características como a eficiência, a potência, a emissão de poluentes e outras que julgarem interessantes. Organizem as informações em um texto e apresentem para a turma.

MERGULHO NO TEMA

1. Investigando a agitação das partículas

Experimento

Quando pingamos um corante em um copo com água, sem agitar a mistura, as partículas do corante chocam-se com as da água continuamente, colorindo toda a água.

Sabendo disso, reúna-se em grupo, e discutam a seguinte questão:

- A temperatura da água pode interferir na velocidade com que o corante se espalha nela? Por quê?

Anotem a previsão de vocês e realizem o experimento a seguir para testá-la.

Material

- 3 copos transparentes
- corante alimentício
- 3 colheres pequenas

Procedimento

1. Preencham um copo com água à temperatura ambiente, outro com água gelada e o terceiro com água morna.
2. Em cada colher, acrescentem 5 gotas do corante.
3. Com cuidado para não agitar a água dos copos, virem o conteúdo das colheres sobre a água dos três copos ao mesmo tempo.
4. Observem o corante se espalhar pela água.

IMAGENS FORA DE PROPORÇÃO. AS CORES NÃO SÃO REAIS.

LEANDRO MARCONDES

Alunos realizando o experimento.

REFLEXÕES

1. A previsão que vocês fizeram antes do experimento se confirmou?
2. Qual é a relação entre a temperatura e a energia cinética das partículas de um corpo? Como isso explica o resultado observado?

2. Testando a condutividade térmica

Experimento

Nesta atividade, vamos testar alguns materiais quanto à sua capacidade de transferir calor por condução. Sugerimos uma lista de materiais a serem testados a seguir, mas a turma pode escolher outros.

Este teste será feito medindo a velocidade com que o gelo derrete quando envolvido por cada um dos materiais escolhidos. Antes de iniciar a parte prática da atividade, analise os materiais escolhidos e anote sua resposta para as seguintes questões:

- Qual deles é, na sua opinião, o melhor isolante térmico?
- Em qual deles o gelo deve derreter primeiro?

• Material

- papel-alumínio
- saco plástico
- pedaços de tecidos diferentes (mais grossos e mais finos)
- folhas de jornal
- assadeira ou bandeja
- cubos de gelo (todos de mesmo formato e tamanho)
- balança de cozinha (opcional)

• Procedimento

Reúnam-se em grupos de acordo com as instruções do professor.

1. Envolvam um cubo de gelo em cada um dos materiais que escolheram para testar. Se tiverem uma balança de cozinha, pesem cada cubo antes de embrulhá-lo e anotem os valores em uma tabela. Alguns conselhos:
   - trabalhem em equipe para embrulhar todos os cubos ao mesmo tempo;
   - procurem utilizar quantidades equivalentes de material. Por exemplo, se embrulharem um cubo de gelo com um quadrado de papel-alumínio de 20 cm de lado, usem um quadrado de tamanho parecido para os outros materiais.
2. Depois de embrulhar todos os cubos de gelo, coloquem-nos sobre a assadeira, espaçados entre si, e deixem sobre a bancada por cerca de 10 minutos.
3. Passado esse tempo, desembrulhem os cubos de gelo e avaliem o quanto derreteram, observando o tamanho e o formato deles. Se usaram a balança antes, meçam novamente a massa do gelo que restou e comparem com a massa inicial.

REFLEXÕES

1. Sua previsão inicial se confirmou?
2. Dos materiais testados, qual é o melhor isolante térmico? E qual é o pior? Como você chegou a essa conclusão?

3. Revolução das máquinas térmicas

Pesquisa e divulgação

Em grupos, vocês vão pesquisar sobre o uso das máquinas térmicas na Revolução Industrial e sobre a influência dessas máquinas na vida das pessoas daquela época.

Em livros ou na internet, procurem saber:

- Em que países o desenvolvimento dessas máquinas foi mais intenso?
- Como essas máquinas alteraram as relações de trabalho?
- Como a industrialização afetou o modo de vida nas cidades?
- Que impactos ambientais e econômicos o uso dessas máquinas trouxe?
- Qual foi a importância dos combustíveis fósseis nesse processo de industrialização?
- Exemplos de máquinas térmicas utilizadas naquela época.

Mudanças nos transportes.

LEANDRO MARCONDES

Mudanças nos processos de produção.

Produção industrial.

AS CORES NÃO SÃO REAIS.

IMAGENS FORA DE PROPORÇÃO.

REFLEXÃO

Com as informações obtidas na pesquisa, vocês devem elaborar um material de divulgação na forma de gibi, isto é, história em quadrinhos. A história pode se focar em algum personagem real ou fictício, mas deve apresentar as respostas para todas as perguntas listadas anteriormente.

O gibi pode ser feito em papel ou digitalmente. Conversem com o professor para determinar como esse material será divulgado.

4. Biodiesel no Brasil

Leitura e interpretação

O biodiesel e sua história

A história do biodiesel data de 1895, quando dois grandes visionários, Rudolf Diesel e Henry Ford, descobriram nos óleos vegetais um combustível e um caminho para o desenvolvimento industrial. Pesquisaram diversos combustíveis que pudessem ser utilizados em motores, entre eles o álcool produzido a partir de biomassa. Embora tivessem seus sonhos para o desenvolvimento dos combustíveis de biomassa adiados pelo rápido avanço da indústria do petróleo, deixaram sementes férteis.

Passados mais de cem anos, a associação dos óleos vegetais com o álcool, em um processo químico conhecido como transesterificação (processo de separação da glicerina do óleo vegetal), pode viabilizar um novo combustível de origem renovável para o Brasil: o éster de óleo vegetal, também conhecido como biodiesel.

As alternativas de matéria-prima para o fornecimento do óleo vegetal são diversas no Brasil, caso do girassol, do pinhão-manso, da soja, do amendoim, do algodão, do dendê, do milho, entre tantas outras plantas que podem ser cultivadas de acordo com a aptidão agrícola e o clima de cada região do País.

[...]

A ideia do uso de biodiesel no Brasil não é nova. As primeiras avaliações de viabilidade do uso de óleos vegetais *in natura* e de biodiesel (mistura do óleo vegetal + álcool) começaram em 1982, quando foram realizados diversos testes com a colaboração da indústria automobilística. [...]

Embora os resultados dos testes tenham sido especialmente animadores para o biodiesel, e várias tentativas de desenvolvimento de um mercado tenham sido feitas, os altos custos do produto, à época, inibiram seu uso comercial. Com a elevação dos preços do óleo diesel e dos demais derivados do petróleo, o biodiesel passou a ser visto como uma alternativa economicamente viável.

[...]

Experiências realizadas demonstram que, para misturas de óleo diesel com até 20% de biodiesel, não há necessidade de alterações no veículo ou no motor. Mas já estão sendo feitas pesquisas, com sucesso, para o caso da utilização de biodiesel na forma pura, em alguns transportes coletivos, tratores, caminhões e caminhonetes.

[...]

Além de muito atrativo economicamente, o biodiesel é vetor de qualidade ambiental. Emite 98% menos CO_2 (gás carbônico) do que o petróleo, não é tóxico, é cem vezes mais biodegradável que o óleo diesel comum, libera menos partículas de enxofre e não produz fumaça preta nem odores desagradáveis.

[...]

BRASIL. Ministério da Educação. **Biodiesel**. Disponível em: <http://portal.mec.gov.br/setec/arquivos/pdf//cartilha_biodiesel.pdf>. Acesso em: 17 ago. 2018.

REFLEXÕES

1. O que é biodiesel? Qual é o outro nome pelo qual ele é conhecido?
2. Que plantas podem ser empregadas como matéria-prima para produção de biodiesel?
3. Qual foi o principal obstáculo inicial para adoção do biodiesel no Brasil, segundo o texto? Como esse obstáculo pode ser superado?
4. Quais são as vantagens do uso do biodiesel, segundo o texto?
5. Com base no que você estudou até aqui sobre o uso de combustíveis, qual é a importância de se pesquisar sobre novos combustíveis?
6. Em duplas, analisem a seguinte afirmação:
   - A substituição dos combustíveis fósseis por biocombustíveis pode acelerar ainda mais o desmatamento.

   Vocês concordam com essa afirmação? Por quê? Conversem entre si e troquem opiniões.

Sementes empregadas na produção de biodiesel. Da esquerda para a direita: girassol, soja, amendoim, palma (ou dendê), milho, pinhão-manso e algodão.

MAIS

LIVROS

- **Quente e frio**
  Emmanuel Bernhard. São Paulo: Ibep, 2006.

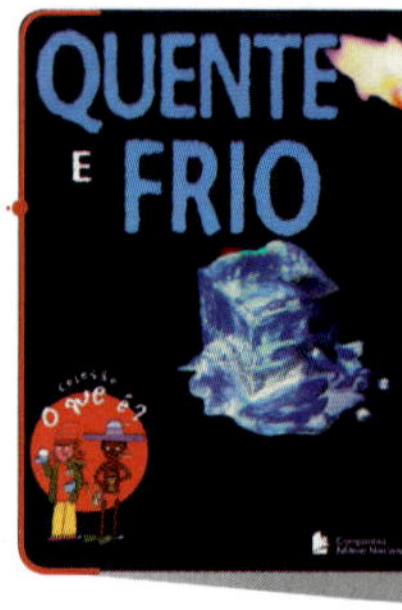

COMPANHIA EDITORA NACIONAL

O livro apresenta situações cotidianas que envolvem o conceito de calor e explica como a transferência de energia térmica produz sensações e transformações diferentes.

EDITORA SEXTANTE

- **50 Máquinas que mudaram o rumo da história**
  Eric Chaline. São Paulo: Sextante, 2014.

O livro reúne alguns dos inventos mais emblemáticos dos últimos dois séculos, explicando como impactaram os rumos da sociedade. Além de diversas máquinas térmicas, são apresentadas também máquinas mecânicas simples, máquinas eletrônicas, entre outras.

FILME

- **A modernidade chega a vapor**
  Produção: TV Escola. 2001

500 ANOS – O BRASIL IMPÉRIO NA TV. TV ESCOLA. BRASIL. 2001

Episódio da série 500 ANOS – O BRASIL IMPÉRIO NA TV. Enquanto a Europa vivia profundas transformações durante o começo da Revolução Industrial, o Brasil ainda era um país essencialmente rural. Esse cenário começou a mudar em ritmo acelerado com a chegada dos trens a vapor, que transportavam pessoas e mercadorias e facilitavam a chegada de novas tecnologias.

Disponível em: <http://livro.pro/o2ju6t>. Acesso em: 24 out. 2018.

SITE

- **Motor a vapor**

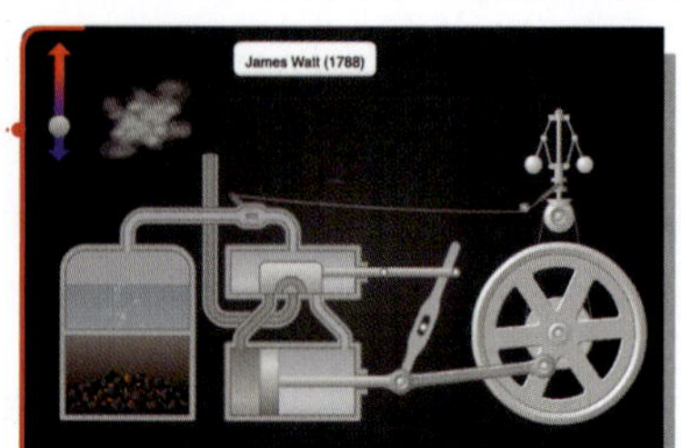

EDUMEDIA

Animação interativa que mostra o funcionamento do motor a vapor construído por James Watt. Não traz explicações ou textos, mas permite visualizar o caminho que o vapor percorre na máquina e o movimento produzido.

Disponível em: <http://livro.pro/c4xcys>. Acesso em: 12 out. 2018.

FIM DE PAPO

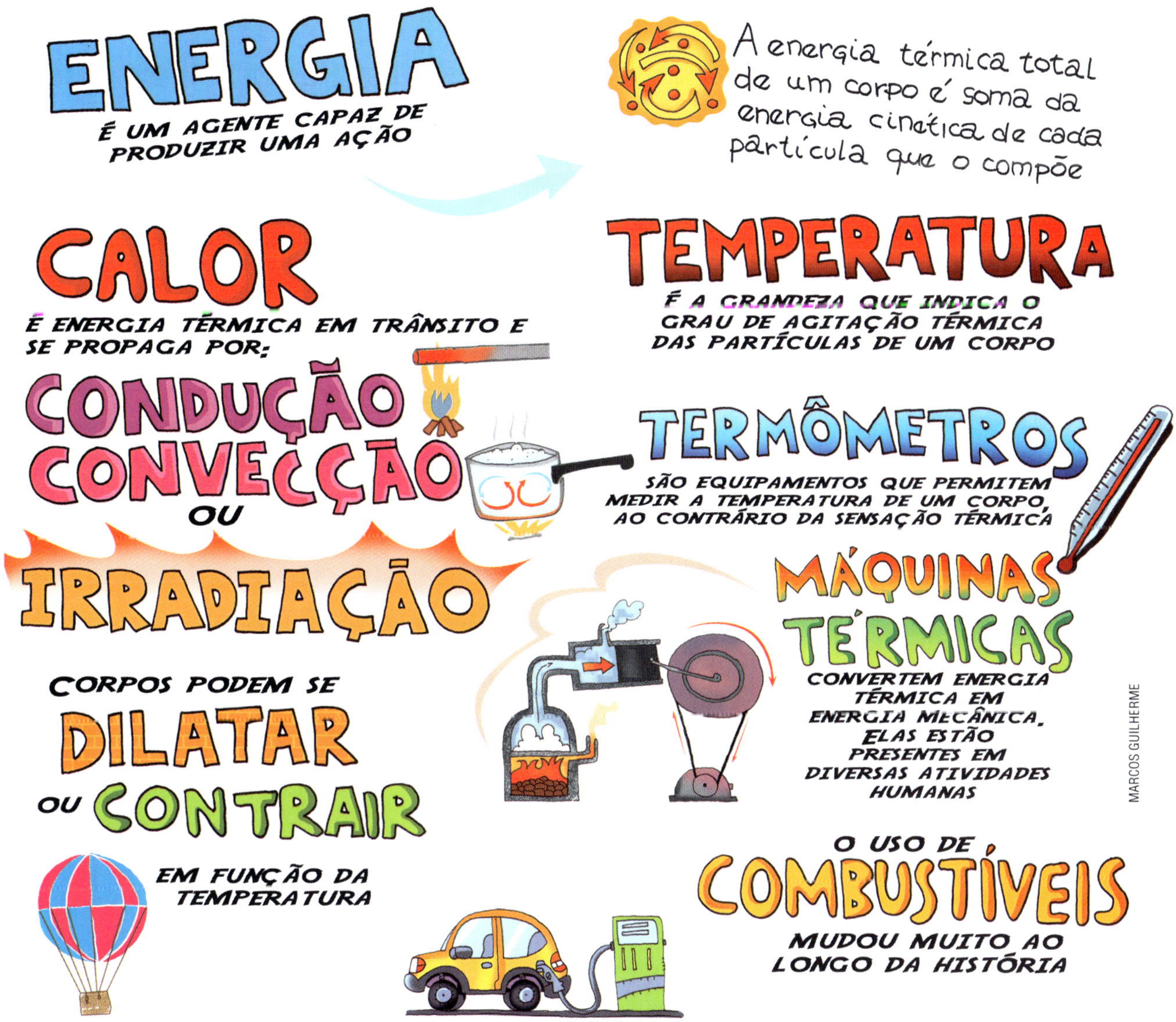

MARCOS GUILHERME

1. Retome suas respostas às questões da abertura da Unidade.
- Você alteraria alguma das suas respostas? Se sim, como e por quê?

2. Usando as palavras do quadro, responda à seguinte questão:
- Do que o calor é capaz?

energia	temperatura	dilatação
máquinas	combustíveis	contração

PROJETOS

Projeto 1 | Arborização e serviços ambientais

Objetivo: promover uma feira de doação de mudas para arborização urbana.

Cuidar da saúde significa cuidar também do ambiente em que vivemos, e a qualidade do ar que respiramos é um dos principais fatores ambientais que impactam a nossa saúde. Assim, é importante avaliar medidas que visem minimizar a nossa exposição aos poluentes atmosféricos.

Uma das maneiras de melhorar a qualidade do ar no ambiente ao nosso redor é aumentando a quantidade de árvores. Essas plantas são capazes de atenuar a presença de poluentes atmosféricos e ajudar a controlar a umidade do ar. Também diminuem a variação da temperatura no local e reduzem a poluição sonora e visual, entre outros.

Os benefícios que ecossistemas ou seus componentes (como as árvores) proporcionam ao ser humano são chamados **serviços ambientais ou ecossistêmicos**. Neste projeto, vamos elaborar uma campanha de conscientização sobre os serviços ambientais que a arborização pode oferecer. Essa divulgação será concretizada em uma feira de doação de mudas e sementes, com intuito de envolver a comunidade ao redor da escola.

ETAPAS

1. Avaliando o entorno

O primeiro passo será percorrer o terreno da escola e o entorno para avaliar a presença de árvores. Nessa visita, guiada pelo professor, procurem reparar na quantidade, na diversidade e no tamanho das árvores. Atentem para os seguintes pontos:

- O terreno da escola possui árvores? Se sim, quantas? São grandes?
- Existe espaço adequado para o plantio de novas árvores na escola?
- As calçadas no entorno da escola são bem arborizadas? Existe variedade de árvores ou predominam poucas espécies?
- As árvores observadas parecem saudáveis? Elas têm o espaço adequado para o crescimento da copa e das raízes?
- Essas árvores atraem aves e outros animais? Quais?
- Alguma árvore oferece risco às pessoas ou animais? (Risco de queda de galhos ou frutos, contato com fiação elétrica, toxicidade etc.)

Discutam quais são os pontos positivos e negativos das situações que avaliaram. Vocês consideram a arborização na escola e em seu entorno adequada?

A avaliação das árvores pode incluir observações sobre a diversidade, o tamanho e o diâmetro do caule.

2. Pesquisa

Muitos municípios brasileiros contam com arborização urbana feita com espécies exóticas. Essa prática, além de não valorizar a rica biodiversidade brasileira, pode introduzir **espécies invasoras** e plantas que não servem de recurso para a fauna local, além de outros problemas. Um caso comum é o da espatódea (*Spathodea campanulata*), uma espécie arbórea de origem africana que é muito utilizada na arborização urbana no Brasil. As flores dessa árvore produzem uma substância nociva a diversos polinizadores nativos, acarretando a morte de abelhas e outros insetos.

Espécie invasora: espécie exótica (vinda de outra região) que se prolifera rapidamente e oferece ameaça para espécies nativas e para o equilíbrio do ambiente.

CESAR DINIZ/PULSAR IMAGENS

BOB LUTTRELL

(**A**) Espatódea, também conhecida como bisnagueira. (**B**) É relativamente comum encontrar abelhas mortas no interior das flores dessa espécie.

Já o uso de espécies nativas na arborização favorece a fauna local, oferecendo alimento e abrigo para diversas espécies animais. Assim, o próximo passo desse projeto é pesquisar espécies arbóreas nativas da região onde vocês vivem. Essas informações podem ser obtidas em livros e *sites* de jardins botânicos e universidades locais.

Atentem para o fato de que nem todas as espécies são adequadas para a arborização urbana. Árvores muito altas ou com copas grandes podem atrapalhar a fiação elétrica; espécies com raízes alastrantes podem prejudicar calçadas e asfalto. Árvores com frutos grandes, que podem causar estragos ao cair, também devem ser evitadas em locais onde circulam pessoas. Discutam entre si e com o professor quais são as características que devem ser levadas em conta para a escolha das espécies que vocês vão distribuir.

Outra informação importante para o sucesso do projeto diz respeito aos cuidados de que as árvores precisam para se desenvolver bem. A falta de água ou de espaço adequado para o crescimento das raízes e do tronco são fatores que podem levar uma muda de árvore à morte.

Espécies diferentes podem exigir cuidados diferentes. Por isso, é importante fornecer informações claras e precisas para as pessoas que vão replantar as mudas. Portanto, ao pesquisarem as espécies que vão distribuir, anotem também os cuidados necessários para o desenvolvimento delas.

Informações sobre os cuidados necessários com as espécies escolhidas podem ser coletadas em fontes de pesquisa como *sites* especializados na internet.

3. Obtenção das mudas ou sementes

Depois de definidas as espécies que vocês distribuirão, é hora de obter as mudas. A arborização urbana é de responsabilidade da prefeitura e, em diversos municípios, a administração pública fornece gratuitamente mudas de árvores para essa finalidade. Verifique se esse é o caso onde vocês moram.

Em algumas localidades, existem associações de moradores que trabalham para ampliar e preservar a arborização urbana. Essas entidades podem auxiliar com a obtenção de mudas, bem como fornecer diversas informações úteis para o projeto. Avaliem a possibilidade de convidar um representante de uma dessas associações para falar sobre o trabalho que desenvolvem.

Outra possibilidade é adquirir as mudas em viveiros especializados. Para angariar os recursos financeiros necessários para isso, vocês podem organizar um financiamento coletivo – também conhecido como "vaquinha" ou pelo nome em inglês, *crowdfunding*. Nesse tipo de ação, convida-se um grande número de pessoas a contribuir financeiramente com o projeto, e podem ser oferecidas recompensas aos financiadores. Para saber mais sobre essa possibilidade, consultem *sites* especializados em financiamento coletivo.

4. Produção do folheto

Junto de cada muda ou semente que distribuírem, vocês fornecerão um folheto com informações sobre o projeto e a espécie que a pessoa está levando.

Nesse material, expliquem os perigos que a poluição atmosférica oferece à nossa saúde e listem os serviços ambientais que as árvores podem prestar. Incluam também uma explicação sobre os motivos que os levaram a escolher as espécies que vocês estão distribuindo.

Por fim, acrescentem as instruções para que a pessoa possa replantar a muda e cuidar dela até que ela esteja grande, informando também quais são os locais ideais para o plantio.

LEANDRO MARCONDES

As mudas selecionadas devem ser armazenadas em local fresco e arejado até o plantio.

5. Realização da feira

Para que a feira tenha sucesso, é importante que seja bastante divulgada na região. Discutam entre si e com o professor como fazer essa divulgação.

No dia da feira, além de doarem as mudas, vocês podem organizar outras atividades, como palestras sobre a importância da arborização urbana e demonstrações de como deve ser feito o plantio.

AS CORES NÃO SÃO REAIS. IMAGENS FORA DE PROPORÇÃO.

É importante explicar as características de cada muda e os cuidados necessários para o sucesso do projeto.

REFLEXÕES

Após a realização da feira, discuta com os colegas as questões a seguir.

1. Como é a arborização na escola e no entorno dela? Existem problemas ou melhorias que podem ser feitas?
2. Que impactos vocês imaginam que a feira de doação de mudas terá no entorno da escola? Como acham que esse local estará daqui a cinco ou dez anos?
3. A noção moderna de saúde inclui, além do bem-estar físico e mental, aspectos ambientais e sociais. Na opinião de vocês, como esse projeto pode contribuir para a saúde das pessoas na região?

Projeto 2 | Aquecedor solar

Objetivos: construir um sistema de aquecimento solar da água e pesquisar sobre energias renováveis.

Na maioria das residências, o chuveiro é o equipamento que mais consome energia elétrica. A geração de energia elétrica pode ocorrer a partir de diversas fontes; na matriz energética brasileira, as usinas hidrelétricas predominam. Além delas, as termelétricas e os parques eólicos também desempenham um papel relevante. Em outros lugares do mundo, além dessas fontes de energia, há ainda a exploração da energia geotérmica, que, como o nome diz, é a energia proveniente do interior da Terra. Cada tipo de usina acarreta impactos ambientais diferentes; algumas são altamente poluentes, outras apresentam impactos menores ao ambiente.

O uso de fontes de energia sustentável é uma atitude que pode contribuir para a redução de problemas ambientais, como o desmatamento e o aquecimento global. A energia solar, por exemplo, está disponível para todos e pode ser aproveitada de diferentes maneiras.

Como forma de reduzir os gastos com a conta de luz e adotar atitudes mais ecológicas, muitas pessoas instalam sistemas de aquecimento solar em suas casas. Esses dispositivos aquecem a água e permitem dispensar ou reduzir o aquecimento elétrico.

Neste projeto, vamos construir um aquecedor solar de baixo custo a partir de materiais reciclados. Esse *design*, desenvolvido por um brasileiro, resulta em um sistema bastante eficiente, que pode ser instalado até nas regiões mais frias do país. O projeto original, com todas as etapas detalhadas, está disponível em: <http://livro.pro/wfd3kk>. Aqui, vamos conhecer resumidamente as principais etapas desse projeto. Além disso, vamos conhecer um pouco mais sobre as diversas fontes de energias renováveis, avaliando seus impactos positivos e negativos.

ETAPAS

1. Obtenção dos materiais

Este sistema aquecedor conta com duas partes fundamentais: o coletor solar e o reservatório de água. O reservatório é uma caixa-d'água com algumas modificações, que deve ser instalada a uma altura entre 30 cm e 3 m acima do coletor.

Neste projeto, o foco será a construção do coletor solar, que é o componente efetivamente responsável pelo aquecimento da água. Os principais materiais empregados são tubos e conexões de PVC, garrafas PET de 2 litros e caixas de leite do tipo longa vida. As quantidades necessárias, que variam de acordo com as dimensões do projeto, serão informadas pelo professor.

Deem preferência às garrafas PET transparentes e incolores. Para que sejam armazenadas até o momento de serem utilizadas, elas devem estar limpas e secas. A limpeza e a secagem também são fundamentais para o armazenamento das embalagens longa vida.

2. Pré-montagem do coletor

Antes de iniciar a montagem, é preciso preparar as peças.

1. Cortem o fundo das garrafas PET de modo que uma garrafa se encaixe na outra.

Procedimento para montagem das peças com as garrafas PET.

2. Achatem as caixas longa vida e façam os cortes e as dobraduras; cortem-nas seguindo o molde fornecido pelo professor.

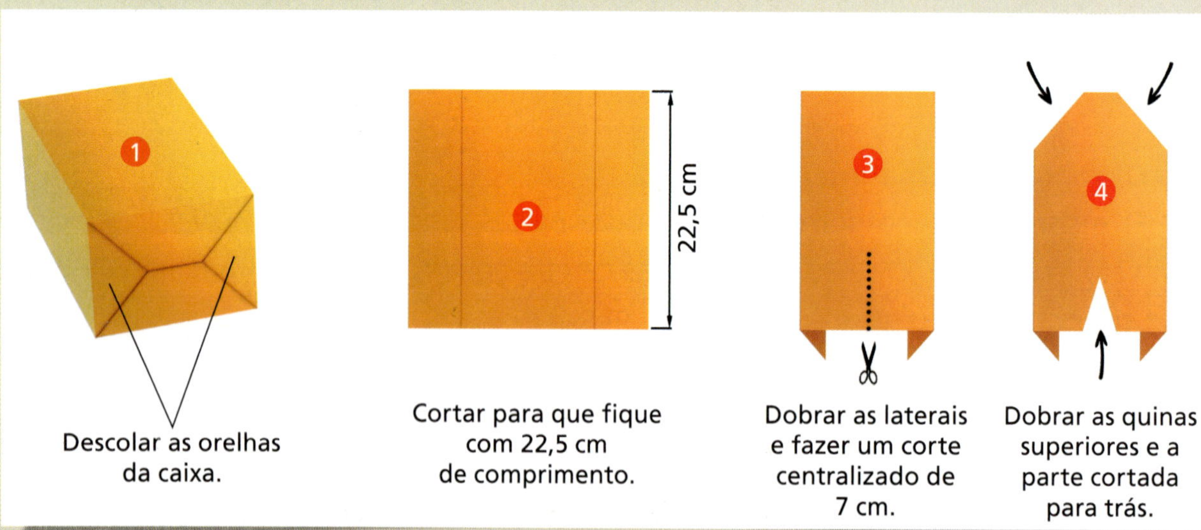

Procedimento para montagem das peças com as embalagens longa vida.

3. Pintem os tubos indicados pelo professor e as peças de embalagem longa vida usando tinta esmalte preto fosco.

3. Montagem

Com as peças prontas e organizadas, é hora de iniciar a montagem propriamente dita.

O primeiro passo é montar o barramento superior. Esse componente emprega 5 conexões "T" e 5 tubos de PVC com 8 cm de comprimento, que devem ser colados.

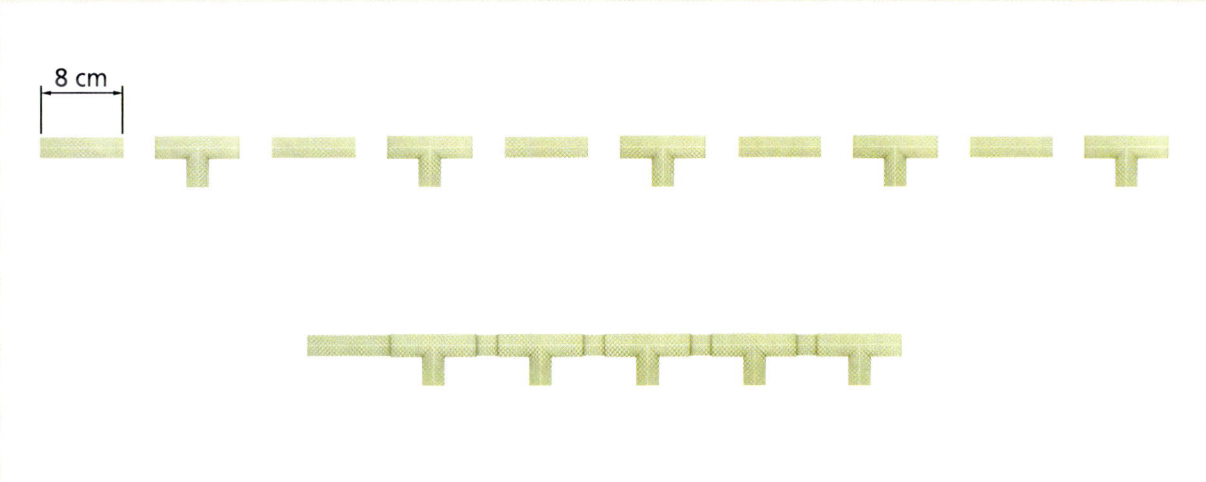

Procedimento para montagem do barramento superior.

Em seguida, encaixem e colem os tubos que formarão as colunas do coletor. Note que esses tubos devem ser pintados de preto.

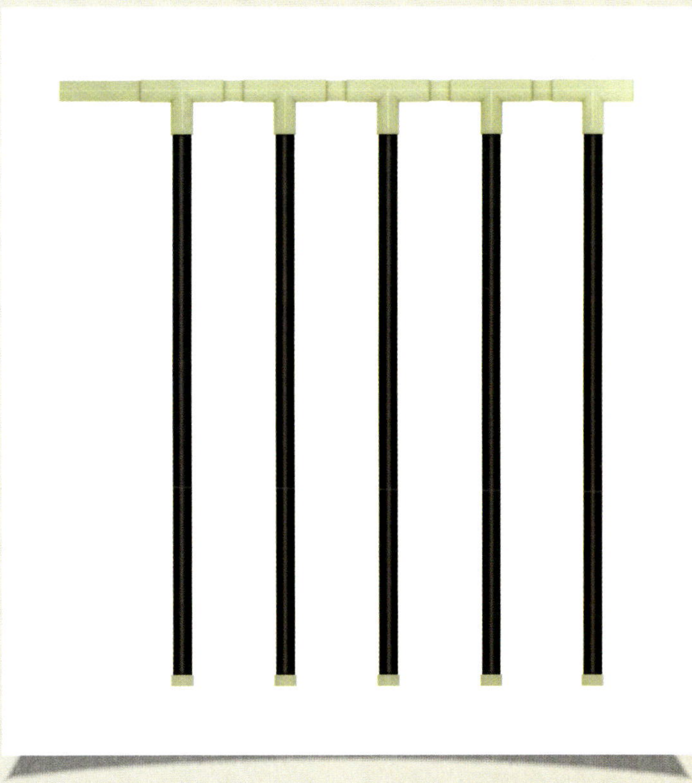

AS CORES NÃO SÃO REAIS.

IMAGENS FORA DE PROPORÇÃO.

ILUSTRAÇÕES: CRIS ALENCAR

Procedimento para fixação das colunas do coletor ao barramento superior.

O próximo passo é encaixar as garrafas. Coloquem uma garrafa em cada coluna e, em seguida, posicionem a embalagem longa vida no interior delas, como mostrado na figura. Após completar uma fileira, repitam o procedimento para a fileira seguinte.

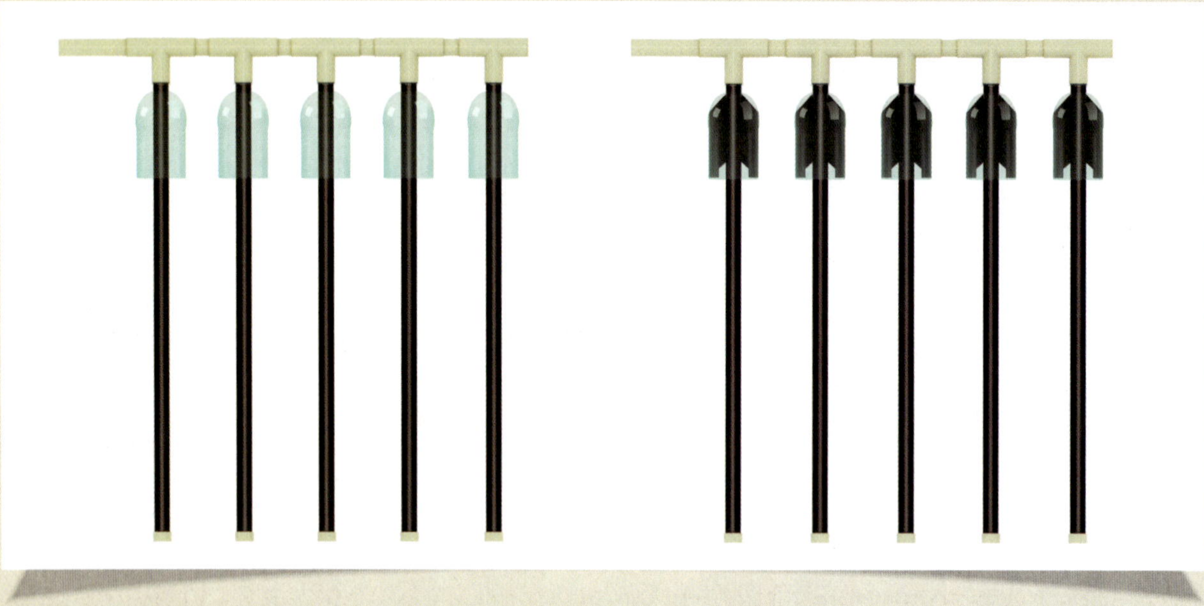

Procedimento para encaixar as garrafas e as embalagens longa vida ao redor das colunas do coletor.

Depois de completar 5 fileiras, utilizem o fundo sobressalente das garrafas PET para fechar a última garrafa de cada coluna.

Em seguida, montem o barramento inferior da mesma maneira que fizeram o barramento superior, mas sem usar cola. Essa medida visa facilitar a desmontagem do equipamento, caso haja a necessidade de manutenção.

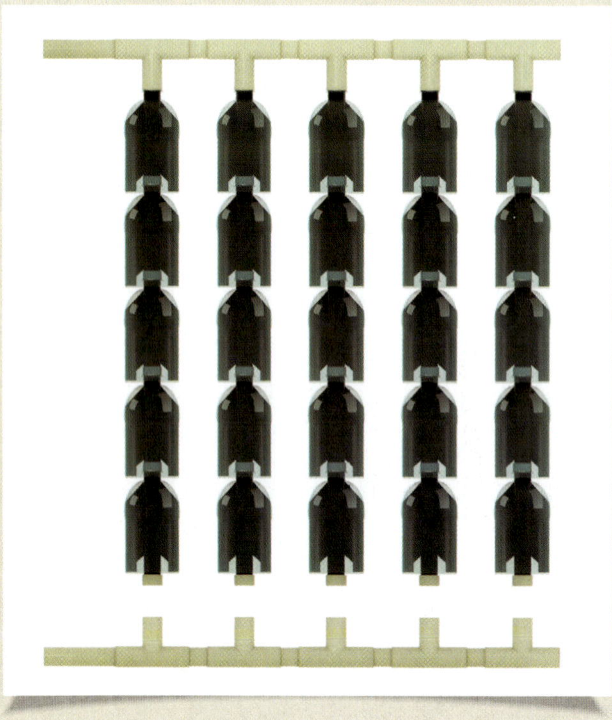

AS CORES NÃO SÃO REAIS.

IMAGENS FORA DE PROPORÇÃO.

Procedimento para fixação das colunas do coletor ao barramento inferior.

ILUSTRAÇÕES: CRIS ALENCAR

Encaixem o barramento inferior nas colunas. Está pronto um dos módulos do coletor. A quantidade de módulos vai depender das dimensões do projeto. Para conectar um módulo ao outro, basta unir os tubos às conexões "T".

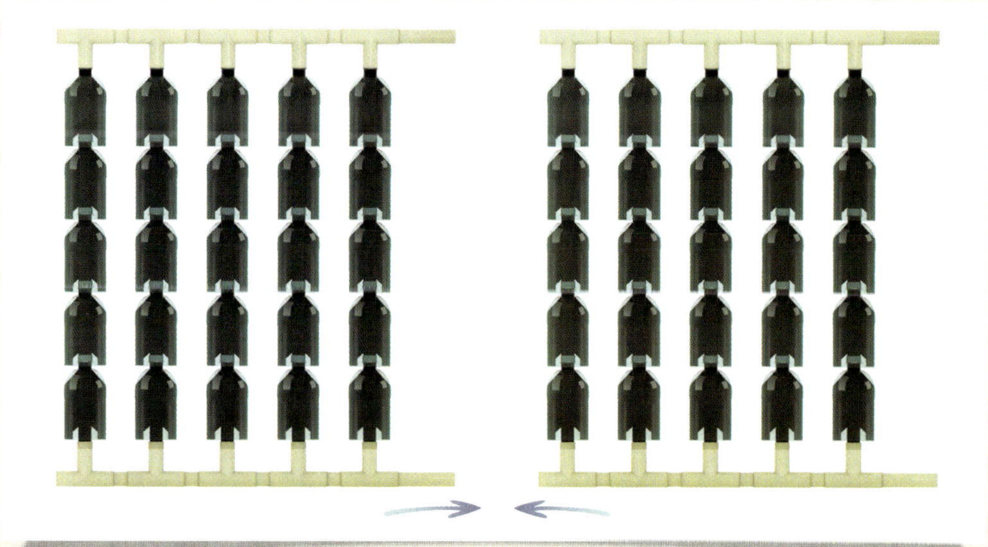

Representação da conexão entre dois módulos do coletor. Essa etapa deve ser feita durante a instalação do equipamento.

O coletor pronto deve ser conectado à caixa-d'água modificada. A partir dessa etapa, o trabalho deve ser feito por profissionais qualificados, pois envolve construção civil.

A circulação de água acontece espontaneamente por um processo denominado termossifão: a água fria, mais densa, desce da caixa-d'água até o coletor; a água quente, menos densa, sobe do coletor até a caixa-d'água. Para manter a água aquecida por mais tempo no reservatório, a caixa pode ser revestida com material isolante térmico.

ILUSTRAÇÕES: CRIS ALENCAR

Representação simplificada do aquecedor solar montado.

4. Pesquisa sobre fontes de energia renovável

1. Discussão

Em conjunto, discutam o que é energia renovável. Busquem responder às questões a seguir.

- Quais são os tipos de energia renovável?
- Por que esses tipos de energia são também chamados de sustentáveis?

2. Formação de grupos

A classe será dividida em grupos de acordo com a orientação do professor. Cada grupo pesquisará um tipo de energia renovável, buscando saber seus pontos positivos e negativos, bem como a possibilidade de exploração no território brasileiro. As categorias que vocês pesquisarão são as seguintes:

- Solar
- Eólica
- Geotérmica
- Maremotriz

3. Resultados

No dia combinado com o professor, cada grupo apresentará os resultados das pesquisas, ressaltando as vantagens e desvantagens de cada fonte energética e avaliando a possibilidade de aproveitamento em território nacional.

REFLEXÕES

Após a construção do aquecedor solar e da pesquisa sobre fontes de energia renovável, discuta as questões a seguir com os colegas.

1. Que processos de transferência de calor explicam o funcionamento do aquecedor solar?
2. Como a adoção de aquecedores solares pode reduzir nosso impacto ambiental?
3. Vocês teriam um aquecedor solar como esse em casa? Por quê?
4. Considerando as fontes de energia renováveis pesquisadas, por que, no Brasil, o aproveitamento do calor proveniente do interior da Terra é mais difícil que o aproveitamento do calor do Sol?

REFERÊNCIAS BIBLIOGRÁFICAS

ALBERTS, B. et al. **Biologia molecular da célula**. Porto Alegre: Artmed, 2010.

ATKINS, P.; JONES, L. **Princípios da Química**: questionando a vida moderna e o ambiente. Rio Grande do Sul: Bookman Companhia Editora Ltda., 2011.

BACICH, L.; MORAN, J. (Org.). **Metodologias ativas para uma educação inovadora**: uma abordagem teórico-prática. Porto Alegre: Penso, 2018. p. 4-5.

BENDER, W. N. **Aprendizagem baseada em projetos**: educação diferenciada para o século XXI. Porto Alegre: Penso, 2014.

BIZZO, N. **Ciências**: fácil ou difícil? São Paulo: Ática, 2000.

BIZZO, N.; CHASSOT, A. **Ensino de ciências**: pontos e contrapontos. São Paulo: Summus, 2013.

BRASIL. Ministério da Educação; Ministério da Ciência, Tecnologia, Inovações e Comunicações. **Astronáutica**: ensinos fundamental e médio. Brasília: MEC, SEB; MCT, AEB, 2009. 348 p. (Coleção Explorando o ensino; v. 12).

BRASIL. Ministério da Educação; Ministério da Ciência, Tecnologia, Inovações e Comunicações. **Astronomia**: ensinos fundamental e médio. Brasília, DF, 2009. 232 p. (Coleção Explorando o ensino; v.11).

BRASIL. Ministério da Educação. **Base Nacional Comum Curricular (BNCC)**. Terceira versão. Brasília, DF, 2017. Disponível em: <http://portal.mec.gov.br/index.php?option=com_docman&view=download&alias=79601-anexo-texto-bncc-reexportado-pdf-2&category_slug=dezembro-2017-pdf&Itemid=30192>. Acesso em: 9 out. 2018.

CAPRA, F. et al. **Alfabetização ecológica**: a educação das crianças para um mundo sustentável. São Paulo: Cultrix, 2006.

CHASSOT, A. **A ciência através dos tempos**. 2. ed. São Paulo: Moderna, 2004. (Coleção Polêmica).

DELIZOICOV, D. et al. **Ensino de Ciências**: fundamentos e métodos. São Paulo: Cortez, 2002. (Coleção Docência em Formação).

DEMO, P. **Educação e alfabetização científica**. Campinas: Papirus, 2010.

EMBRAPA. **Manual de métodos de análise de solo**. Rio de Janeiro: Embrapa, 1997.

HEWITT, P. G. **Física conceitual**. 12. ed. Rio Grande do Sul: Bookman Companhia Editora Ltda., 2015.

HORVATH, J. E. **O ABCD da astronomia e astrofísica**. São Paulo: Livraria da Física, 2008.

JUNQUEIRA, L. C.; CARNEIRO, J. **Biologia celular e molecular**. 8. ed. Rio de Janeiro: Guanabara Koogan, 2005.

LIPMAN, M. **O pensar na educação**. São Paulo: Vozes, 1995.

LIPMAN, M., SHARP, A.; OSKANIAN, F. **A filosofia na sala de aula**. São Paulo: Nova Alexandria, 1994.

MATEUS, A. L.; THENÓRIO, I. **Manual do mundo**: 50 experimentos para fazer em casa. Rio de Janeiro: Sextante, 2014.

MOLEDO, L.; MAGNANI, E. **Dez teorias que comoveram o mundo**. Campinas: Editora da Unicamp, 2009.

ODUN, E. P. **Ecologia**. Rio de Janeiro: Guanabara Koogan, 1988.

RAVEN, P. H.; EVERT, R. E.; EICHHORN, S. E. **Biologia vegetal**. 7 ed. Rio de Janeiro: Guanabara Koogan, 2007.

REECE, J. B. et al. **Campbell Biology**. 10 ed. Glenville: Pearson Education, 2014.

RICKLEFS, R. E. **A economia da natureza**. 6. ed. Rio de Janeiro: Guanabara Koogan, 2010.

RUPPERT, E. E.; FOX, R. S.; BARNES, R. D. **Zoologia dos invertebrados**: uma abordagem funcional-evolutiva. São Paulo: Roca, 2005.

TEIXEIRA, W. et al. **Decifrando a Terra**. 2. ed. São Paulo: Nacional, 2009.

TORTORA, G. J.; GRABOWSKI, S. R. **Corpo humano**: fundamentos de anatomia e fisiologia. 6. ed. Porto Alegre: Artmed, 2006.

VOET D.; VOET, J. G.; PRAD, C. W. **Fundamentos de bioquímica**. 4. ed. Porto Alegre: Artmed, 2014.

WEISSMAN, H. (Org.). **Didática das Ciências Naturais**. Porto Alegre: Artmed, 1998.